¿POR QUÉ NADIE ME LO DIJO ANTES?

DRA. JULIE SMITH

¿POR QUÉ NADIE ME LO DIJO ANTES?

Herramientas psicológicas para superar
los altibajos del día a día

Autoconocimiento

DIANA

Obra editada en colaboración con Editorial Planeta – España

Título original: *Why HasNobody Told MeThis Before?*

© 2022, Dr Julie Smith
Michael Joseph es un sello del grupo Penguin Random House y sus datos de
contacto se pueden encontrar en <global.penguinrandomhouse.com>
Publicado por acuerdo con Rachel Mills Literary Ltd.Co.

La Figura 1 está adaptada del siguiente trabajo: *Cognitive Behaviour Therapy
for Acute Inpatient Mental Health Units: Working with Clients, Staff and the
Milieu,* Isabel Clarke y Hannah Wilson, eds., © 2009 Routledge.
Reproducido con permiso de Taylor & Francis Group.

© 2022, Traducción: Montserrat Asensio Fernández

© 2022, Editorial Planeta, S. A. - Barcelona, España

Derechos reservados

© 2022, Editorial Planeta Mexicana, S.A. de C.V.
Bajo el sello editorial DIANA M.R.
Avenida Presidente Masarik núm. 111,
Piso 2, Polanco V Sección, Miguel Hidalgo
C.P. 11560, Ciudad de México
www.planetadelibros.com.mx

Primera edición impresa en España: junio de 2022
ISBN: 978-84-1119-014-5

Primera edición en formato epub en México: septiembre de 2022
ISBN: 978-607-07-9234-2

Primera edición impresa en México: septiembre de 2022
Primera reimpresión en México: abril de 2023
ISBN: 978-607-07-9152-9

El derecho moral de la autora ha sido asegurado.

Se ha hecho todo lo posible para localizar a los titulares de los derechos de
autor y obtener su permiso para el uso de material protegido por derechos de
autor. El editor se disculpa por cualquier error u omisión y agradecería si se le
notificará cualquier corrección que deba incorporarse en futuras
reimpresiones o ediciones de este libro.

Impreso en los talleres Impresora Tauro, S.A. de C.V.
Av. Año de Juárez 343, Colonia Granjas San Antonio, Iztapalapa
C.P. 09070, Ciudad de México.
Impreso en México –*Printed in Mexico*

Para Matthew.
Si yo soy la tinta, tú eres el papel.
Como en todas nuestras aventuras,
hemos llegado hasta aquí juntos.

ÍNDICE

Parte IV. Sobre el duelo y la pena

Parte V. Sobre la inseguridad

Parte VI. Sobre el miedo

Parte VII. Sobre el estrés

Parte VIII. Sobre una vida con sentido

INTRODUCCIÓN

Estoy en consulta, con una joven sentada frente a mí. Se le ve relajada en el sillón y gesticula con fluidez y con los brazos abiertos mientras me habla. Nada que ver con la tensión y los nervios de nuestra primera sesión juntas. Solo hemos tenido unas doce sesiones. Me mira a los ojos, asiente, sonríe y dice: «¿Sabes qué? Sé que va a ser difícil, pero también sé que puedo hacerlo».

Los ojos me escuecen y trago saliva con dificultad. La sonrisa me llega a todos los músculos del rostro. Esa joven ha sentido el cambio y, ahora, también lo siento yo. Hace un tiempo llegó a mi consulta, temerosa del mundo y de todo a lo que se tenía que enfrentar. Las dudas constantes hacían que el menor cambio o reto la asustaran. Ese día salió de la consulta algo más erguida y con la cabeza un poco más alta. Y no por nada que hiciera yo. No tengo la capacidad de curar a nadie ni de cambiar vidas por arte de magia. Tampoco habíamos pasado años indagando en su infancia. En esta situación, como en muchas otras, gran parte de mi función había sido educativa: le transmití información acerca de qué dice la ciencia y qué les había funcionado a otras personas. Cuando lo entendió y comenzó a usar esos conceptos y habilidades, comenzó también la transformación. Empezó a ver el futuro con esperanza. Empezó a creer en su propia fuerza. Empezó a afrontar situaciones complicadas de maneras nuevas y saludables. Y cada vez que lo hacía, confiaba un poquito más en su capacidad para afrontar los retos.

Cuando repasamos lo que debía recordar para enfrentarse a la semana que tenía por delante, asintió, me miró y me preguntó: «¿Por qué nadie me lo dijo antes?».

La pregunta se me quedó grabada en la mente, donde no dejó de resonar, porque no era la primera vez que me lo preguntaban. Era una situación que se repetía una y otra vez. Los pacientes llegaban a terapia convencidos de que las potentes y dolorosas emociones que sentían eran el resultado de un defecto o fallo en su cerebro o en su personalidad. No pensaban que pudieran hacer nada para influir en ellas. Aunque la terapia profunda y a largo plazo es adecuada en algunos casos, hay muchas personas que solo necesitan información acerca de cómo funcionan la mente y el cuerpo, y de cómo pueden gestionar su salud mental en el día a día.

Sabía que el catalizador no era yo, sino el conocimiento que adquirían a través de mí. Sin embargo, no tendría que hacer falta pagar a alguien como yo solo para aprender cómo funciona la mente humana. Sí, claro que la información está ahí fuera. Pero en medio de un océano de desinformación, uno ha de saber qué buscar.

Comencé a darle lata a mi pobre marido acerca de que las cosas tendrían que ser distintas. «Pues haz algo. Sube videos a YouTube o algo así», me dijo.

Y así lo hicimos. Comenzamos a grabar videos en los que hablábamos de salud mental. Resultó que yo no era en absoluto la única que quería hablar de ello. En un abrir y cerrar de ojos, me encontré con que subía videos casi a diario para millones de seguidores en varias redes sociales. Sin embargo, las plataformas que me permitían acceder a más gente eran también las que ofrecían videos breves. Esto quiere decir que tengo una amplísima colección de videos en los que no dispongo de más de sesenta segundos para transmitir mi mensaje.

Gracias a ellos he podido captar la atención del público, compartir ideas y motivar conversaciones acerca de la salud mental, pero quiero ir aún más allá. Cuando se hacen videos de sesenta segundos, hay que dejar necesariamente mucha información fuera. Se pierden muchísimos detalles. Así que aquí están. Los detalles. Los entresijos de cómo explicaría algunos de estos conceptos en una sesión de terapia y sencillos consejos acerca de cómo ponerlos en práctica, paso a paso.

Aunque la mayoría de las herramientas que presento en el libro se enseñan en terapia, no son capacidades terapéuticas, sino capacidades para la vida diaria Son herramientas que nos pueden ayudar a todos y cada uno de nosotros a gestionar momentos difíciles y a prosperar.

En este libro desgrano lo que he aprendido como psicóloga y reúno el conocimiento, la sabiduría y las técnicas prácticas más valiosas que conozco y que han transformado tanto mi vida como la de la gente con la que he trabajado. Aclara ideas sobre las experiencias emocionales y qué hacer con ellas.

Cuando entendemos cómo funciona la mente y contamos con balizas que nos indican cómo gestionar las emociones de una manera saludable, no solo cultivamos la resiliencia, sino que prosperamos y, con el tiempo, sentimos que experimentamos un crecimiento interior.

Son muchas las personas que se quieren llevar a casa alguna herramienta ya en la primera sesión de terapia, para aplicarla inmediatamente y aliviar así el malestar que sienten. Por eso, este libro no ahonda en la infancia ni en cómo o por qué acabamos teniendo dificultades. Hay otros libros fantásticos para eso. Sin embargo, en terapia, antes de empezar a procesar los traumas del pasado, nos tenemos que asegurar, por un lado, de que la persona cuenta con las herramientas necesarias para cultivar la resiliencia y, por el otro, de que puede tolerar emociones perturbadoras de forma segura. Entender cómo podemos influir en lo que sentimos y cultivar la buena salud mental es potentísimo.

Y este libro trata precisamente de eso.

Este libro no es terapia, de la misma manera que un libro acerca de cómo potenciar la salud física no es medicina. Es una caja de herramientas llena de recursos distintos para tareas distintas. Es imposible aprender a utilizar todas las herramientas a la vez, así que no lo intentes. Elige la sección que mejor encaje con las dificultades a las que te estés enfrentando ahora e invierte tiempo en poner en práctica las herramientas correspondientes. Hace falta tiempo para que las habilidades sean efectivas, así que ponlas en práctica y repítelas hasta la saciedad antes de descartarlas. Es imposible construir una casa entera con una sola herramienta. Cada tarea exige algo ligeramente distinto. Y por mucha habilidad que adquieras usando estas herramientas, algunas dificultades son mucho más complejas que otras.

En mi opinión, esforzarte para optimizar la salud mental es exactamente lo mismo que esforzarte para optimizar la salud física. Si pusiéramos la salud en una escala numérica en la que cero indicara una situación neutra (no estamos enfermos, pero tampoco bien del todo), un número por debajo de cero indicaría un problema de salud y cualquier número por encima indicaría buena salud. Durante las últimas décadas se ha vuelto aceptable, e incluso se ha puesto de moda, maximizar la salud física a través de la alimentación y el ejercicio. Por el contrario, hasta hace muy poco no se ha empezado a considerar aceptable trabajar también la salud mental de un modo abierto y visible. Lo que quiero decir con esto es que no hace falta que esperes a tener dificultades para abrir este libro, porque está bien reforzar la salud mental y la resiliencia incluso aunque ahora mismo no te encuentres mal ni tengas ningún problema. Cuando alimentamos el cuerpo con alimentos nutritivos y aumentamos la fuerza y la resistencia físicas con actividad física regular, sabemos que estaremos en mejor disposición de combatir las infecciones y de recuperarnos si enfermamos. Lo mismo sucede con la salud mental. Cuanto más desarrollemos el autoconocimiento y la resiliencia cuando todo va bien, más preparados estaremos para afrontar las dificultades que la vida ponga en nuestro camino cuando lleguen.

Si eliges una habilidad de este libro y la encuentras útil en momentos complicados, no dejes de practicarla cuando la situación mejore. Estas habilidades nutren la mente incluso si ya te encuentras bien y crees que ya no las necesitas. Es como pagar una hipoteca en lugar de una renta. Invierte en tu salud futura.

Aunque todo el contenido del libro se basa en evidencias científicas, ese no es el único motivo por el que lo he incluido. Sé que estas habilidades te pueden ayudar porque he visto cómo les han funcionado una y otra vez a personas reales. Hay esperanza. Con algo de acompañamiento y de autoconocimiento, las dificultades nos pueden ayudar a ser más fuertes.

Cuando compartes publicaciones en las redes sociales o escribes un libro de autoayuda, mucha gente asume que lo tienes todo bajo control. He visto que muchos autores de la industria de la autoayuda contribuyen a perpetuar esta idea. Creen que deben dar la impresión de que superan todo lo que la vida les arroja sin dejarles la menor marca o cicatriz. Dan a entender que sus libros contienen las respuestas. Todas las respuestas que uno pueda necesitar en la vida. Permíteme que desmienta este mito ahora mismo.

Soy psicóloga, lo que significa que he leído gran parte de las investigaciones publicadas sobre el tema y me he formado para usar estos datos y acompañar a otras personas en su búsqueda para conseguir cambios positivos. Por otro lado, también soy humana. Contar con herramientas de gestión emocional no impide que la vida te arroje cosas; pero sí te ayuda a orientarte, esquivar, aguantar un golpe y volver a levantarte. No impide que te pierdas por el camino; pero sí que te ayuda a darte cuenta de que te has perdido, a dar media vuelta con decisión y a dirigirte hacia la vida que te llena de sentido y de propósito. Este libro no contiene la clave para una vida sin problemas. Es una amplísima caja de herramientas que nos ayuda, a mí y a muchos otros, a encontrar el camino hacia delante.

EL CAMINO HASTA AHORA...

No soy una gurú ni tengo todas las respuestas del universo. Este libro es en parte diario y en parte guía. En cierto modo, siempre he estado inmersa en una búsqueda personal para descubrir cómo encaja todo. Por lo tanto, este libro me ha permitido sacar partido a todas las horas que he dedicado a leer, escribir y hablar con personas reales en terapia para entender un poco más qué significa ser humano y qué nos ayuda mientras estamos aquí. Esto no es más que el camino recorrido hasta ahora. Sigo aprendiendo y dejándome impresionar por la gente a la que voy conociendo. Mientras, los científicos siguen planteando mejores incógnitas y descubriendo también mejores respuestas. Así que esta es mi recopilación de lo más importante que he aprendido hasta ahora y que nos ha ayudado a mí y a las personas con las que trabajo en terapia a encontrar una salida y superar las dificultades humanas.

Por lo tanto, este libro no garantiza que vayas a vivir el resto de tu vida con una sonrisa perpetua en el rostro. Te enseñará qué herramientas puedes usar para garantizar que cuando sonrías, es porque de verdad sientas algo. Describiré las herramientas que necesitas para recalibrar el rumbo y encontrar la dirección que quieres seguir, recuperar hábitos saludables y conocerte más a ti mismo.

Las herramientas quedan fantásticas bien ordenaditas en la caja. Sin embargo, solo sirven de algo cuando las sacamos y empezamos a practicar con ellas. Todas necesitan practicarse con regularidad. Si no alcanzas a golpear el clavo con el martillo a la primera, vuelve a intentarlo más adelante. Yo lo sigo haciendo, como ser humano que también soy. Solo he incluido aquellas técnicas y habilidades que he probado y cuya utilidad he comprobado tanto conmigo misma como con las personas con las que he trabajado. Este libro es un recurso para mí tanto como lo es para ti. Volveré a él una y otra vez, siempre que vea que lo necesito. Espero que tú hagas lo mismo y que este libro se convierta en tu caja de herramientas para toda la vida.

I

Sobre la oscuridad

Entender el estado de ánimo depresivo

Todo el mundo tiene días malos.

Todo el mundo.

Sin embargo, todos diferimos en la frecuencia con la que tenemos un mal día y en la gravedad del malestar emocional que sentimos.

Una de las cosas de las que me he dado cuenta durante mis años como psicóloga es de que son muchas las personas que sufren como consecuencia de un estado de ánimo depresivo, pero nunca dicen ni una palabra al respecto. Ni sus amigos ni sus familiares tienen ni idea de lo que les pasa. Lo esconden, lo reprimen y se centran en cumplir lo que se espera de ellas.

Sienten que hacen algo mal. Se comparan con personas que aparentemente lo tienen todo siempre controlado. Con personas que siempre sonríen y que parecen estar eternamente llenas de energía.

Creen que hay personas que, sencillamente, son así y que la felicidad tiene que ver con el tipo de personalidad de cada uno, que es algo que se tiene o no se tiene.

Si pensamos que el estado de ánimo depresivo es puramente un defecto del cerebro, creeremos que es imposible cambiarlo, por lo que nos centraremos en ocultarlo en vez de en trabajarlo. Nos pasaremos el día haciendo todo lo que se supone que hemos de hacer, sonriendo a quien tenemos que sonreír y, mientras, nos sentiremos algo vacíos y aplastados por ese estado de ánimo depresivo. No disfrutaremos de las cosas como nos dicen que deberíamos disfrutar.

Detente un momento y fíjate en tu temperatura corporal. Quizás estés perfectamente bien o quizás tengas frío o calor. Aunque las fluctuaciones en el frío o el calor que percibes podrían ser signos de infección o enfermedad, es igualmente posible que no sean más que señales del entorno. Quizás hayas olvidado la chamarra, que normalmente te basta para protegerte del frío. O quizás el cielo se haya nublado de repente y haya empezado a llover. Quizás tengas hambre o sed. Cuando corres para atrapar el autobús, notas calor. El entorno afecta a la temperatura corporal, tanto interna como externa, y nosotros también podemos influir en ella. Con el estado de ánimo sucede lo mismo. Es muy posible que el estado de ánimo depresivo se deba a varios factores tanto del mundo interior como del exterior, y cuando entendemos esas influencias, podemos usar ese conocimiento para dirigir el estado de ánimo en la dirección que más nos convenga. A veces basta con ponernos otra prenda de ropa y correr para tomar el autobús. En otras ocasiones necesitamos algo distinto.

La ciencia confirma algo que muchas personas descubren durante la terapia y es que nuestra capacidad para influir en las emociones es mucho mayor de lo que sospechábamos.

Esto significa que podemos trabajar en nuestro bienestar y tomar las riendas de nuestra salud emocional. Significa que el estado de ánimo no es fijo y que no define quiénes somos. Es una sensación que experimentamos.

Esto no quiere decir que podamos erradicar el estado de ánimo depresivo o la depresión. La vida nos presenta dificultades, dolor y pérdidas que afectan necesariamente a nuestra salud mental y física. Sin embargo, sí podemos ir creando una caja de herramientas con estrategias que nos ayuden a afrontar las dificultades. Cuanto más practiquemos con ellas, mejor se nos dará su manejo. Así, cuando la vida nos arroje problemas que hundan nuestro estado de ánimo, tendremos algo a lo que recurrir.

Los conceptos y las habilidades que presenta este libro son para todo el mundo. Las investigaciones demuestran que son útiles para las personas con depresión, aunque no son un fármaco regulado para el que necesites una receta, sino habilidades para la vida. Son herramientas que todos podemos usar a medida que avanzamos por la vida y experimentamos fluctuaciones en el estado de ánimo, ya sean grandes o pequeñas. Para las personas con una enfermedad mental severa y prolongada, lo óptimo siempre es aprender estas habilidades nuevas con la ayuda de un profesional.

CÓMO SE GENERAN LAS EMOCIONES

Estoy dormida e inmersa en un estado de felicidad pura. Entonces, la alarma del despertador me perfora el tímpano. Es demasiado fuerte y detesto la melodía. Envía una descarga que reverbera por todo mi cuerpo y para la que no estoy preparada. Pulso el botón de los «cinco minutos más» y me vuelvo a acostar. Me duele la cabeza y estoy irritada. Vuelvo a pulsar el botón que me da cinco minutos más. Si no nos levantamos pronto, los niños llegarán tarde a clase. Me tengo que preparar para la reunión. Cierro los ojos y veo la lista de tareas pendientes que me aguarda en el escritorio de la oficina. Miedo. Irritación. Agotamiento. No quiero que sea hoy.

«¿Acaso es esto un estado de ánimo depresivo? ¿Lo ha generado mi cerebro? ¿Por qué me he despertado así?» Rebobinemos. Ayer por la noche me acosté tarde porque me quedé trabajando. Para cuando me pude meter en la cama, estaba tan cansada que no bajé a la cocina a por un vaso de agua. Luego, el bebé se despertó dos veces por la noche. He dormido poco y estoy deshidratada. La alarma me ha despertado en pleno sueño profundo y ha hecho que las hormonas de estrés salgan disparadas hacia todos los rincones del cuerpo mientras me despertaba. El corazón ha empezado a latir con fuerza y he sentido algo parecido al estrés.

Cada una de esas señales envía información al cerebro. Le transmiten que no estoy bien. Así que este empieza a buscar motivos que expliquen por qué. Y quien busca encuentra. Por lo tanto, mi malestar físico, consecuencia de la falta de sueño y la deshidratación, ha contribuido a que me despierte baja de ánimo.

El estado de ánimo depresivo no siempre obedece a una posible deshidratación. Es esencial que recordemos que, en lo que respecta al estado de ánimo, no todo está en la mente. También influye el estado en que se encuentra tu cuerpo, tus relaciones, tu pasado y tu presente, tu estilo de vida y tus hábitos. Influye todo lo que hacemos y no hacemos, lo que comemos y lo que pensamos, los movimientos que hacemos y los recuerdos que albergamos. Cómo nos sentimos no es simplemente obra del cerebro.

El cerebro intenta entender lo que sucede en cada momento, pero cuenta con una información limitada para ello. Recibe información del cuerpo (por ejemplo, la frecuencia cardiaca, la respiración, la presión arterial, las hormonas, etcétera), de los sentidos (lo que vemos, oímos, tocamos, saboreamos y olemos), de lo que hacemos y de lo que pensamos. Entonces, une toda esa información a recuerdos de situaciones pasadas en las que hemos sentido algo parecido y hace una sugerencia, una suposición acerca de lo que sucede y de lo que hemos de hacer al respecto. Esa suposición se puede manifestar como una emoción o como una fluctuación en el estado de ánimo. A su vez, el sentido que le demos a la emoción y cómo respondamos a ella enviará información al cuerpo y a la mente acerca de qué hacer a continuación.[1] Es decir, cuando se trata de cambiar el estado de ánimo, los ingredientes que entran determinan lo que sale.

Una carretera de doble sentido

Muchos libros de autoayuda nos instan a mejorar la actitud o la manera de pensar. Nos dicen que si cambiamos lo que pensamos, cambiaremos lo que sentimos. Sin embargo, con mucha frecuencia obvian algo crucial. Las cosas no acaban ahí. La relación es bidireccional. Cómo nos sentimos influye también en el tipo de pensamientos que pueden aparecer en nuestra mente y nos hace más vulnerables a experimentar pensamientos negativos y autocríticos. Incluso aunque sepamos que nuestros patrones de pensamiento no nos ayudan, cuando nos encontramos mal, es sumamente difícil pensar de otra manera, y aún lo es más ceñirnos a la norma de tener «solo pensamientos positivos», como suelen sugerir las redes sociales. Que tengamos pensamientos negativos no significa que estuvieran ahí primero y que sean la causa de nuestro bajo estado de ánimo. Por eso, cambiar la manera de pensar no es la única solución.

Nuestra forma de pensar no lo es todo, ya que todo lo que hacemos o dejamos de hacer también tiene mucho que ver con cómo nos sentimos. Cuando nos encontramos mal, lo que queremos es escondernos y punto. Y como no se nos antoja hacer nada de lo que normalmente disfrutamos haciendo, pues no lo hacemos. Sin embargo, desconectar de ello durante demasiado tiempo solo consigue que nos sintamos peor. Este círculo vicioso también es aplicable al estado físico. Imagina que llevas unas semanas de mucho ajetreo y no has tenido tiempo de hacer ejercicio. Estás cansado y bajo de ánimo, así que lo último que quieres es ponerte a hacer deporte. Cuanto más evitas el ejercicio físico, más aletargado y bajo de energía te sientes. Cuando estás bajo de energía, la probabilidad de que hagas ejercicio se reduce y el estado de ánimo empeora. El estado de ánimo depresivo nos insta a que hagamos precisamente las cosas que nos hunden más.

Caer en este círculo vicioso es muy fácil, porque los distintos

Figura 1: La espiral descendente del estado de ánimo depresivo.
Unos días con un bajo estado de ánimo pueden devenir en depresión.
Romper el ciclo es más sencillo si lo reconocemos pronto y tomamos
medidas. Adaptado de Gilbert.[2]

aspectos de nuestra experiencia se influyen entre sí. Pero aunque
esto explica de qué forma nos quedamos estancados, también nos
muestra la salida.

La interacción de todos estos factores crea nuestra experiencia.
Sin embargo, no experimentamos los pensamientos, las sensaciones corporales, las emociones y las conductas por separado. Lo
experimentamos todo junto, como un todo. Identificarlos individualmente es difícil, porque son como hebras de mimbre entrete-
jidas. Vemos la canasta entera. Por eso nos tenemos que habituar a
destrenzarlo. Así es más fácil identificar los cambios que podríamos aplicar. La Figura 2, en la página siguiente, muestra una manera sencilla de descomponer la experiencia en sus distintos elementos.

PENSAMIENTOS

«Nada me sale bien»
«Soy un desastre»

EMOCIONES

Estado de ánimo
depresivo
Tristeza

CONDUCTA

Impulsos: aislarme
de los amigos
Acciones: dejar de
esforzarme para
conseguir mis objetivos

SENSACIONES FÍSICAS

Baja energía
Aumento del apetito

Figura 2: Dedicar tiempo a pensamientos negativos aumenta significativamente la probabilidad de tener un bajo estado de ánimo. Pero este estado de ánimo depresivo también nos hace más vulnerables a los pensamientos negativos. Esto explica por qué quedamos atrapados en ciclos de estados de ánimo depresivos. Sin embargo, también nos muestra la salida. Adaptado de Greenberger y Padesky.[3]

Cuando los desgranamos así, podemos empezar a reconocer no solo qué cosas hacemos que contribuyen a mantenernos estancados, sino también qué nos puede ayudar a salir de ahí.

La mayoría de las personas acuden a terapia sabiendo que se quieren sentir de otra manera. Tienen emociones desagradables (en ocasiones dolorosísimas) que quieren dejar de sentir o extrañan emociones más enriquecedoras (como la alegría y la motivación) que les gustaría sentir con más frecuencia. No podemos oprimir un botón y generar las emociones que queremos sentir hoy. Pero sí sabemos que el modo en que nos sentimos está íntimamente relacionado con el estado de nuestro cuerpo, con los pensamientos a los que dedicamos tiempo y con nuestra conducta. Esas son las partes de nuestra experiencia en las que sí podemos influir y que sí podemos cambiar. Dado que existe una comunicación bidireccional constante entre el cerebro, el cuerpo y el entorno, podemos usar esos elementos para influir en cómo nos sentimos.

Por dónde empezar

El primer paso para empezar a entender y gestionar el estado de ánimo depresivo es ser consciente de cada uno de los aspectos de la experiencia. En otras palabras, detectarlos. La toma de conciencia comienza por mirar atrás. Repasamos el día y elegimos momentos que analizar en detalle. Entonces, a base de tiempo y de práctica, vamos adquiriendo la habilidad de detectar lo que sucede en cada momento. Y es ahí donde tenemos la oportunidad de cambiar las cosas.

En terapia, suelo preguntar a las personas que refieren un estado de ánimo depresivo en qué parte del cuerpo lo notan. A veces explican que están cansadas y aletargadas, o que han perdido el apetito. También se dan cuenta de que se encuentran mal porque tienen pensamientos del tipo: «Hoy no me gustaría hacer nada. Soy una vaga. Así nunca tendré éxito. Soy un desastre». Es posible que sientan el impulso de esconderse en los baños del trabajo durante un rato y ver las redes sociales.

Una vez que nos hemos familiarizado con lo que sucede en el cuerpo y en la mente, podemos ampliar esa conciencia y examinar lo que sucede en el entorno y en nuestras relaciones personales, así como el impacto que eso ejerce en nuestra experiencia interna y en nuestra conducta. Cuando lo hagas, invierte tiempo en entrar en detalles. «Cuando me siento así, ¿qué pienso?», «Cuando me siento así, ¿cómo está el cuerpo?», «¿Cómo estaba cuidando de mí en los días u horas previos a sentirme así?», «¿Es una emoción o es un malestar físico debido a una necesidad no satisfecha?». Hay muchísimas preguntas. Habrá ocasiones en que las respuestas serán evidentes. En otras, todo parecerá demasiado complejo. No pasa nada. Seguir explorando y escribiendo las experiencias te ayudará a tomar cada vez más conciencia de lo que te ayuda a estar mejor y de lo que te hace estar peor.

Caja de herramientas: Reflexiona sobre qué contribuye al estado de ánimo depresivo
Usa la formulación transversal (Figura 2, pág. 27) para practicar la habilidad de identificar los distintos aspectos de la experiencia, ya sean positivos o negativos. En la página 311 encontrarás una plantilla en blanco que puedes rellenar. Dedica diez minutos a reflexionar acerca de algún momento de la jornada. Quizás te des cuenta de que te resulta más fácil rellenar unas casillas que otras.

Reflexionar sobre situaciones ya pasadas te ayudará a adquirir gradualmente la habilidad de detectar cómo se relacionan los distintos elementos de la experiencia en el momento en que suceden.

Prueba esto
Responder a estas preguntas te ayudará a rellenar la plantilla. También las puedes usar como punto de partida para escribir en tu diario.

- ¿Qué ha sucedido justo antes del momento acerca del cual estás reflexionando?
- ¿Qué ha sucedido justo antes de que hayas detectado la emoción nueva?
- ¿Qué estabas pensando en ese momento?
- ¿En qué estabas centrando la atención?
- ¿Qué emociones estaban presentes?
- ¿En qué parte o partes del cuerpo las has sentido?
- ¿Qué otras sensaciones físicas has notado?

- ¿Qué impulsos han aparecido?
- ¿Has actuado basándote en ellos?
- En caso negativo, ¿qué has hecho en su lugar?
- ¿Cómo han influido esas acciones en las emociones?
- ¿Cómo han influido esas acciones en tus pensamientos y en tus creencias acerca de la situación?

Resumen del capítulo

- Es normal que el estado de ánimo fluctúe. Nadie está siempre contento. Sin embargo, tampoco tenemos por qué estar a merced de esos altibajos. Hay cosas que podemos hacer para encontrarnos mejor.
- Es más probable que el estado de ánimo depresivo refleje necesidades insatisfechas que un mal funcionamiento del cerebro.
- Cada momento de nuestras vidas se puede descomponer en los diversos aspectos que componen la experiencia.
- Estos aspectos se influyen entre sí. Esto explica por qué quedamos atorados en espirales descendentes de un bajo estado de ánimo o incluso en la depresión.
- Las emociones se construyen a partir de varios elementos sobre los que podemos influir.
- No podemos elegir directamente nuestras emociones y cambiarlas, aunque sí que podemos aprovechar lo que podemos controlar para cambiar cómo nos sentimos.
- La formulación transversal (Figura 2, pág. 27) nos ayuda a tomar conciencia de lo que afecta a nuestro estado de ánimo y nos mantiene atorados.

CAPÍTULO

2

Trampas del estado de ánimo a las que prestar atención

EL PROBLEMA DEL ALIVIO INMEDIATO

El estado de ánimo depresivo nos impulsa a hacer cosas que nos pueden hacer sentir aún peor. Cuando nos encontramos mal y la amenaza del estado depresivo se cierne sobre nosotros, lo que queremos es volver a encontrarnos bien. Y como el cerebro ya sabe por experiencia qué le ayuda a recuperarse a la mayor velocidad posible, sentimos el impulso de hacer lo que haga falta para que el estado de ánimo depresivo desaparezca cuanto antes. Nos anestesiamos, nos distraemos y reprimimos la emoción. Algunos lo consiguen con alcohol, drogas o comida. Otros ven la televisión durante horas o se pasan el día en las redes sociales. Todas esas estrategias nos resultan atractivas porque funcionan... a corto plazo. Nos ofrecen una distracción instantánea y hacen que nos olvidemos de lo que anhelamos. Al menos hasta que apagamos la televisión, cerramos la aplicación o se nos pasa la borrachera, que es cuando vuelve la emoción. Y cada vez que completamos uno de esos ciclos, la emoción vuelve con aún más intensidad.

Para encontrar el modo de gestionar el estado de ánimo depresivo, tenemos que reflexionar acerca de cómo reaccionamos ante esas emociones y sentir compasión por nuestra necesidad de alivio, que es humana, además de ser honestos con nosotros mismos acer-

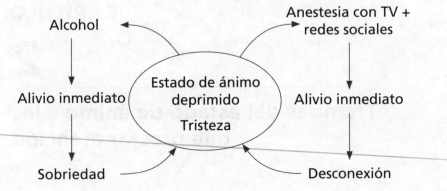

Figura 3: El círculo vicioso del alivio inmediato. Adaptado del trabajo de Isabel Clark.[1]

ca de qué intentos de afrontar la emoción acaban empeorando las cosas a largo plazo. Con frecuencia no percibimos inmediatamente la eficacia de lo que mejor funciona a largo plazo.

Prueba esto

Usa estas preguntas como punto de partida para reflexionar acerca de tus estrategias de respuesta habituales ante un estado de ánimo depresivo.

- ¿A qué estrategias de respuesta recurres cuando estás triste?
- ¿Te ofrecen estas estrategias un alivio inmediato del dolor y del malestar?
- ¿Qué efecto tienen a largo plazo?
- ¿Qué te cuestan? (No en términos de dinero, sino de tiempo, esfuerzo, salud y avance.)

PATRONES DE PENSAMIENTO QUE NOS HACEN SENTIR PEOR

Tal y como hemos comentado en el capítulo anterior, la relación entre pensamiento y emoción es bidireccional. Los pensamientos a los que dedicamos tiempo afectan a lo que sentimos, pero lo que sentimos también afecta a las pautas de pensamiento que aparecen. A continuación encontrarás algunos de los sesgos cognitivos (de pensamiento) que solemos experimentar cuando tenemos un estado de ánimo depresivo. Quizás te resulten familiares, ya que son algo habitual y todos los tenemos en mayor o menor medida. Sin embargo, es más probable que se activen durante las fluctuaciones emocionales y del estado de ánimo. Entender qué son y empezar a detectarlos cuando aparecen supone dar un gran paso adelante para restarles poder.

Leer la mente

Para los seres humanos es crucial tener cierta idea de lo que piensan y sienten las personas que nos rodean. Vivimos en grupos y dependemos los unos de los otros, por lo que pasamos gran parte de nuestras vidas intentando adivinar qué piensan y sienten los demás. Sin embargo, cuando estamos sumidos en un estado de ánimo depresivo, es mucho más probable que asumamos que esas suposiciones son ciertas. «Sé que mi amiga me ha mirado raro porque, en realidad, le caigo mal.» Pero otro día, cuando ya no esté con la moral baja, es probable que me sienta mucho más inclinada a mostrar curiosidad por lo que sucede y quizás incluso se lo pregunte.

Tal vez te hayas dado cuenta de que cuando tienes la moral por los suelos necesitas más reafirmación por parte de los demás. Si no la obtienes, es posible que asumas automáticamente que piensan mal de ti. No obstante, se trata de un sesgo, y es muy posible que tú seas tu peor crítico.

Sobregeneralización

Cuando estamos desanimados, basta con que algo nos salga mal para que se nos eche a perder el día entero. Derramamos un poco de leche por la mañana y lo ensuciamos todo. Nos estresamos y nos frustramos porque no queremos llegar tarde. La sobregeneralización consiste en interpretar que este suceso aislado es una señal de que hoy será «uno de esos días». Nada nos sale bien, siempre todo va mal. Le empezamos a pedir al universo que nos dé un respiro, porque parece que hoy se ha propuesto meternos el dedo en el ojo.

Cuando esto sucede, empezamos a esperar que más cosas vayan mal y, a partir de ahí, todo es cuesta abajo hacia la desesperanza. La sobregeneralización tiende a aparecer sobre todo cuando sufrimos dolor a raíz de una ruptura. Cuando una relación termina, nuestros pensamientos empiezan a sugerir que eso significa que nunca tendremos una relación que funcione y que nos será imposible ser felices con nadie más. Son pensamientos normales, pero si no los mantenemos a raya, acaban agravando el dolor y el desánimo.

Pensamiento egocéntrico

Cuando estamos en una situación complicada y no vivimos nuestro mejor momento, nuestro foco de atención tiende a estrecharse. Nos resulta más difícil tener en cuenta las opiniones y los puntos de vista de los demás, así como entender que sus valores pueden ser distintos a los nuestros. Este sesgo nos puede causar problemas en las relaciones personales, porque puede interferir en la conexión que sentimos con los demás.

Por ejemplo, nos imponemos una norma de vida, como «tengo que ser siempre puntual para todo», la aplicamos a los demás y nos sentimos ofendidos o dolidos cuando la incumplen. Eso puede hacer que seamos menos tolerantes con los demás, que nuestro estado de ánimo empeore y que a esto se le sumen tensiones en las relaciones. Esto equivale a intentar controlar lo incontrolable, lo que, inevitablemente, aboca nuestro estado de ánimo a otra espiral descendente.

Razonamiento emocional

Al igual que los pensamientos no son hechos objetivos, las emociones tampoco. Las emociones aportan información, pero cuando esa información es potente, intensa y perturbadora, como a veces lo son las emociones, tendemos a creer en ellas como si fueran un reflejo verdadero de lo que sucede. «Es lo que siento, así que ha de ser verdad.» El razonamiento emocional es un sesgo cognitivo que nos lleva a creer que lo que sentimos es la prueba de que algo es cierto, incluso aunque exista una gran cantidad de evidencias que sugieren que no lo es. Por ejemplo, salimos de un examen desanimados, tristes e inseguros. El razonamiento emocional nos dice que esto significa que hemos reprobado. Es posible que el examen nos haya ido bien, pero el cerebro interpreta la información a partir de cómo nos sentimos, y ahora mismo no nos sentimos ganadores. Es posible que el bajo estado de ánimo se deba al estrés y al posterior agotamiento, pero la emoción influye en cómo interpretamos la situación.

Filtro mental

La cuestión es que cuando creemos algo, el cerebro humano escanea la realidad en busca de signos de que estamos en lo cierto, porque la información que cuestiona nuestras creencias respecto a nosotros mismos o el mundo supone una amenaza psicológica. Las cosas de repente se vuelven impredecibles y no nos sentimos seguros, así que el cerebro tiende a descartar la información discordante y a aferrarse a lo que sea que encaje con nuestras experiencias previas, incluso aunque nos causen malestar. Por lo tanto, cuando lo pasamos mal, estamos bajos de moral y creemos que somos un fracaso, el cerebro actúa como un colador y se deshace de cualquier información que sugiera lo contrario, al tiempo que retiene todo lo que apunte a que no hemos conseguido lo que se espera de nosotros.

Imagina que subes una fotografía en las redes sociales y que muchos de tus seguidores dejan comentarios positivos. Sin embargo, tú no buscas ese tipo de comentarios, sino que los pasas por alto y buscas los posibles comentarios negativos que pueda haber. Entonces, si encuentras alguno, te pasas una parte importante del día dándole vueltas, sintiéndote dolido y dudando de ti mismo.

En términos evolutivos, tiene sentido que, cuando nos sentimos vulnerables, nos mantengamos alerta y prestemos atención a las posibles amenazas. Pero si queremos salir del pozo, debemos recordar la existencia del filtro mental.

«Tengo que» y «debería»

¡Cuidado con esos «tengo que» y «debería»! No me refiero al sentido del deber sano y normal que tenemos para con nuestra comunidad, sino a las expectativas infinitas que nos catapultan a una espiral descendente de infelicidad. «Tendría que ser más así, me debería sentir más asá.»

Estos «tengo que» y «debería» están íntimamente relacionados con el perfeccionismo. Por ejemplo, si creemos que no debemos fallar nunca, nos aguardará una verdadera montaña rusa emocional y un conflicto con nuestro estado de ánimo cuando nos equivoquemos o nos encontremos con algún obstáculo. Uno puede esforzarse al máximo para alcanzar el éxito y, al mismo tiempo, aceptar que cometerá errores en el camino. Sin embargo, si nos imponemos expectativas poco realistas, quedaremos atrapados en ellas y sufriremos siempre que algo indique que no estamos a la altura.

Así que presta atención a esos «tengo que» y «debería». Cuando ya tienes problemas con tu estado de ánimo, no es realista y no te ayuda en nada esperar hacer, ser y tener todo lo que haces, eres y tienes cuando estás en tu mejor momento.

Pensamiento dicotómico

También conocido como «pensamiento todo o nada» o «pensamiento en blanco y negro», el pensamiento dicotómico es otro sesgo cognitivo que puede empeorar nuestro estado de ánimo si no lo mantenemos a raya. Aparece cuando pensamos en absolutos o en extremos. O tengo éxito o soy un fracasado. Si no tengo un aspecto perfecto, soy feo. Si cometo un error, hubiera sido mejor no hacer nada. Este pensamiento polarizado no deja margen a las zonas grises que, con mucha frecuencia, se aproximan más a la realidad. El motivo por el que este patrón de pensamiento nos lo pone todo más difícil es que nos hace vulnerables a reacciones emocionales más intensas. Si reprobar un examen significa que eres un fracaso como persona, las consecuencias emocionales de reprobar serán más extremas y superarlas te resultará más difícil.

Este pensamiento polarizado aparece con más facilidad cuando tenemos un estado de ánimo depresivo. Sin embargo, es importante recordar que no es porque el cerebro se equivoque o funcione mal. Lo que sucede es que cuando estamos sometidos a mucho estrés, el pensamiento dicotómico nos proporciona cierta sensación de predictibilidad o de certidumbre acerca del mundo. A cambio, perdemos la oportunidad de reflexionar más lógicamente, de sopesar las distintas caras de un argumento y de llegar a una decisión más informada.

Figura 4: Sesgos cognitivos a los que prestar atención.

Sesgo cognitivo	¿Qué es?	Ejemplo
Leer la mente	Asumir lo que otros piensan y sienten.	«Hace tiempo que no me llama porque le caigo mal.»
Sobregeneralización	Partir de un hecho y generalizarlo a otras cosas.	«Reprobé el examen. Acabo de arruinar todo mi futuro.»
Pensamiento egocéntrico	Asumir que los demás mantienen los mismos puntos de vista y valores que nosotros y juzgar su conducta a partir de ese prisma.	«Yo nunca llegaría tarde. Es obvio que no le importo demasiado.»
Razonamiento emocional	Es lo que siento, así que ha de ser cierto.	«Me siento culpable, así que soy un mal padre.»

Sesgo cognitivo	¿Qué es?	Ejemplo
«Tengo que» y «debería»	Expectativas constantes y poco realistas que nos llevan a sentir que fracasamos constantemente.	«Siempre he de tener un aspecto perfecto.» «Nunca debería hacer menos que lo mejor posible.»
Pensamiento dicotómico	Pensar en absolutos o en extremos.	«Si no saco un diez, soy un fracaso.» «Si no estoy perfecta, no salgo de casa.»

Qué hacer con los sesgos cognitivos

¿Qué puedes hacer ahora que conoces algunos de los sesgos cognitivos más habituales que pueden empeorar tu estado de ánimo? No podemos evitar que lleguen esos pensamientos, pero lo importante es identificarlos como lo que son (sesgos) y, a continuación, determinar cómo responder ante ellos. Si somos capaces de reconocer que todos y cada uno de nuestros pensamientos no reflejan más que una idea entre muchas posibles, nos abrimos a la posibilidad de considerar otras ideas. Esto significa que el pensamiento original ejerce menos poder sobre nuestro estado emocional.

Para estar seguros de que respondemos como queremos, antes tenemos que identificar los sesgos en el momento en que aparecen. Si no damos un paso atrás y no los identificamos como sesgos, nos los creeremos como si fueran un fiel reflejo de la realidad. En ese caso pueden alimentar el estado de ánimo depresivo e influir en lo que hacemos a continuación.

Detectar los sesgos cognitivos parece algo obvio y es sencillo. Pero eso no significa que siempre sea fácil. Cuando estamos inmersos en ese momento concreto, no experimentamos únicamente un pensamiento que podemos ver con claridad, sino un embrollo de emociones, sensaciones físicas, imágenes, recuerdos e impulsos. Todo a la vez. Además, estamos tan acostumbrados a funcionar en piloto automático que detenernos a comprobar los detalles del proceso puede exigir mucha práctica.

A continuación, encontrarás algunas de las maneras en que puedes empezar a detectar los sesgos cognitivos y el impacto que ejercen en ti.

PONTE MANOS A LA OBRA

- Los estados emocionales intensos nos pueden impedir pensar con claridad, por lo que quizás sea más fácil empezar a reflexionar acerca de los sesgos cognitivos una vez que hayan pasado las emociones. Ver las cosas en retrospectiva te ayudará a tomar cada vez más conciencia, hasta que, poco a poco, esa conciencia llegue en tiempo real.
- Empieza a escribir un diario y elige momentos específicos en los que centrarte (tanto positivos como negativos). Diferencia entre lo que pensabas en ese momento, las emociones que identificaste y las sensaciones físicas que las acompañaron. Una vez que hayas anotado los pensamientos, repasa la lista de sesgos y comprueba si alguno de los pensamientos que has registrado podría reflejar un sesgo.
- Si estás en ese momento concreto y tienes la oportunidad de escribir, ponte manos a la obra y pon por escrito los pensamientos, las emociones y las sensaciones corporales. Intenta usar un lenguaje que te ayude a distanciarte de los pensamientos y de las emociones. Por ejemplo, «estoy pensando que...» o «detecto las siguientes emociones ...». Este uso del lenguaje te ayudará a alejarte de los pensamientos y de las

emociones y a verlos como una experiencia que te está abrumando, pero que no es una verdad absoluta.

- Si tienes a alguien en quien confías y con quien te puedes sincerar, explícale a qué sesgos cognitivos tiendes más y pídele que te ayude a identificarlos y a cuestionarlos. Ten en cuenta que esto exige que mantengas una muy buena relación con alguien con capacidad de aceptación y de respeto, que te apoye en tu decisión de trabajar para cambiar y crecer. No es fácil que te cuestionen en un momento de alta intensidad emocional, por lo que si optas por esta estrategia, planifícala con cuidado y asegúrate de que te puede ir bien.

- El mindfulness, o atención plena, es una manera ideal de conseguir una imagen a vuelo de pájaro de qué hacen los pensamientos, y reservar un periodo del día concreto a prestar atención a los pensamientos es una idea fantástica. Será tu práctica formal para crear esa habilidad de distanciarte de tus pensamientos y observarlos sin juzgar.

ALGUNOS CONSEJOS

Cuando trabajamos para tomar conciencia de nuestros pensamientos, tenemos que hacer el esfuerzo de darnos cuenta de que esa pauta de pensamiento no es más que una de las muchas interpretaciones posibles del mundo y darnos permiso para valorar las alternativas. Identificar estos sesgos cognitivos tan habituales y etiquetarlos nos ayuda precisamente a eso.

No es algo que se pueda hacer de un día para otro, ni basta con una sola vez. Requiere una práctica y un esfuerzo continuados. Es muy posible que unas veces no identifiques los pensamientos como la manifestación de un sesgo y que otras veces los identifiques y los abordes desde un punto de vista alternativo que te resulte más útil.

Aunque hay personas que intentan encontrar la respuesta correcta cuando buscan alternativas, lo que importa no es tanto el enunciado exacto del punto de vista alternativo como la práctica de detenerse antes de dar por bueno un pensamiento y de valorar activamente otras posibilidades. Por norma general, resulta útil buscar una perspectiva que parezca más equilibrada, justa y compasiva y que tenga en cuenta toda la información disponible. Las emociones tienden a suscitar posturas extremas y sesgadas. Sin embargo, la vida acostumbra a ser más compleja y está llena de zonas grises. No pasa nada por no tener una opinión definida acerca de algo mientras nos detenemos a reflexionar sobre los distintos puntos de vista posibles. Así que date permiso para reflexionar y suspender el juicio durante tanto tiempo como necesites. Refuerza esa capacidad de tolerar el desconocimiento. Cuando actuamos así, decidimos dejar de vivir la vida en función de los primeros pensamientos que nos vienen a la cabeza. Las decisiones se vuelven más conscientes y reflexivas.

Imagina que derramo la leche en el suelo mientras desayuno y que, inmediatamente, me empiezo a preguntar por qué soy semejante desastre y por qué todo me sale siempre mal. Se trata de una buena combinación de generalización y de pensamiento dicotómico. Si soy capaz de identificar los sesgos y de cuestionarlos, podré abrir esa ventana de oportunidad en la que reducir la intensidad de la respuesta emocional que, de otro modo, seguiría. Nunca nos parece gracioso derramar leche, pero la relación que mantengamos con nuestros pensamientos puede marcar la diferencia entre unos cuantos minutos de frustración y un estado de ánimo torcido durante todo el día. Como todo lo demás que encontrarás en este libro, decirlo es muy fácil. Hacerlo ya es más complicado. Exige práctica y no nos vuelve invencibles. Pero ayuda e impide que hagamos una montaña de un grano de arena.

Resumen del capítulo

- Los sesgos cognitivos son inevitables, pero no estamos indefensos ante ellos.
- De forma natural, buscamos pruebas que confirmen nuestras creencias. Así que experimentamos lo que sea que creemos, incluso aunque haya evidencias que sugieran lo contrario.
- Sea cual sea la causa de nuestro bajo estado de ánimo, este suele conllevar que se ponga el foco de atención en la amenaza y la pérdida.[2]
- Este sesgo hacia lo negativo puede empeorar aún más el estado de ánimo si nos centramos en esos pensamientos y creemos que son ciertos.
- Una de las estrategias contra esta espiral descendente consiste en entender que sentir algo no demuestra que lo que pensamos sea cierto.
- Otra estrategia consiste en adoptar una actitud curiosa.
- Distánciate de esos pensamientos familiarizándote con los sesgos cognitivos más habituales, detectándolos cuando aparezcan y etiquetándolos como sesgos en lugar de como verdades.

CAPÍTULO
3

Cosas que ayudan

Distanciarse

En la película *La máscara* (1994), Jim Carrey interpreta a Stanley Ipkiss, un banquero que encuentra una máscara de madera tallada por Loki, el dios nórdico del engaño. Cuando se la pone, la máscara se le pega al cráneo y lo absorbe, influye en todos sus actos. Ipkiss se convierte en la máscara.

Con la máscara sobre el rostro, ve el mundo a través de ese filtro. No cabe ningún otro punto de vista. Cuando se la quita y la sostiene en la mano, tan lejos como le es posible, la máscara pierde el poder de cambiar las emociones y la conducta de Stanley. Sigue ahí, pero esa pequeña distancia permite a Stanley darse cuenta de que la máscara no es más que eso, una máscara. No es él.

Cuando estamos con la moral baja, los pensamientos nos pueden consumir de un modo muy similar. El cerebro recibe del cuerpo el mensaje de que las cosas no van bien y empieza a buscar todos los motivos por los que nos encontramos así. En un abrir y cerrar de ojos, tenemos la cabeza llena de pensamientos negativos y autocríticos. Si nos aferramos a esos pensamientos y permitimos que nos consuman, pueden hacer que el estado de ánimo empeore aún más.

Todos esos libros de autoayuda que proclaman que tenemos que pensar en positivo pasan por alto el hecho de que no podemos controlar los pensamientos que llegan a la mente. Lo que sí podemos controlar es qué hacemos una vez están ahí.

Tomar distancia es una de las habilidades más importantes a la hora de aprender a gestionar tanto los pensamientos como el impacto que ejercen en nuestro estado de ánimo. Parece algo difícil de conseguir una vez que tenemos esos pensamientos metidos en la mente, pero los seres humanos tenemos un recurso muy potente que nos ayuda a distanciarnos de los pensamientos y tomar la perspectiva necesaria. Se llama «metacognición», un término rebuscado para designar lo que piensas acerca de lo que piensas.

Los seres humanos tenemos la capacidad de pensar. Pero también tenemos la capacidad de pensar en lo que estamos pensando. La metacognición es el proceso de dar un paso atrás para tomar la distancia suficiente y ver lo que son en realidad los pensamientos. Al hacerlo, pierden parte del poder que ostentan sobre nosotros y sobre cómo nos sentimos y nos comportamos. Elegimos cómo responder en lugar de sentirnos controlados y empujados por algo.

Aunque quizás parezca un concepto complicado, la metacognición no es más que el proceso de identificar los pensamientos que surgen en la mente y de observar cómo nos hacen sentir. Inténtalo: detente unos minutos y observa hacia dónde se dirige la mente. Date cuenta de que puedes elegir centrarte en un pensamiento, como cuando Stanley se pone la máscara, o dejarlo pasar y esperar a que llegue el siguiente.

El poder que llegue a tener cualquier pensamiento depende de la medida en que nos lo creamos. De la medida en que creamos que es cierto y tiene sentido. Cuando observamos nuestros propios procesos de pensamiento de este modo, empezamos a ver los pensamientos por lo que son (y por lo que no son). Los pensamientos no son hechos objetivos. Son una combinación de opiniones, juicios, historias, recuerdos, teorías, interpretaciones y predicciones acerca del futuro. Son ideas que el cerebro plantea como posibles explicaciones que nos ayudan a entender el mundo que nos rodea. Sin embargo, el cerebro cuenta con información limitada con la que operar. Además, su trabajo consiste en ahorrarnos tanto tiempo y tanta energía como sea posible. Eso significa que toma atajos y formula suposiciones y predicciones continuamente.

El mindfulness, o atención plena, es una herramienta fantástica para practicar la observación de los pensamientos y reforzar ese músculo mental que nos permite percibir un pensamiento y decidir no aferrarnos a él, sino dejarlo pasar y tomar una decisión deliberada acerca de dónde centrar la atención.

MINDFULNESS: PONER EL FOCO

En el capítulo anterior he enumerado algunos de los sesgos cognitivos que aparecen con más frecuencia cuando nuestro estado de ánimo es bajo. Aunque algunos libros de autoayuda nos instan a «pensar en positivo y ya», el problema es que no podemos controlar los pensamientos que nos llegan. Si intentamos no pensar unos pensamientos determinados, por defecto ya los estamos pensando. Además, no es realista. Muchas personas se enfrentan a dificultades enormes en su vida cotidiana. No hagamos su carga aún más pesada imponiéndoles la inalcanzable expectativa de producir exclusivamente pensamientos positivos en momentos terribles. Es muy probable que solo consigamos añadir más pensamientos autocríticos cuando se den cuenta de que no lo pueden hacer y lo consideren un fracaso personal.

Por lo tanto, aunque no podemos editar todos y cada uno de los pensamientos que produce la mente, sí que podemos decidir cómo responder una vez que han aparecido.

Cuando hablamos de pensamientos, la atención es poder. Imagina que la atención es como un foco. Mucha gente permite que ese foco se mueva con libertad, según sople el viento, y el cerebro solo asume el control de vez en cuando, ante indicios de peligro o de amenaza. Sin embargo, podemos decidir de forma consciente redirigir ese foco y prestar atención (iluminar) deliberadamente a aspectos específicos de nuestra experiencia.

No es lo mismo que bloquear pensamientos o intentar ignorarlos. Se trata de ser consciente de los pensamientos a los que prestamos atención, a los que damos relevancia.

Muchas personas llegan a la consulta sabiendo lo que no quieren. Saben que tienen pensamientos y emociones de los que les gustaría deshacerse. Sin embargo, cuando centramos la atención en el futuro que sí quieren, muchas veces se sorprenden, si no se sobresaltan, por el sencillo motivo de que nunca se lo habían planteado. Los problemas dolorosos pueden ser tan abrumadores y exigirnos tanta atención que empezamos a centrarnos más en ellos y menos en lo que queremos.

Muchos de nosotros hemos perdido la costumbre de preguntarnos qué queremos. Tenemos responsabilidades: un jefe al que rendir cuentas, una hipoteca que pagar, hijos a los que alimentar... Con el tiempo, nos damos cuenta de que nuestro nivel de bienestar no es el que querríamos, pero también de que no tenemos ni la menor idea de lo que queremos o necesitamos porque, en definitiva, nunca nos paramos a pensar en ello.

Mi intención no es en absoluto decirte que basta con centrarte en las cosas que quieres en la vida para que se manifiesten. Sin embargo, sí que tenemos que mirar hacia donde vamos para no salirnos del camino.

La atención es muy valiosa y nos ayuda a crear nuestra experiencia de la vida. Por lo tanto, aprender a controlar adónde la dirigimos puede ejercer un impacto muy poderoso en nuestra vida y en nuestro estado de ánimo. Sin embargo, estamos ocupados y la vida está llena de responsabilidades y de obligaciones que hemos llevado a cabo ya miles de veces antes. Y nuestro increíble cerebro, que nos

SOBRE LA OSCURIDAD   47

quiere facilitar las cosas, activa el piloto automático y hace la mayoría de las cosas automáticamente. Por eso se han vuelto tan populares prácticas como la meditación y el mindfulness, porque nos permiten hacer prácticas formales. Cuando queremos aprender a manejar, tomamos clases prácticas. Para mí, el mindfulness es como aprender a manejar la mente. Aunque en ocasiones pueda parecer algo aburrido o frustrante, o nos dé miedo, lo cierto es que ofrece al cerebro la oportunidad de tender esa vía neuronal, de modo que cuando necesitemos esas habilidades más adelante, no nos exijan demasiado esfuerzo.

Practicar mindfulness puede parecer muy abrumador al principio, porque no estamos seguros de lo que debemos hacer, de si lo estamos haciendo bien o de cómo nos deberíamos sentir mientras lo practicamos. Por eso, la caja de herramientas que encontrarás al final del capítulo contiene sencillos consejos que te ayudarán a ello. No tiene por qué ser complejo. No tiene por qué ser una experiencia profunda. Es como levantar pesas en el gimnasio, pero trabajando el músculo de la mente. A medida que se desarrolla, refuerza la capacidad para elegir dónde centrar la atención y, en consecuencia, también la capacidad de gestionar el estado de ánimo.

PONER FIN A LA RUMIACIÓN

Rumiar es como meter los pensamientos en una centrifugadora y darles vueltas una y otra vez durante minutos, horas o incluso días seguidos.

Ya sabemos que un cerebro deprimido tiende a centrarse en sesgos cognitivos que hacen que nos sintamos peor. Si a esos sesgos cognitivos les sumamos el equivalente psicológico de la rumiación, tenemos la receta perfecta para un malestar más intenso y prolongado. De hecho, las investigaciones han demostrado que la rumiación es uno de los factores clave en el mantenimiento de la depresión.[1] Cuanto más rumiamos, más atorados nos quedamos. Rumiar intensifica y prolonga la tristeza o la depresión que podamos experimentar.

¿Recuerdas lo que he dicho antes acerca de las vías neuronales? Cuanto más hacemos algo, más se consolida esa actividad neuronal. Eso significa que cuantas más vueltas demos a pensamientos o recuerdos dolorosos, más fácil nos resultará evocarlos en la mente. Quedaremos atrapados en una trampa en la que reactivaremos continuamente emociones dolorosas y malestar y caeremos en una espiral descendente.

Entonces, ¿qué podemos hacer para detener esa rumiación que alimenta las emociones dolorosas?

Cuando intentamos cambiar algo en el momento en que sucede, nos puede resultar extraordinariamente difícil reorientar la atención hacia otro lugar recurriendo tan solo a un concepto mental. Por el contrario, he visto a mucha gente obtener buenos resultados con estrategias más activas. Cuando te des cuenta de que has empezado a caer por la resbaladiza pendiente de la rumiación, prueba a extender la mano hacia delante con firmeza y exclama «¡*stop*!», seguido rápidamente de un movimiento físico, como levantarte y alejarte de donde sea que estés. Cambia de actividad durante unos instantes o incluso da unos pasos o sal a la calle unos minutos, según lo que sea posible en cada momento. Mover el cuerpo te puede ayudar a cambiar el chip mental cuando, de otro modo, podría ser muy difícil.

Como la rumiación nos invita a regodearnos en pensamientos que giran en torno a nuestros peores atributos y a nuestros peores momentos, y dadas las implicaciones fisiológicas que esto tiene para nuestro estado de ánimo, una de las maneras más sencillas de reconducir la situación cuando no estamos seguros de poder encontrar una salida es preguntarnos: «¿Qué haría ahora si estuviera en mi mejor momento?». Ahora bien, si te encuentras hundido en un pozo y en plena depresión, no puedes esperar hacer lo que sea que harías en tu mejor momento. Sin embargo, sí que puedes crear una imagen mental de la dirección en la que quieres ir. Por lo tanto, si te descubres rumiando acerca de una experiencia dolorosa en tu vida y has perdido varias horas dándole vueltas a esas ideas, te puedes plantear esa pregunta. La respuesta podría ser algo parecido a esto: «Me levantaría, me bañaría y me pondría música que me animara. O quizás elegiría una actividad que me gustara y me abstrajera».

Para las personas con tendencia a la rumiación, la soledad abre las compuertas a los pensamientos, a los recuerdos y al consiguiente dolor emocional, que irrumpen con un torrente y empiezan a dar vueltas en la mente. Es muy posible que la conexión humana sea la herramienta más potente que disponemos para conseguir que esos pensamientos desaparezcan después de unas cuantas rondas. Los amigos o un terapeuta escucharán atentamente cada uno de ellos. Sin embargo, también pueden ser un espejo magnífico que refleje y explique qué ven. De este modo, nos ayudan a tomar conciencia y nos proporcionan señales o indicios que nos indican que debemos poner fin a la rumiación y pasar a otra cosa que favorezca más nuestro bienestar.

MINDFULNESS

El mindfulness, o atención plena, es un estado mental que podemos intentar cultivar en cualquier momento. Significa prestar atención al momento presente y tomar conciencia de los pensamientos, las emociones y las sensaciones corporales que vayan apareciendo, sin juzgarlos y sin permitir que nos distraigan. No eleva rápidamente el estado de ánimo deprimido ni cambia los problemas a los que nos enfrentamos, pero sí que refina la capacidad de ser consciente de los detalles de nuestra experiencia de modo que seamos más capaces de decidir cómo responder. Sin embargo, puede resultar difícil cuando no se sabe con certeza cómo hacerlo. Meditar es como hacer gimnasia mental. Proporciona un espacio en el que practicar las habilidades que se usan.

Cómo se hace

Si es la primera vez que practicas mindfulness, las meditaciones guiadas son un buen punto de partida. Hay muchísimas entre las que escoger en internet, y he incluido algunas en mi canal de YouTube.

Existen muchas técnicas distintas, cada una basada en sus propias tradiciones, pero la mayoría de ellas comparten un mismo propósito: ayudar a generar claridad mental. Así que prueba estilos distintos y averigua cuál encaja mejor contigo.

PRACTICAR LA GRATITUD

Practicar la gratitud es otra sencilla manera de acostumbrarte a dirigir la atención. Consigue una libreta pequeña y, una vez al día, escribe tres cosas por las que das las gracias. Pueden ser cosas importantes, como tus seres queridos, o pequeños detalles de la jornada que te han gustado, como el sabor del café de camino al trabajo.

Sé que parece demasiado sencillo como para ser efectivo, pero cada vez que activas la gratitud, el cerebro practica el hábito de orientar la atención hacia cosas que suscitan estados emocionales agradables. Cuanto más practiques, más fácil te será recurrir a esta habilidad en otras situaciones.

Caja de herramientas: Convertir la gratitud en un hábito
- Escribe tres cosas por las que estés agradecido. Pueden ser tanto los aspectos más trascendentes y profundos de tu vida como los detalles más nimios de la jornada. Lo importante no es lo que decidas incluir, sino la práctica de orientar la atención de forma deliberada.
- Dedica unos minutos a reflexionar acerca de las cosas que has escrito y permítete sentir las sensaciones y emociones que acompañan a ese enfoque en la gratitud.

- Hacer este ejercicio es muy agradable. Repetirlo a diario es una práctica de vida que refuerza el músculo mental necesario para decidir dónde centrar la atención y que te permite experimentar los beneficios de hacerlo.

Resumen del capítulo

- No podemos controlar los pensamientos que nos llegan a la mente, pero sí podemos controlar hacia dónde dirigimos el foco de nuestra atención.
- Intentar no pensar en algo tiende a hacer que pensemos en ello aún más.
- Permitir que todos los pensamientos estén presentes, pero elegir a cuáles dedicamos tiempo y atención puede ejercer un gran impacto en nuestra experiencia emocional.
- Orientar la atención es una habilidad que se puede ejercitar, por ejemplo, mediante la práctica del mindfulness y de la gratitud.
- Aunque hay momentos que requieren prestar atención a los problemas, también nos tenemos que centrar en la dirección en la que queremos avanzar, en cómo nos queremos sentir y en qué queremos hacer.
- Los pensamientos no son hechos objetivos. Son sugerencias que el cerebro nos hace en su intento de ayudarnos a entender el mundo.
- El poder de cada pensamiento depende de en qué medida creamos que es la única verdad.
- Para arrebatarles el poder, tenemos que empezar por recular, distanciarnos (metacognición) y verlos por lo que son.

CAPÍTULO

4

Cómo transformar un mal día en un día mejor

Cuando estamos bajos de ánimo, nos puede parecer dificilísimo tomar las mismas decisiones que tomaríamos sin pestañear en un buen momento. ¿Llamo y digo que me encuentro mal o me fuerzo y veo cómo va? ¿Llamo a mi amiga o espero a estar más animada? ¿Como algo saludable o como algo que me reconforte?

El problema de tomar decisiones cuando no estamos bien es que nuestro estado de ánimo deprimido nos impulsa a hacer cosas que sabemos que nos dejarán atorados donde estamos. Por el contrario, hacer lo que sabemos que nos podría ayudar nos parece una misión casi imposible. Entonces, empezamos a centrarnos en cuál es la mejor decisión y nos criticamos por no estar haciéndolo ya. Aquí el perfeccionismo asoma su fea cabeza y paraliza el proceso de toma de decisiones, porque toda decisión que podamos tomar acarrea cierta incertidumbre de por sí. Y toda decisión implica alguna consecuencia negativa que debemos aceptar.

Cuando tenemos una moral baja, tenemos que centrarnos en tomar buenas decisiones, no decisiones perfectas. Una buena decisión es aquella que te mueve en la dirección en la que quieres ir. No tiene por qué catapultarte hasta allí.

Sin embargo, tenemos que seguir tomando decisiones, por pequeñas que sean. Tomar decisiones y avanzar es esencial en cualquier situación de supervivencia. Aunque nos encontremos en aguas profundas en plena noche y no tengamos manera de saber en qué dirección está la orilla, lo que sí sabemos es que si no elegimos una dirección y nos empezamos a mover, no pasará mucho tiempo antes de que no podamos mantener la cabeza fuera del agua. Un estado de ánimo deprimido no quiere que hagamos nada. Por lo tanto, hacer cualquier cosa positiva, por pequeña que sea, es un paso saludable en la dirección en la que queremos ir.

Con frecuencia, lo que dificulta tomar decisiones cuando estamos bajos de moral es que tendemos a tomarlas en función de cómo nos sentimos y de cómo nos queremos sentir en ese momento preciso. Si, por el contrario, basamos nuestras decisiones en el sentido y el propósito personales, eso nos puede ayudar a pasar de un enfoque emocional a tomar decisiones y adoptar conductas basadas en nuestros valores. Cuando tengas un mal día, céntrate en lo que tú valoras en relación con la salud. ¿Qué es importante para ti en lo que respecta a tu salud física y mental? ¿En qué medida está alineada tu vida con esos valores ahora? ¿Qué acción concreta podrías emprender para cuidar de tu salud tal como quieres hacerlo?

Constancia

Cuando tengas un mal día y las pequeñas tareas cotidianas se te hagan una montaña, no te fijes objetivos extremos que parezcan fuera de tu alcance. Elige un cambio pequeño que sepas que puedes poner en práctica cada día. Entonces comprométete a hacerlo realidad.

Tal vez te parezca absurdo al principio, porque esos pequeños cambios no te recompensarán con resultados instantáneos o radicales. Sin embargo, acometen algo mucho más importante. Tienden las vías neuronales para un hábito nuevo que podrás integrar en tu vida cotidiana y al que podrás ir sumando más cuando lo hayas automatizado. Así que recuerda: pequeño y constante. Un cambio lento es un cambio sostenible.

No hagas leña del árbol caído

Es imposible hablar de la gestión del estado de ánimo sin hablar de las críticas y los ataques que lanzamos contra nosotros mismos. El estado de ánimo deprimido intensifica la autocrítica y los ataques que nos dirigimos incluso cuando estamos bien. Decirle a alguien que no sea tan duro consigo mismo es muy fácil, pero cuando algo se convierte en un hábito desde pequeños, con solo decirnos que tenemos que dejar de hacerlo no suele ser suficiente. No podemos impedir que surjan esos pensamientos. Pero sí podemos desarrollar la capacidad de identificarlos y de responder de un modo que les resten poder sobre cómo nos sentimos y actuamos. Podemos usar las mismas habilidades que hemos comentado a la hora de identificar los sesgos cognitivos y distanciarnos de ellos. Nos ayudarán a darnos cuenta de que esos pensamientos no son hechos objetivos, sino juicios con una grandísima carga emocional.

Piensa en alguien a quien ames incondicionalmente. Ahora imagina que esa persona habla de sí misma de la manera en que tú te hablas a ti. ¿Qué le dirías? ¿Qué querrías que tuviera el valor de ver en sí misma? ¿Cómo querrías que se hablara?

Esta tarea nos ayuda a acceder a esa compasión tan profunda que a menudo mostramos a los demás, pero que nos negamos a nosotros mismos.

Autocompasión no es lo mismo que autoindulgencia irresponsable. Es ser la voz que más necesitamos escuchar, la voz que nos da la fuerza que necesitamos para levantarnos en lugar de hundirnos aún más. Es una voz de honestidad, de aliento, de apoyo y de bondad. Es una voz que nos cuida, que nos recompone, que nos mira directamente a los ojos y que nos dice que volvamos a la carga y lo intentemos de nuevo. Es la madre, el padre, el entrenador, el animador personal. Si los deportistas de élite tienen a alguien esperándolos entre asalto y asalto, entre *set* y *set*, o entre largo y largo, es por algo. Entienden el impacto tan profundo que ejercen las palabras que nos llenan la cabeza. Esa misma regla es aplicable tanto si estás en un cuadrilátero de boxeo, en una cancha de tenis, en una alberca, en una reunión de trabajo o en un aula de examen.

Así que hablarnos tal y como nos dirigiríamos a un ser querido para apoyarlo y animarlo es un factor muy potente a la hora de gestionar el estado del ánimo.

¿Cómo te quieres sentir?

Cuando intentamos gestionar el estado de ánimo, tendemos a centrarnos en todo lo que no queremos pensar ni sentir. Y aunque eso tiene su utilidad, alejarnos de eso que no queremos nos resultará más fácil si sabemos hacia dónde queremos dirigirnos en su lugar.

Caja de herramientas: ¿Qué puedes hacer para cambiar cómo te sientes?
Comienza por rellenar la plantilla con la matriz en cruz relativa al bajo estado de ánimo que encontrarás al final del libro (pág. 311). He incluido un ejemplo en la página anterior (Figura 5).

Cuando hayas identificado y enumerado los pensamientos y las conductas que contribuyen al estado de ánimo depresivo, rellena la plantilla en blanco con aquello que quieres para tus mejores días (pág. 312). Esta vez, comienza por la casilla de las emociones y rellénala con las emociones que te gustaría sentir con más frecuencia en tu vida diaria en lugar de ese estado de ánimo deprimido. En la página siguiente verás un ejemplo (Figura 6).

PENSAMIENTOS | EMOCIONES

«Nada me sale bien»

«Soy un fracaso como
madre/padre»

Estado de ánimo
depresivo

Tristeza

Desmotivación

CONDUCTA | SENSACIONES FÍSICAS

Paso más tiempo a solas

Evito pasar tiempo
con mis hijos

Baja energía

Problemas
de concentración

Figura 5: Ejemplo de formulación para el estado de ánimo
deprimido.

Sabiendo que tu estado físico, tu conducta y el foco de tus pensamientos contribuyen a esas emociones, usa las preguntas siguientes para que te ayuden a rellenar el resto de las casillas:

- ¿En qué centrabas la atención en el pasado cuando te sentías así?
- ¿Cómo crees que deberían resonar tus pensamientos o tu diálogo interno para que te puedas sentir así?
- ¿Cómo te has comportado en el pasado cuando te sentías así? ¿Qué hacías más? ¿Y menos?
- ¿Cómo tendrías que tratar a tu cuerpo para sentirte así?
- ¿Qué pensamientos resuenan en tu mente cuando estás en tu mejor momento?
- ¿En qué centras la atención entonces? ¿Cómo suena esa voz interior cuando te sientes así?

PENSAMIENTOS

Sé lo que se me da bien, perdono mis errores y sigo trabajando en lo que quiero mejorar.

Lo hago lo mejor que puedo porque es muy importante para mí

EMOCIONES

Motivación para intentarlo de nuevo

Satisfacción

Compasión

CONDUCTA

Busco tiempo para estar con mis hijos y disfrutar de su compañía

SENSACIONES FÍSICAS

Serenidad

Menos tensión cuando estoy con los niños

Más energía

Figura 6: Ejemplo de formulación de lo que quieres en tus mejores días. ¿Cómo te quieres sentir, comportar y pensar?

Fíjate en si la plantilla ha revelado algo que te haya funcionado en el pasado, te indica hacia dónde podrías dirigir la atención o apunta a qué podrías cambiar en tu vida cotidiana. Úsalo para reflexionar acerca de lo que funciona.

Prueba esto (pregunta milagrosa centrada en la solución)
Dedica unos instantes a imaginar que cuando cierres este libro, sucede un milagro y todos los problemas que te han estado persiguiendo desaparecen.

- ¿Cuáles serían las primeras señales de que el problema ha desaparecido?
- ¿Qué harías de otra manera?
- ¿A qué le dirías que sí?
- ¿A qué le dirías que no?

- ¿En qué centrarías la energía y la atención?
- ¿Qué harías en menor o mayor medida?
- ¿Cómo cambiaría la manera en que te relacionas con los demás?
- ¿Cómo cambiaría la manera en que te estructuras la vida?
- ¿Cómo cambiaría la manera en que te hablas?
- ¿Qué podrías dejar atrás con libertad?

Invierte tiempo en reflexionar acerca de las respuestas a estas preguntas y apunta hasta el último detalle de todos esos pequeños cambios que podrías aplicar en tu vida cotidiana. Es un ejercicio fantástico para generar una visión de hacia dónde te diriges. También te ayuda a explorar la idea de cómo mejoraría tu vida si empezaras a aplicar hoy mismo algunos de esos cambios, a pesar de que los problemas sigan ahí. Qué hacemos y cómo lo hacemos envía información al cuerpo y al cerebro acerca de cómo nos sentimos, por lo que cambiar de dirección hacia lo que nos importa más y hacia la persona que queremos ser, independientemente de nuestros problemas, puede suscitar cambios significativos en el estado de ánimo. Esta técnica redirige la atención desde el problema hacia la solución y nos permite empezar a mirar al horizonte hacia el que nos dirigimos.

Resumen del capítulo

- Céntrate en tomar buenas decisiones, no decisiones perfectas. Que sean lo «suficientemente buenas» te lleva al cambio real. El perfeccionismo genera parálisis por análisis, mientras que mejorar el estado de ánimo exige que tomemos decisiones y pasemos a la acción.
- Cíñete a cambios pequeños y sostenibles.
- Cuando vemos que alguien está bajo de ánimo, le mostramos amabilidad, porque sabemos que es lo que necesita.

Por lo tanto, si te has comprometido de verdad a gestionar tu estado de ánimo y tu salud mental en general, comprométete también a practicar la autocompasión.

- Una vez que entiendas el problema, usa ese conocimiento para que te ayude a determinar hacia dónde quieres ir y céntrate en el horizonte que hay frente a ti.

CAPÍTULO
5

Sentar las bases

Imagina que tienes el mejor equipo de futbol del mundo y sacas a los jugadores al campo sin ninguno de los defensas en posición. De repente, los mismos oponentes que nunca habían supuesto una amenaza tienen muchas más probabilidades de ganar. Aunque es muy posible que los defensas no den tanto espectáculo como los delanteros, acostumbramos a subestimar su capacidad para darle la vuelta al partido.

Todos tendemos a pasar por alto lo básico. Cuando nuestra madre nos dice que nos acostemos temprano y que comamos verdura, no podemos evitar poner los ojos en blanco. «Sí, gracias, mamá.» Sin embargo, cuando hablamos de los defensas, no sabemos lo que tenemos hasta que lo perdemos. Lo primero que abandonamos cuando no estamos del todo bien es lo básico. Nos alejamos de los amigos, bebemos demasiado café y, entonces, no podemos dormir y dejamos de hacer deporte. ¿De verdad es eso tan importante? La ciencia sugiere que es como sacar uno a uno a todos los defensas del campo y dejar la portería desprotegida.

Lo básico no es glamuroso. No nos da esa emoción de haber comprado algo que promete arreglarlo todo. Sin embargo, es un activo en el banco de la salud. Cuando la vida nos empieza a arrojar cosas, lo que nos mantiene en pie y nos ayuda a levantarnos si caemos es lo más básico.

Vale la pena señalar que no hace falta abordarlo todo a la perfección. No hay una dieta perfecta con la que todo el mundo esté de acuerdo, ni una cantidad o tipo ideal de interacción social. No son objetivos que haya que alcanzar a la perfección, sino que son bases, cimientos. Los defensas necesitan tanta atención como los delanteros, porque son cruciales si queremos seguir en el juego. Sin embargo, si uno falla, otro le puede echar una mano. Que un defensa se vea superado en ocasiones no es señal de que haya fallos, y tampoco es un fracaso. Por lo general, solo significa que la vida sigue su curso. Por ejemplo, es probable que una madre o un padre recientes no tengan demasiado control sobre la privación de sueño que sufren, pero pueden prestar especial atención a comer bien y a mantener el contacto social con los amigos y con la familia, y eso los ayudará a estar bien durante ese periodo.

Si sabemos cuáles son esas defensas básicas, les podemos prestar atención, comprobar su estado periódicamente y encontrar pequeñas maneras de mejorarlas y reforzarlas.

Si tienes la tentación de saltarte este capítulo porque crees que ya lo sabes todo, aún es más importante que te quedes y lo leas. Subestimamos la importancia de estas defensas hasta tal punto que, con frecuencia, son lo primero que dejamos ir cuando estamos estresados o no acabamos de estar bien. Sin embargo, no es solo que la ciencia haya demostrado con claridad meridiana su importancia, sino que, además, ha demostrado que su potencia y su alcance son mucho mayores de lo que se pensaba.

ACTIVIDAD FÍSICA

La actividad física tiene un efecto antidepresivo muy potente, tanto si ese bajo estado de ánimo que te asola es leve e intermitente como si convives con un trastorno depresivo mayor.[1] En el caso de las personas que toman antidepresivos, combinarlos con ejercicio físico lleva a mejores resultados.[2]

El ejercicio aumenta la cantidad de dopamina circulante, así como la disponibilidad de receptores dopaminérgicos en el cerebro,[3] lo que significa que tienes más capacidad de sentir placer en la vida cotidiana.[4] Por lo tanto, identificar una actividad física que te guste no solo te proporcionará alegría mientras estés realizándola, sino que aumentará tu capacidad para encontrar alegría en el resto de las áreas de tu vida.

Por desgracia para nosotros, el concepto de practicar deporte se ha catalogado como un doloroso proceso por el que hay que pasar para cambiar de aspecto. El discurso gira fundamentalmente en torno a soportar el dolor en aras de un beneficio estético. No es de extrañar que haya tanta gente que crea que el ejercicio no es para él o ella.

Hace demasiado tiempo que se obvia cómo nos sentimos cuando movemos el cuerpo. Aun así, durante la pandemia, muchas personas han redescubierto el placer de practicar ejercicio en espacios verdes, porque la obligación de permanecer entre cuatro paredes durante tanto tiempo ha hecho que los efectos de ese paseo diario sean mucho más evidentes. La ciencia está empezando a demostrar el impacto psicológico de hacer ejercicio, pero no en una cinta de correr bajo techo, sino al aire libre, en la naturaleza. En un estudio con un grupo de adultos que seguían un proceso de terapia cognitivo-conductual (TCC) para la depresión, el grupo cuya terapia se realizaba en el bosque presentó un índice de remisión un 61 por ciento superior al del grupo que llevó a cabo el mismo programa en un entorno hospitalario.[5]

En quienes no soportan la idea de realizar una actividad física vigorosa, los movimientos más lentos del yoga también pueden ejercer un efecto significativo en el estado de ánimo, además de desarrollar la capacidad de calmar la mente y el cuerpo con más rapidez.[6]

Si decides incorporar el ejercicio físico a tu vida, eso no significa que tengas que participar en ultramaratones ni levantar pesas en un gimnasio caro. De hecho, es mucho más fácil tomar impulso si se empieza poco a poco. Para empezar, ni siquiera es necesario que salgas de casa. Puedes ponerte tu música preferida y bailar hasta que notes que te falta un poco la respiración. Si puedes empezar por algo muy pequeño y que tenga el potencial de suscitarte alegría, hay muchas más probabilidades de que sea sostenible. Hacer ejercicio durante una hora un día no lo cambiará todo, pero un pequeño aumento sostenible en la actividad física diaria puede convertirse en un catalizador para un cambio significativo en tu vida.

El ejercicio físico hace mucho más que subirnos un poco la moral: ejerce un impacto positivo tanto en la mente como en el cuerpo de múltiples maneras. No te quedes solo con lo que digo; compruébalo por ti mismo. Encuentra la manera de realizar más actividad física de un modo que te resulte placentero o tenga sentido para ti, y fíjate en cómo te empiezas a sentir.

DORMIR

Si privamos de sueño a cualquier persona de este planeta, será más vulnerable tanto a la enfermedad física como a la mental. La relación entre sueño y salud mental es bidireccional, y cuando la salud mental se hunde como consecuencia del estrés, de un estado de ánimo depresivo o de la ansiedad, es muy probable que el sueño también se vea alterado tarde o temprano. Sea lo que sea que llegue primero, casi puedes garantizar que si el sueño empeora, el estado del ánimo hará lo propio, así como tu seguridad en tu capacidad para recuperarte. Cuando no se duerme lo suficiente, todo parece diez veces más difícil. El sueño ejerce un profundo efecto en todos los aspectos del bienestar, por lo que si crees que no duermes tan bien como deberías, vale la pena que inviertas el tiempo y el esfuerzo necesarios para intentar mejorarlo.

Si se trata de insomnio de larga duración, lo mejor es que acudas al especialista. Pero si lo que quieres es mejorar la cantidad o la calidad del sueño actual, a continuación encontrarás algunos consejos que te indicarán por dónde empezar. Lo diré de nuevo: el objetivo no es la perfección y, para dormir lo suficientemente bien, no hace falta que hagas todo lo que aparece en la lista. Hay veces en que la vida sigue su curso y nos aleja de los patrones de sueño saludables. Si trabajas en turnos rolados, si haces viajes de larga distancia, si tienes hijos pequeños o acostumbras a acostarte tarde porque te quedas jugando videojuegos, puedes aprender a identificar cómo te encuentras y tomar las medidas necesarias para ir en la dirección adecuada.

- Reserva la actividad física vigorosa para la primera mitad del día e intenta aprovechar el final de la tarde para relajarte.
- Tomar un baño de agua caliente antes de acostarte puede ayudar al cuerpo a alcanzar la temperatura óptima para el sueño.
- Intenta exponerte a tanta luz natural como te sea posible durante los primeros treinta minutos después de despertarte. La exposición a la luz solar rige el ritmo circadiano que regula las pautas de sueño. Aunque la luz artificial puede ayudar, la luz natural al aire libre es mucho mejor, aunque esté nublado. Sal a la calle durante diez minutos a primera hora de la mañana. Reserva tiempo para salir a la calle tanto como te sea posible a lo largo del día.
- Cuando empiece a atardecer, opta por luces de baja intensidad. En lo que se refiere a las pantallas, las investigaciones sugieren que lo que importa no es tanto el color de la luz de la pantalla, sino su intensidad. Así que reduce en la medida de lo posible el brillo de las pantallas por la tarde y apágalas tan temprano como puedas.
- Reserva tiempo para poder abordar lo que te preocupa durante el día. Toma decisiones, haz planes y tacha algo de la

lista de tareas pendientes. Dormir bien también tiene que ver con lo que hacemos durante el día. Resolver problemas se nos da mucho mejor durante las horas de día, pero si los reprimimos y hacemos como si no existieran, tienden a aparecer por la noche, cuando intentamos dormir. Así que despeja el escritorio y la mente tanto como puedas.

- En esas noches en que parece que reposar la cabeza sobre la almohada es la señal para que el cerebro se active y te empieces a preocupar, intenta confeccionar una lista de preocupaciones. Ten siempre lápiz y papel en el buró. Cuando surja una preocupación, escríbela. Solo un par de palabras o puntos. Haz lo mismo con el resto de las preocupaciones que aparezcan. La lista resultante contendrá las tareas pendientes para el día siguiente. Prométete que al día siguiente dedicarás tiempo a reflexionar sobre esos problemas. Así te sentirás más libre para detenerlos ahora y volver a centrarte en descansar.
- No puedes obligarte a dormir. No es algo que puedas decidir hacer. El sueño se da cuando creamos un entorno en el que la mente y el cuerpo se sienten seguros y serenos. Así que no te concentres en el sueño, sino en la relajación, en el descanso y en la calma. El cerebro hará el resto.
- Evita la cafeína al caer la tarde y por la noche. Las bebidas energéticas que se promocionan entre la juventud contienen niveles de cafeína muy elevados que interfieren en el sueño y causan síntomas de ansiedad.
- Como norma general, es buena idea no consumir demasiado de nada en las horas previas a acostarse. Sobre todo comida pesada o rica en azúcares refinados. Todo lo que provoque una subida en el nivel de estrés no te ayudará ni a conciliar el sueño ni a permanecer dormido.

NUTRICIÓN

La salud mental y la salud física son dos hebras de una misma canasta. Si una se mueve, la otra también. La ciencia que lo demuestra ha avanzado mucho durante los últimos años. El modo en que alimentamos al cerebro influye en lo que sentimos.

Las investigaciones demuestran incluso que mejorar la nutrición puede aliviar significativamente los síntomas depresivos[7] y que aplicar cambios positivos en la alimentación podría prevenir la depresión a medida que envejecemos.[8]

Cuando entendemos que el estado de ánimo se ve influido por varios factores, parece lógico abordarlo desde todos los frentes posibles. A la mayoría de nosotros se nos ocurrirían varias maneras de mejorar cómo nutrimos a nuestro cuerpo con solo dedicarle unos instantes de reflexión. Las investigaciones que se están llevando a cabo en todo el mundo sugieren que no hay una sola dieta estricta que proteja la salud mental. Aunque los beneficios para la salud mental han quedado ampliamente demostrados en el caso de la dieta mediterránea tradicional, que es la que cuenta con datos más sólidos, hay muchas otras que se asocian a un menor riesgo de depresión, como las dietas tradicionales noruega, japonesa y anglosajona.[9] Algo que todas tienen en común es que incluyen alimentos integrales y no procesados, grasas saludables y cereales integrales.

Como hay mucha desinformación en todo lo que concierne a la alimentación, en la sección de recursos del libro he incluido lecturas recomendadas de fuentes fiables, por si quieres leer al respecto. De todos modos, la idea general es que priorizar una buena alimentación (y aprender qué significa eso si es necesario) es una idea fantástica para gestionar el estado de ánimo depresivo y mejorar la salud mental.

Aun así, y como he mencionado antes, hacer cambios drásticos de la noche a la mañana no resulta demasiado útil si luego no se pueden mantener. Es mejor preguntarse con regularidad: «¿Qué

pequeño cambio podría aplicar hoy para mejorar mi alimentación?».
Y, entonces, hacerlo cada día.

RUTINAS

La rutina es otra de las defensas clave para la salud mental y la resiliencia. Es muy posible que este fuera el factor más subestimado de
entre todos los que influyen en nuestro bienestar hasta que la pandemia puso patas arriba todas las rutinas de tantas personas.

La repetición y la predictibilidad nos ayudan a sentirnos seguros, aunque también necesitamos variedad y cierta sensación de
aventura. Por lo tanto, nos gusta tener una rutina, pero nos gusta
romperla de vez en cuando, a poder ser con algo placentero, importante o emocionante.

Cuando no estamos del todo bien, la rutina puede salir perjudi-
cada. Por ejemplo, quizás nos quedamos hasta tarde viendo la televisión porque así bloqueamos pensamientos estresantes acerca del
trabajo al día siguiente. Entonces, por la mañana, nos cuesta levantarnos y nos saltamos el ejercicio matutino.

O quizás nos hemos quedado sin trabajo y hemos empezado a
tomar la siesta por la tarde, pero luego nos cuesta conciliar el sueño
por la noche. Dejar de trabajar cambia la cantidad de interacción
social a la que tenemos acceso. No salimos de casa durante días y
nos cuesta encontrar un motivo para bañarnos o incluso para salir
de la cama por la mañana. Entonces perdemos el apetito, no tenemos energía y nos pasamos el día bebiendo café... y el efecto en
cascada del cambio de rutina sigue y sigue.

Todos estos cambios aparentemente pequeños son importantes, porque se van sumando y crean nuestra experiencia global. Si
tenemos un vaso grande de agua y le añadimos unas gotas de refres-
co, apenas notaremos la diferencia. Si añadimos unas gotas más, el
color general del agua empezará a cambiar. Si añadimos suficientes

gotitas, con el tiempo, el color y el sabor del agua cambiarán por completo. Por lo tanto, cada gotita cuenta, aunque por sí sola no pueda cambiar completamente cómo nos sentimos.

Dicho esto, no hay una rutina perfecta. La clave es instaurar un equilibro entre predictibilidad y aventura que se adapte a ti y a tus circunstancias únicas. Darte cuenta de cuándo la abandonas y tomar las medidas para recuperarla es un gran paso en la dirección adecuada.

Conexión humana

Aunque cuidar el cuerpo y la mente es esencial, cultivar relaciones de buena calidad es una de las herramientas más potentes de las que disponemos si queremos mantener una buena salud mental durante toda la vida.[10]

Si nuestras relaciones no van bien, esto puede tener un impacto devastador en nuestro estado de ánimo y nuestra situación emocional. También puede ocurrir lo contrario. El deterioro de nuestro estado de ánimo puede perjudicar a nuestras relaciones. Nos puede hacer sentir desconectados de quienes nos rodean y desencadenar una profunda sensación de soledad.

Cuando estamos bajos de ánimo, la idea de estar con otros puede resultar abrumadora y agotadora. Esa es la trampa de la depresión. Nos dice que nos aislemos, que nos escondamos y que no veamos a nadie hasta que nos encontremos mejor. Así que esperamos a encontrarnos mejor. Sin embargo, con eso solo conseguimos ponernos las cosas aún más difíciles. Dedicar algo de tiempo a estar en soledad puede ser revitalizante y cargarnos las pilas, pero también puede convertirse rápidamente en una espiral descendente de rumiación y autocrítica que alimenta a la depresión y que no cesa.

Estar con los demás (incluso cuando no nos gusta), para observarlos, relacionarnos con ellos y forjar conexiones, puede ayu-

darnos a mejorar nuestro estado de ánimo, sacarnos del ensimisma-
miento y devolvernos al mundo real. Las investigaciones nos dicen
que el apoyo social de calidad se asocia a mejores resultados en lo
que respecta al estado de ánimo.[11]

Muchas de las personas que nunca comparten con nadie que se
encuentran mal creen firmemente que mostrarse ante la gente de su
alrededor en un estado que no sea su mejor versión las convertiría
en una carga. Sin embargo, la ciencia sugiere lo contrario. El apoyo
social ejerce un efecto positivo tanto para quien lo recibe como para
quien lo proporciona.[12] Por lo tanto, cuando nos encontramos mal
y queremos salir del estado de ánimo depresivo, una de las acciones
más potentes que podemos emprender es nadar contra la fortísima
corriente que nos quiere empujar hacia el aislamiento y la soledad.
No podemos esperar a que nos den ganas, porque las ganas no llegan
primero, sino que lo primero debe ser la acción. La emoción viene
después. Cuanto más tiempo dediques a forjar vínculos reales con
otras personas, más mejorará tu salud mental.

Pasar tiempo con los demás no significa que tengamos que hablar de cómo estamos. De hecho, ni siquiera tenemos que hablar.
Basta con estar con gente, observar, sonreír. Conversa en la medida
en que te sea posible. El estado de ánimo depresivo y la depresión
pueden hacer que nos sintamos incómodos y ansiosos en situaciones sociales. Nos preocupa la imagen que podemos dar. Tendemos
a pasar tanto tiempo criticándonos que acabamos asumiendo que
los demás nos juzgan también. ¿Recuerdas cómo se llamaba este
sesgo cognitivo?

A pesar de todos esos pensamientos y emociones que nos alejan
de los demás, la conexión humana es nuestro mecanismo innato de
resiliencia. Cuando tenemos dificultades, una conexión segura y de
calidad nos es de gran ayuda. Si no la puedes encontrar en tu familia
o en tus amigos, hay profesionales que te la podrán proporcionar
hasta que puedas forjar relaciones nuevas y significativas en tu vida.

Resumen del capítulo

- Los defensas de la salud mental sientan las bases de la buena salud. Si los cuidamos a diario, nos devuelven la inversión con intereses.
- Si solo has de cambiar una cosa hoy, que sea hacer ejercicio. Si eliges algo que te guste, las probabilidades de mantenerlo serán mucho mayores.
- La relación entre el sueño y la salud mental es bidireccional. Priorizar el sueño ayudará a tu salud mental, y cambiar algunos aspectos de la jornada mejorará tu sueño.
- Cómo alimentas al cerebro influye en cómo te sientes. Las dietas tradicionales mediterránea, japonesa y noruega han demostrado tener beneficios para la salud mental.
- La conexión humana es una herramienta muy potente para la resiliencia ante el estrés. Las relaciones personales modifican la biología y la psicología individuales.

II

Sobre la motivación

CAPÍTULO

6

Entender la motivación

Ahora que estamos llenando la caja de herramientas psicológicas con habilidades que nos ayudan a ir avanzando por la vida, resulta fácil imaginar que la motivación es una de esas habilidades. Sin embargo, la motivación no es una habilidad. Tampoco es un rasgo de personalidad fijo con el que se nace o no se nace.

Muchos de nosotros sabemos exactamente lo que tenemos que hacer; lo que sucede es que «ahora mismo» no nos gustaría hacerlo. Y más tarde sigue sin gustarnos demasiado. A veces conseguimos ilusionarnos con un objetivo y empezamos a avanzar en la dirección adecuada, pero, tan solo unos días después, la motivación se desvanece y retrocedemos hasta la casilla de salida.

Los altibajos en la motivación no son un fallo del sistema. Forman parte de ser humano. Es una sensación que viene y va, como el resto de las emociones, por lo que no siempre podemos confiar en que esté ahí. Entonces, ¿qué significa eso para nuestros sueños y nuestros objetivos?

El cerebro presta una atención constante a lo que sucede en el cuerpo. Sabe lo que le ocurre a la frecuencia cardiaca, a la respiración y a los músculos, reacciona a la información que recibe y decide cuánta energía deberíamos invertir en la tarea que tenemos delante. Esto significa que podemos influir más de lo que pensamos en esas emociones. Si cambiamos lo que hacemos con el cuerpo, influimos en la actividad cerebral, lo que a su vez influye en las emociones suscitadas en el cuerpo. Esto es algo que podemos usar en nuestro beneficio.

Cuando nos enfrentemos a la sensación de «pues no me gusta», podemos acometerla desde dos frentes:

- Aprender a cultivar la sensación de motivación y de energía para aumentar las probabilidades de que aparezca con más frecuencia.
- Aprender a actuar de un modo congruente con nuestros intereses incluso en ausencia de motivación. Desarrollar la capacidad de hacer lo que tenemos que hacer, incluso cuando parte de nosotros no quiere hacerlo.

¿POSTERGACIÓN O ANHEDONIA?

Antes de seguir, quiero explicar la diferencia entre postergación y anhedonia. Postergar es algo que todos hacemos: dejamos algo para más tarde porque nos suscita una reacción de estrés o cualquier otra emoción aversiva. He grabado cientos de videos educativos para las redes sociales, pero si tengo que hacer uno que me hace sentir incómoda o que me resulta difícil por el motivo que sea, lo evitaré todo el día y me convenceré a mí misma de que todo lo que hago en lugar del video demuestra lo productiva que soy. De hecho, en realidad lo que sucede la mayoría de las veces es que lo estoy postergando, porque la idea de grabar ese video concreto me resulta incómoda o difícil ese día.

La anhedonia es algo distinto. Aparece cuando dejamos de sentir placer por las cosas que antes nos gustaban y se asocia a varios problemas de salud mental, como la depresión. Cuando nos sentimos así, nos empezamos a preguntar si realmente hay algo que valga la pena. Lo que antes nos alegraba ahora nos parece carente de sentido. Así que dejamos de hacer todo lo que tiene el potencial de levantarnos el estado de ánimo porque ya no nos gusta.

Cuando empezamos a evitar algo que es importante o que puede ser significativo para nosotros, la respuesta natural es esperar a que nos vuelva a gustar. Esperamos hasta volver a sentirnos llenos de energía, motivados o preparados. El problema es que la emoción no llega de forma espontánea, sino que tenemos que suscitarla mediante la acción. No hacer nada alimenta el letargo y la sensación de desgana, por lo que las cosas empeoran. La motivación es un maravilloso producto derivado de la acción. Es la fantástica sensación que sentimos cuando salimos del gimnasio, no cuando vamos de camino a él. Es la sensación de energía e impulso que sentimos cuando comenzamos algo y el cerebro y el cuerpo empiezan a crecerse ante el reto que tenemos por delante. En ocasiones se trata de una emoción pasajera. Otras veces perdura durante mucho más tiempo. Y, en gran parte, eso depende del resto de factores que o bien alientan o bien acaban con la motivación.

Por lo tanto, cuando empezamos a hacer algo y el estado de ánimo plano nos dice que «no le gusta», podemos provocar un cambio biológico y emocional. Esto no significa que ponernos una música concreta o ir al gimnasio una vez vaya a resolver todos nuestros problemas ni a cambiarnos la vida. Sin embargo, sí que pone en marcha una serie de acontecimientos que cambian la dirección en que avanzamos. Si empezamos a hacer las cosas que nos gustaría que quisiéramos hacer, es más probable que estimulemos el cerebro de tal modo que se suscite placer o motivación.

Las personas que sufren depresión, y anhedonia como parte integrante de esta, necesitan tiempo para que regresen el placer y la motivación por las actividades. Y, una vez que lo hacen, pueden sufrir altibajos durante bastante tiempo. En este periodo tenemos que perseverar y hacer lo que sabemos que es importante para nosotros, aunque no nos guste, si queremos reconectar con el placer que acostumbrábamos a sentir.

Resumen del capítulo

- La motivación no es algo con lo que se nazca o no se nazca.
- No podemos confiar en que la sensación de tener energía y ganas de hacer algo esté siempre ahí.
- Gestionar la motivación consiste en desarrollar la capacidad de hacer lo que es importante para nosotros, aunque en parte no nos guste.
- Con frecuencia, postergamos cuando queremos evitar algo que nos genera estrés o malestar.
- La anhedonia consiste en no sentir placer al llevar a cabo actividades que antes nos gustaban. Acostumbra a estar asociada al bajo estado de ánimo y a la depresión.
- Si algo te importa y podría ser beneficioso para tu salud, no esperes a tener ganas de hacerlo. Hazlo.

Cómo cultivar la motivación

La motivación es más que un motivo para hacer algo. Cuando usamos esa palabra en una conversación, acostumbramos a referirnos a una sensación de entusiasmo o a un impulso que fluctúa, como cualquier otro. Algunas cosas alimentan esa sensación y otras la anulan. ¿Cuáles de las cosas que haces acostumbran a venir seguidas de la sensación de motivación y de energía?

Aunque la ciencia nos dice qué les funciona a la mayoría de las personas, si examinas tu propia vida con curiosidad, obtendrás un nivel de detalle con un valor añadido muy importante: no podemos cambiar aquello de lo que no somos conscientes. Por lo tanto, pasar tiempo observando y documentando la tarea que quieras abordar es de una importancia extraordinaria y multiplica las probabilidades de prolongar esa sensación de motivación.

A continuación encontrarás algunos factores que invitan a esa emoción a hacer acto de presencia.

Mover el cuerpo

La motivación no surge de un lugar concreto del cerebro, ni tampoco es una parte fija de la personalidad ni una herramienta esencial que usamos para ponernos en marcha. En la mayoría de las ocasiones, la motivación es consecuencia, precisamente, del movimiento.

Entonces, ¿qué sucede si no tenemos motivación para practicar deporte? Tal vez la clave para hacer de la actividad física una parte sostenible de la vida cotidiana reside en encontrar una forma de movimiento que podamos empezar a hacer incluso cuando la motivación está en horas bajas. Las investigaciones demuestran que incluso realizar una mínima cantidad de ejercicio físico es mejor que no hacer nada, y cualquier cosa que te lleve a superar tu actividad física habitual te ayudará a reforzar tu fuerza de voluntad.[1] Encuentra algo que te resulte fácil. Algo que te haga sentir bien. Algo que te haga sentir esa maravillosa sensación de desconexión y que no sea otra tarea aburrida más que hay que hacer. Incorpora a amigos, buena música o cualquier cosa que te ayude a aguardarlo con impaciencia a diario en lugar de temerlo.

Añadir algún tipo de ejercicio físico, por moderado que sea, te recompensará aportándote motivación. Quizás tengas que usar la estrategia de actuar en contra de tus impulsos, porque es posible que no te guste hacer ejercicio, pero el impacto que esta acción tan sencilla ejercerá en la sensación de desgana durante el resto del día no tiene precio. Si lo consigues, ya tendrás medio objetivo ganado.

MANTENER LA CONEXIÓN CON EL OBJETIVO

En psicoterapia, muchas veces establecemos objetivos con las personas y las ayudamos a descubrir cómo conseguirlos. Sin embargo, el verdadero trabajo se lleva a cabo cuando el proceso se descarrila. Llegado este punto, las personas que carecen de apoyo son más vulnerables al impulso de rendirse. Sin embargo, hay que usar ese tropiezo para reforzar el futuro. Si entendemos mejor qué ha causado el tropiezo y asumimos que volver al camino es tan solo parte del proceso, estaremos en mejor disposición de prever cuándo puede volver a ocurrir y evitar esos obstáculos en el futuro.

Creo que uno de los motivos por los que algunos de mis clientes dicen que salen de la consulta mucho más motivados es que han pasado tiempo reconectando con sus objetivos. Si no mantenemos en mente el objetivo por el que trabajamos, es fácil perder ímpetu.

Tanto si quieres mejorar tu estado de ánimo como si quieres trabajar cualquier otro aspecto de tu bienestar, es fundamental que mantengas la conexión con tus objetivos, porque exigen atención constante. Conecta con ellos cada día. Lo puedes hacer, por ejemplo, escribiendo un diario. No tiene por qué ocuparte demasiado tiempo. Puede tratarse de un par de apuntes al principio de la jornada, para concretar una o dos cosas que harás para acercarte a tu objetivo. Entonces, al final del día, puedes escribir un par de líneas para reflexionar acerca de la experiencia. Este tipo de tareas son fáciles de mantener porque no exigen demasiado tiempo, quizás un par de minutos como máximo. Pero aseguran que rindamos cuentas ante nosotros mismos a diario y nos ayudan a manteneros centrados en el objetivo.

IR PASITO A PASITO

Las grandes tareas invitan a la desgana, por lo que es mejor establecer objetivos pequeños y mantener el foco de atención. Aunque la psicoterapia puede transformar la vida de las personas, no es algo que suceda de la noche a la mañana. No vuelven a la segunda visita con sus problemas resueltos y con una manera de ver las cosas completamente nueva. Se llevan a casa una sola tarea y se centran en ella. Solo podemos centrarnos en una cosa a la vez y la capacidad de que disponemos para hacer cosas que no nos gustan también es limitada.

Sin embargo, la mayoría de nosotros no seguimos esta norma. Nos damos cuenta de que tenemos que cambiar nuestra vida e intentamos transformarla de golpe, de una sola vez. Esperamos demasiado de nosotros y nos desesperamos cuando nos quemamos o tiramos la toalla. Cuando eso sucede, se reducen las probabilidades de que lo volvamos a intentar.

Cuando decae la motivación por un objetivo a largo plazo, es útil ofrecerse pequeñas recompensas por el camino. Eso sí, no me refiero a recompensas externas, sino internas. La palmadita en la espalda que nos damos a nosotros mismos para felicitarnos por nuestro esfuerzo y el reconocimiento de que ha valido la pena porque vamos en la dirección correcta. Esto nos ayuda a perseverar, al ser conscientes de que vamos encaminados a conseguir los cambios que queremos ver.

Cuando reconocemos los progresos y las pequeñas victorias intermedias, nos empezamos a dar cuenta de que nuestros esfuerzos pueden cambiar nuestro mundo. Sentir que somos agentes de cambio nos ayuda a mantener la motivación para seguir intentándolo. Este es un excelente motivo para empezar por cambios pequeños y desarrollar nuevos hábitos, asegurándonos de consolidar uno antes de pasar al siguiente. Cuando instauramos el hábito de dar prioridad a las conductas saludables, estas se convierten en nuestro apoyo.

RESISTIRSE A LA TENTACIÓN

A veces intentamos hacer acopio de motivación para que nos ayude a pasar a la acción. Sin embargo, cambiar también nos exige tener la suficiente fuerza de voluntad como para resistirnos a la tentación y a los impulsos de hacer aquello que nos empuja en dirección contraria a nuestros objetivos.

Creo que tenía unos tres años una vez que fui a casa de mis abuelos y me encontré a mi abuelo en el jardín, usando una desbrozadora. Algo no iba bien, así que puso la herramienta al revés y comenzó a quitar briznas de hierba de entre las cuchillas. Se dio media vuelta y me dijo: «¡Ni se te ocurra tocar el botón rojo!».

Me senté en la hierba, junto al botón rojo en el lateral de la desbrozadora, sin poder apartar la mirada de él. «Ni se te ocurra tocarlo. Ni se te ocurra tocarlo.» Me preguntaba si sería uno de esos botones que emiten un gustoso «clic» al pulsarlos. «Ni se te ocurra tocarlo.» Era muy liso por encima. «Ni se te ocurra tocarlo.» Como atraída por un imán, mi mano se alzó y pulsó el botón rojo. La desbrozadora respondió instantáneamente con un ruido atronador mientras las cuchillas se ponían en marcha. Por suerte, ese día no hubo que lamentar la pérdida de ningún dedo, aunque sí que aprendí una palabrota nueva.

Centrarme en lo que no debía hacer no resultó ser una estrategia demasiado útil. ¿Qué nos ayuda cuando el cambio positivo nos exige resistir la tentación? La gestión del estrés es uno de los principales factores. La fisiología del autocontrol es óptima cuando el nivel de estrés es bajo y la variabilidad de la frecuencia cardiaca es elevada. La variabilidad de la frecuencia cardiaca es la variación del intervalo de tiempo entre latido y latido; nos dice cuánto varía la frecuencia cardiaca a lo largo del día. Quizás te hayas dado cuenta de que cuando te levantas en la mañana, el corazón se te acelera, al igual que cuando corres hacia el autobús, para luego volver a bajar el ritmo gradualmente. Esto significa que el cuerpo te prepara para la acción cuando es necesario y que, a continuación, vuelve a calmar al cuerpo para que te puedas recuperar. Por el contrario, cuando estamos sometidos a mucho estrés, la frecuencia cardiaca puede mantenerse elevada durante todo el día (variabilidad reducida).

Para resistir la tentación y maximizar la fuerza de voluntad, necesitamos tener esa capacidad de calmar el cuerpo y la mente. Todo lo que aumente el estrés ejercerá un impacto negativo en la capacidad de tomar decisiones acertadas de cara a nuestro futuro. El estrés aumenta la probabilidad de que actuemos en función de cómo nos sentimos ahora y saboteemos nuestros objetivos. Por lo tanto, si vas falto de sueño, estás deprimido o angustiado, o no comes bien, la variabilidad de la frecuencia cardiaca se reduce, al igual que la probabilidad de que te mantengas firme con tus objetivos. Tanto si quieres dejar de fumar o de comer alimentos poco saludables como si intentas regular tus emociones de un modo más positivo, el ejercicio físico es una de las mejores opciones a la hora de aliviar el estrés y aumentar la fuerza de voluntad. Ejerce efectos tanto inmediatos como a largo plazo.[2,3]

Por lo tanto, sea cual sea el cambio en el que trabajas, aumentar tu nivel de actividad, aunque sea mínimamente, es una fantástica manera de reforzar tu fuerza de voluntad y de perseverar.[4]

El sueño es otro de los factores clave a la hora de gestionar el estrés y de tener la capacidad de tomar decisiones sensatas. Basta con dormir mal una sola noche para que, al día siguiente, tengamos más estrés, dificultades para concentrarnos y un peor estado de ánimo. El autocontrol requiere energía y, si no hemos dormido lo suficiente, el cerebro tiene menos acceso a ella y es más vulnerable a reacciones de estrés que merman la capacidad de controlar la conducta.

Cambiar la forma de ver el fracaso

La posibilidad de fracasar es una de las cosas que pueden acabar con la motivación. Sin embargo, eso depende de la relación que tengamos con el fracaso. Si el hecho de equivocarnos o de tropezar nos catapulta a un ciclo de ataques crueles y críticas implacables contra nosotros mismos, es muy probable que nos sintamos avergonzados y derrotados. Si asociamos el fracaso a la falta de valor, comenzar algo nuevo nos resultará abrumador y el impulso de postergar cobrará protagonismo. Nos protegemos de la amenaza psicológica de la vergüenza saboteando el proceso incluso antes de que comience.

Al contrario de lo que creen muchas personas, la vergüenza no es un motivador potente. Cuando quedamos atrapados en la autocrítica y en la vergüenza, nos sentimos insuficientes, defectuosos e inferiores. Y cuando nos sentimos así, queremos escondernos, ha-

cernos pequeños y desaparecer. Nos impulsa a huir y evitar, en lugar
de motivarnos a recomponernos e intentarlo de nuevo. De hecho, es
tan doloroso que nos arrastra con fuerza a anular la emoción, lo cual
es arriesgado para quienes sufren adicciones de algún tipo. Por lo
tanto, si queremos persistir en algo y sentirnos motivados para seguir intentándolo, tenemos que reflexionar detenidamente acerca
de cómo responderemos ante el fracaso.

Durante los procesos de psicoterapia, explorar la idea de la
autocompasión acostumbra a crear resistencia entre los clientes,
que me responden cosas como: «Perderé la motivación, me volveré un vago», «Nunca conseguiré nada de ese modo» o «No me
puedo poner las cosas tan fáciles». La mayoría de las personas
alucinan y se asombran cuando descubren que es mucho más probable que la autocrítica conduzca a la depresión que a la motivación.[5] Por el contrario, la autocompasión, que consiste en tratarse
a uno mismo con amabilidad, respeto, honestidad y aliento tras un
fracaso, se asocia a un aumento de la motivación y a mejores resultados.[6]

Prueba esto
Si no somos conscientes de la autocrítica y del impacto que tiene
sobre el miedo al fracaso y la motivación, cambiarla es mucho más
difícil. Responde a las siguientes preguntas y reflexiona acerca de
cómo te hablas tras haber sufrido un tropiezo.

- ¿Cómo suena tu autocrítica después de un fracaso?
- ¿Qué emociones asocias al fracaso?
- ¿Crees que el fracaso revela algo acerca de tu insuficiencia o
  tu incompetencia como persona?
- ¿Detectas vergüenza o desesperanza asociada a ello?
- ¿Qué estrategias de afrontamiento acostumbras a aplicar des-
  pués de esa autocrítica?
- ¿Cómo afecta a tus objetivos originales?

- Piensa en algún momento en el que hayas fracasado en algo y alguien respondiera con amabilidad y animándote. ¿Cómo te sentiste? ¿Cómo te ayudó eso a volver a intentarlo y a alcanzar tu objetivo?

Caja de herramientas: Cómo responder al fracaso con compasión y responsabilidad personal para volver a encauzar el proceso

Piensa en algún ejemplo reciente de fracaso o de tropiezo. A continuación haz el ejercicio siguiente.

- Identifica las emociones que ha suscitado ese recuerdo y en qué zonas del cuerpo las percibes.
- ¿Cómo ha sonado la autocrítica? ¿Qué palabras y frases han surgido y cómo han influido en lo que sientes?
- ¿Cómo has respondido a esas emociones?
- Piensa en alguien a quien quieras o respetes. Si esa persona fuera la que hubiera experimentado ese mismo fracaso, ¿en qué habría variado tu respuesta? ¿Por qué le habrías demostrado ese respeto?
- ¿Cómo querrías que percibiera el fracaso y reanudara la tarea en cuestión?

Resumen del capítulo

- Aunque no podemos controlar la motivación que sentimos, sí que podemos hacer cosas para aumentar las probabilidades de sentirla con más frecuencia.
- El movimiento físico promueve la sensación de motivación. En este caso, poco es mejor que nada y, además, te puede ayudar a tomar ímpetu.
- Mantener la conexión con tu objetivo te ayuda a seguir propiciando ocasiones que aumenten tu motivación.

- Hacer poco con constancia es mejor que llevar a cabo grandes gestos aislados.
- Aprender a descansar y a recargar las pilas entre situaciones estresantes ayuda a potenciar al máximo la fuerza de voluntad.
- Al contrario de lo que se suele creer, la vergüenza no alimenta la motivación. Cambiar la relación que mantienes con el fracaso ayudará a tu motivación.

8

Cómo obligarnos a hacer algo que no nos gusta

Por mucho que reduzcamos el estrés y cultivemos la motivación, esta puede ser pasajera. Viene y se va. Por lo tanto, no podemos confiar en que siempre esté ahí. Y siempre habrá cosas que nunca nos gustará hacer: hacer la declaración de impuestos, renovar los seguros, sacar la basura... ¿Cómo conseguimos hacer todo eso aunque haya una parte de nosotros que preferiría no hacerlo?

Con frecuencia, las emociones vienen acompañadas de impulsos. Esos impulsos son sugerencias, empujoncitos y frases persuasivas que nos instan a probar esto o aquello para aliviar el malestar que sentimos o a buscar la recompensa que anticipamos. Aunque esos impulsos pueden ser muy potentes, no tenemos por qué hacer lo que nos dicen.

LA ACCIÓN OPUESTA

De pequeñas, mis hermanas y yo compartíamos paquetes de caramelos y competíamos para ver quién de nosotras resistiría más tiempo sin morderlos, un reto que es mucho más difícil de lo que parece. El impulso de masticar los caramelos parecía casi imposible de resistir y exigía una concentración y una atención inmensas. En cuanto te distraías y bajabas la guardia, el cerebro activaba el piloto automático y el caramelo pasaba a la historia, hecho trizas.

Si pruebas a jugar a ese juego, te darás cuenta de que tu conciencia se centra en tu experiencia en ese momento. Observas la sensación que te produce el impulso y abres una brecha entre el impulso y la acción. El mero hecho de prestar atención nos permite decidir si actuar en línea con el impulso o ir en dirección contraria. Si la tarea es tan sencilla como resistirse a masticar un caramelo, basta con un poco de rivalidad entre hermanas para mantener la concentración. Cuando intentamos resistir impulsos mucho más potentes que nos abocan a patrones conductuales que acompañan a estados emocionales intensos, la tarea es mucho más difícil.

La habilidad de actuar de forma contraria al impulso y elegir una conducta más congruente con la dirección en la que queremos ir es una habilidad clave que se puede aprender en terapia.[1] La «habilidad de la acción opuesta» es el intento deliberado de actuar de forma contraria a lo que la emoción nos insta a hacer y resulta especialmente útil cuando acostumbramos a recurrir a estrategias de afrontamiento que nos perjudican.

El mindfulness es un elemento fundamental de esta habilidad. Prestar atención a nuestra experiencia, así como a los pensamientos, emociones e impulsos que la acompañan, nos permite detenernos el tiempo suficiente para tomar una decisión informada, y a veces prevista de antemano, acerca de qué hacer a continuación. Esto significa que podemos actuar según nuestros valores en lugar de hacerlo en función de las emociones.

LA BARRERA DEL DOLOR

La mejor estrategia para la motivación es olvidarnos de ella. Hay cosas que hacemos a diario, tanto si nos gusta hacerlas como si no. Por ejemplo, por la mañana, no te preguntas si tienes la motivación suficiente para cepillarte los dientes. Lo haces y punto. Es un hábito tan asentado que ya no tienes que pensar en él. Lo haces automáticamente. Esto sucede porque ha sido una parte innegociable de la rutina cotidiana durante la mayor parte de tu vida.

Imagina que el cerebro es como una jungla. Cada vez que emprendemos una acción, el cerebro ha de tender conexiones, o vías, entre distintas regiones. Cuando repetimos la misma acción con regularidad durante un periodo de tiempo prolongado (como cepillarnos los dientes), esas vías quedan bien marcadas y consolidadas. Son vías amplias y llanas a las que el cerebro puede acceder con facilidad, de modo que puede pasar a la acción sin que tengamos que pensar mucho al respecto.

Por el contrario, cuando empezamos algo nuevo, tenemos que abrir vías nuevas, a veces desde cero. Y eso exige un esfuerzo consciente colosal. Además, si no usamos esa vía con la frecuencia suficiente, siempre nos requerirá un gran esfuerzo. Cada vez que estamos sometidos a estrés, el cerebro opta por la ruta más fácil, que es la que está desbrozada. Sin embargo, si repetimos la nueva conducta siempre que nos es posible y durante el tiempo suficiente, se instaura un hábito nuevo al que nos resulta más fácil acceder cuando más lo necesitamos.

A continuación encontrarás algunos consejos acerca de cómo instaurar hábitos nuevos.

- Haz que la nueva conducta sea lo más sencilla posible, sobre todo en momentos en que quizás no te guste pasar a la acción.
- Organiza tu entorno de tal modo que te ayude a adoptar la nueva conducta. Durante las primeras fases del cambio no podrás confiar en el hábito.
- Elabora planes claros y, si es necesario, programa recordatorios.
- Incluye una combinación de recompensas a corto, mediano y largo plazo. Las internas funcionan mejor que las externas. Es decir, lo que necesitamos no son tanto trofeos como la cele-

bración y el reconocimiento internos de que vamos por buen
camino.

- Determina con claridad por qué haces ese cambio y por qué
es tan importante para ti. Puedes ayudarte de los ejercicios
sobre valores que encontrarás en el libro (pág. 279). Convierte ese cambio en parte de tu identidad. Así es como vas a hacer las cosas a partir de ahora.

CÓMO PERSISTIR A LARGO PLAZO

A lo largo de los años, las investigaciones en psicología han cuestio-
nado la idea de que el éxito se deba exclusivamente a un talento
innato y han demostrado que la constancia[2] y, en especial, la perseverancia desempeñan una función crucial en nuestra capacidad de
alcanzar el éxito.[3] Sin embargo, ¿cómo podemos reunir la fortaleza
que necesitamos para perseverar incluso cuando tropezamos?

Algo que muchas personas aprenden por las malas es que eso no
significa que debamos seguir y seguir hasta quemarnos. Cuando
trabajamos en objetivos a largo plazo e instauramos cambios que
queremos mantener, tenemos que aprender a contrarrestar el estrés
del esfuerzo con la reparación del descanso. No es necesario que
trabajemos siempre ni que nos sintamos constantemente revitaliza-
dos y llenos de energía. Tenemos que ser capaces de escuchar al
cuerpo y dar un paso atrás y descansar, de modo que podamos reanudar el esfuerzo y seguir adelante.

Los atletas profesionales duermen la siesta entre una sesión de
entrenamiento y la siguiente, y los cantantes profesionales descan-
san la voz permaneciendo en silencio durante días. Es necesario que
nosotros hagamos lo mismo y reconozcamos que descansar y recuperarnos con regularidad es fundamental si queremos ser capaces
de perseverar en cualquier cosa a largo plazo.

Sin embargo, no todas las pausas son iguales. La mayoría de los días están salpicados de momentos tranquilos, y a veces también aburridos, entre periodos de trabajo y esfuerzo intensos. Si usamos esos momentos intermedios para responder a correos electrónicos, visitar redes sociales o hacer un par o tres de tareas, el cerebro no vuelve a un estado de recarga. Por lo tanto, la próxima vez que vayas a echar mano del celular para ocupar el cuarto de hora de que dispones entre reuniones, ¿por qué no sales a la calle para respirar aire fresco o encuentras un espacio tranquilo en el que cerrar los ojos durante unos instantes?

También tenemos que hacer uso de pequeñas recompensas mientras trabajamos para conseguir objetivos de gran envergadura. Cuando descomponemos los grandes retos en tareas más pequeñas y nos recompensamos a medida que vamos completando etapas, nos beneficiamos de pequeñas descargas de dopamina por el camino. La dopamina no solo genera una sensación agradable que es una recompensa en sí misma, sino que nos anima a mirar hacia delante, hacia la meta siguiente, y nos motiva para seguir avanzando. Nos permite imaginar cómo nos sentiremos una vez que hayamos superado la dificultad a la que nos enfrentamos y suscita deseo y entusiasmo.[4] Por lo tanto, incluir esas pequeñas recompensas a lo largo del camino nos ayuda a alimentar el deseo por conseguir el objetivo final y nuestra capacidad para perseverar.

Imagina que intentas correr una distancia más larga de la que has corrido jamás. Cuando empiezas a sentir cansancio, te dices que solo llegarás hasta el final de la calle. Cuando llegas, te felicitas mentalmente por haberlo conseguido. Lo ves como una señal de que vas por buen camino. Esta recompensa interna activa la liberación de dopamina, que anula la noradrenalina que te lleva a rendirte. Como resultado, te da un empujoncito para que sigas un poco más. Esto no es lo mismo que las afirmaciones positivas, sino que consiste en centrarse en un objetivo pequeño y específico cuya consecución significa que nos acercamos a nuestro objetivo final.[5]

Por lo tanto, si la tarea que tienes por delante se te hace una montaña, no mires el pico. Centra la atención en metas intermedias y proponte el objetivo de llegar a esa cresta que tienes ahí delante. Cuando llegues, date permiso para empaparte de la sensación de que vas por buen camino. Y, entonces, ponte en marcha de nuevo.

GRATITUD

La gratitud puede ser una herramienta muy potente a la hora de conseguir objetivos a largo plazo que exigen un esfuerzo persistente. Dirigir la atención hacia la gratitud genera esas recompensas internas que recuperan y restauran la capacidad de seguir esforzándonos. Cambiar ligeramente el lenguaje que empleamos nos puede ayudar a orientarnos hacia la gratitud. Por ejemplo, prueba a decir «puedo...» en lugar de «tengo que...».

Tal y como he dicho antes, podemos practicar la gratitud de un modo más formal y sentarnos con lápiz y papel a escribir las cosas por las que damos las gracias cada día. Cuando lo hacemos, dirigimos deliberadamente la atención y cambiamos nuestro estado emocional. Sin embargo, no solo ganamos ese impacto positivo inmediato sobre las emociones. Cuando practicamos la gratitud con regularidad, repetimos una acción y, como he explicado con anterioridad, cuanto más repetimos una acción, más fácil le resulta al cerebro llevarla a cabo en el futuro con menos esfuerzo. Es casi como un músculo mental, al que hacemos trabajar a diario para que, cuando lo necesitemos en el futuro, le sea más fácil pensar de un modo que nos resulte útil.

PLANIFICAR CON ANTELACIÓN

En terapia es habitual confeccionar planes de crisis con los pacientes. A veces se trata de permanecer a salvo en situaciones de vida o muerte. En otras ocasiones se trata de evitar recaer en una adicción o desviarse de un objetivo en momentos de especial susceptibilidad a rendirse. Tú también puedes usar uno para aumentar las probabilidades de ceñirte a cualquier plan que tengas.

Reflexiona acerca del cambio que quieres aplicar. Escribe todos los posibles obstáculos que podrían impedirte alcanzar tu objetivo. Elabora un plan de acción para cada obstáculo y determina qué harás para evitar que te desvíen del camino o te hagan tirar la toalla. Reflexiona por adelantado acerca de cada una de esas situaciones, de modo que actuar de un modo congruente con tus valores y objetivos te resulte lo más fácil posible y, por el contrario, sabotear esos objetivos como consecuencia de impulsos emocionales te resulte lo más difícil posible. Por ejemplo, si quieres levantarte pronto todas las mañanas, pon el despertador en la puerta de la recámara, para que no te quede más remedio que levantarte.

Si puedes anticipar las situaciones difíciles y tener un plan para afrontarlas, no tendrás que pensar sobre la marcha y luchar contra la tentación o la falta de motivación en un momento en el que, quizás, te sientas vulnerable.

Esta es la persona que soy ahora: recuperar la identidad

Como la motivación sufre altibajos en el camino hacia el cambio, recuperar el concepto de ti mismo y la identidad que quieres crear te puede ayudar a persistir incluso en ausencia de motivación. Si te ves como alguien que cuida su higiene dental, usarás el cepillo de dientes a diario tanto si te gusta como si no, porque es algo que haces sin más.

Nuestro sentido de la identidad no depende completamente de las cartas que nos reparten al principio de la vida. Seguimos creando y desarrollando esa identidad durante toda la vida, con todo lo que hacemos. Cuando nuestros objetivos se ven reforzados por nuestra intención de ser la persona que queremos ser, o aún mejor, cuando decidimos que esa es la persona que somos ahora, podemos actuar de un modo congruente con ello incluso en los días en que nuestra motivación sea más baja.

En el capítulo 33, que aborda cómo averiguar qué nos importa, encontrarás más información acerca de cómo desarrollar tu sentido de la identidad.

Caja de herramientas: Recuerdos del yo futuro y diarios para aumentar la probabilidad de tomar mejores decisiones
Invierte tiempo en imaginar tu futuro. Cuando creamos una imagen vívida de nosotros mismos en el futuro, nos resulta más fácil tomar decisiones aquí y ahora que beneficien a ese futuro.[6]

Piensa en ti en un momento concreto del futuro y reflexiona acerca de cómo te sentirás acerca de las decisiones que has tomado, acerca de a qué has dicho que sí y a qué has dicho que no. ¿Qué impacto han ejercido esas decisiones en tu vida? ¿De qué acciones y decisiones crees que te enorgullecerás más? ¿En qué te centrarás una vez que hayas llegado a ese punto en tu vida? ¿Cómo te sentirás acerca de tu yo pasado cuando mires hacia atrás?

LA TÉCNICA DE LOS PROS Y LOS CONTRAS DE LA TERAPIA DIALÉCTICA CONDUCTUAL

La terapia dialéctica conductual (TDC) es una orientación psicológica que ayuda a la gente a encontrar maneras seguras de gestionar las emociones intensas. Sin embargo, las habilidades que enseña la TDC se pueden aplicar a muchos aspectos de la vida, incluidos esos días en los que intentamos mantenernos firmes con nuestros objetivos, pero nos falta motivación. A continuación encontrarás una de esas habilidades.

Aunque es muy útil reflexionar acerca del futuro que queremos, también nos puede ir bien pensar en el futuro que no queremos. En terapia, algunas personas dedican tiempo a explorar con detalle los pros y los contras tanto de seguir igual como de esforzarse por cambiar. Hazlo tú también con la siguiente tabla. Vale la pena invertir tiempo en ser honestos con nosotros mismos acerca del verdadero costo que supone dejar las cosas como están. Aunque es inevitable que el cambio acarree algún inconveniente (por ejemplo, quizás tengamos que tolerar el malestar y la incomodidad que nos produce el esfuerzo), es posible que este sea mucho menor que el precio que pagaremos si dejamos las cosas tal y como están. Este puede ser un buen ejercicio al que volver cuando empecemos a pensar en renunciar a un cambio positivo o nos desviemos del camino.

Cambiar

Pros	Contras

Seguir igual

Pros	Contras

Prueba esto
Forjar nuestra identidad con intención exige reflexión y un esfuerzo consciente. Siéntate con lápiz y papel y prueba a responder a estas

preguntas. Mejor aún, usa un diario y relee las respuestas siempre que estés trabajando en cambiar algún aspecto de tu vida.

- ¿Cuál es el cambio global a mayor escala que quiero llevar a cabo?
- ¿Por qué es importante para mí este cambio?
- ¿Qué tipo de persona quiero ser mientras me enfrento a ese reto?
- ¿Cómo puedo abordar ese reto de tal modo que me sienta orgulloso de mí mismo cuando, en el futuro, mire hacia atrás y reflexione sobre este momento de mi vida, independientemente del resultado?
- ¿Qué metas intermedias debo cumplir por el camino para conseguir ese objetivo último?
- ¿Cómo me gustaría enfrentarme a los días en que no tenga mucha motivación?
- ¿Escucho a mi cuerpo y a sus necesidades?

Resumen del capítulo

- No podemos confiar en que la motivación esté siempre presente.
- Podemos practicar actuar de forma contraria a los impulsos, de modo que actuemos en consonancia con nuestros valores en lugar de en función de cómo nos sintamos en cada momento.
- Repetir una conducta nueva las veces suficientes la convierte en un hábito.
- El descanso y la recuperación son cruciales para conseguir cualquier gran objetivo. Los atletas de élite lo saben muy bien.
- Ofrécete pequeñas recompensas por el camino.

CAPÍTULO
9

Cambios vitales importantes. ¿Por dónde empezar?

A veces llegamos a un punto en la vida en que nos damos cuenta de que necesitamos un cambio y, además, sabemos exactamente lo que hay que cambiar. Sin embargo, no siempre es así. La mayoría de las veces pasamos por un periodo de malestar e incomodidad. Nos damos cuenta de que las cosas no son como nos gustaría que fueran, pero no sabemos indicar con certeza ni por qué es así ni cómo podemos empezar a mejorar la situación.

Y es ahí donde el increíble cerebro humano entra en acción. En el capítulo 3 hablábamos de la metacognición, o la capacidad no solo de experimentar el mundo de forma consciente, sino de reflexionar después acerca de la experiencia que hemos tenido y reevaluarla. Es una habilidad vital clave a la que se recurre con frecuencia en psicoterapia. Es el epicentro de todo cambio vital importante. No podemos cambiar lo que no entendemos.

Se dice que Albert Einstein afirmó una vez: «Si tuviera una hora para resolver un problema, dedicaría cincuenta y cinco minutos a reflexionar acerca del problema y cinco a pensar en las posibles soluciones». Esta cita me viene a la mente con frecuencia cuando oigo la idea errónea, si bien generalizada, de que la psicoterapia consiste en sentarte a regodearte en tus problemas. Ciertamente, en terapia se reflexiona acerca de los problemas, pero de manera estratégica. La manera más efectiva de resolver un problema es conocerlo hasta el último detalle.

Entonces, ¿cómo podemos usar la metacognición cuando nos enfrentamos a cambios importantes? La toma de conciencia comienza con una mirada retrospectiva. Las personas que están en psicoterapia pueden hablar acerca de cosas que han sucedido en el pasado para que el terapeuta les ayude a interpretarlas. Las que prefieren la autoayuda pueden empezar por escribir un diario. No hay ninguna presión por escribir largos párrafos ni hacerlo de un modo que sea comprensible para el resto de la gente. El objetivo es desarrollar la capacidad de reflexionar acerca de las experiencias personales y de cómo respondemos ante ellas. Por ejemplo, imagina que reprobaste un examen y que, justo después de saberlo, te has descrito con un montón de adjetivos que no puedo reproducir aquí y te has dicho que nunca conseguirás nada en la vida. La metacognición consiste en reflexionar acerca de esos pensamientos y de cómo han afectado a tu experiencia.

El poder de la metacognición reside en que desarrolla la capacidad de hacernos responsables de nosotros mismos y de examinar qué papel desempeñamos a la hora de cambiar o seguir igual. Revela la gran influencia que pueden ejercer, tanto para bien como para mal, conductas aparentemente insignificantes.

Si tenemos la costumbre de abordar las cosas de una forma superficial, sin prestar demasiada atención a los detalles, escribir un diario nos puede resultar extraño. Sin embargo, con el tiempo, esos detalles nos ayudan a tomar conciencia de nuestra experiencia una vez pasada, así como a identificar los ciclos y las pautas de comportamiento en el momento, cuando suceden. Es entonces cuando creamos la posibilidad de elegir algo distinto y de aplicar los cambios positivos que queremos para nosotros mismos.

Prueba esto

- Responde en tu diario a las preguntas siguientes, que te ayudarán a explorar los problemas a los que te enfrentas y a practicar la habilidad de reflexionar acerca de tus pensamientos.
- Describe cualquier acontecimiento significativo que te haya ocurrido.
- ¿Qué pensamientos tuviste en ese momento?
- ¿Cómo afectaron esos pensamientos a lo que sentías?
- Describe las emociones que identificaste.
- ¿Qué desencadenó esas emociones?
- ¿Qué impulsos tuviste?
- ¿Cómo respondiste a la emoción?
- ¿Qué consecuencias tuvo tu respuesta?

Resumen del capítulo

- No siempre tenemos claro qué tenemos que cambiar o cómo hacerlo.
- No podemos cambiar lo que no entendemos.
- Conocer hasta el último detalle del problema nos ayuda a decidir cuál es el paso siguiente.
- Comienza por reflexionar acerca de las situaciones una vez que hayan pasado.
- Sé honesto contigo mismo acerca de las maneras en que contribuyes al problema o te bloqueas.
- La psicoterapia te puede ayudar en este proceso, pero si no puedes acceder a la terapia, escribir un diario es un buen punto de partida.

III

Sobre el dolor emocional

CAPÍTULO
10

¡Haz que desaparezca!

Si alguna vez vas a terapia, una de las cosas que te preguntará al principio el terapeuta es qué quieres conseguir con el proceso. La mayoría de las personas incluyen las emociones en su respuesta. Tienen emociones dolorosas o desagradables que quieren eliminar y carecen de algunas de las más placenteras o serenas que quieren volver a experimentar. ¿Y por qué no iba a ser así? Todos queremos ser felices. Se sienten a merced de esas emociones dolorosas y quieren que desaparezcan.

Lejos de hacer desaparecer las emociones, el propósito de la terapia es transformar la relación que mantenemos con ellas, aprender a aceptarlas todas, a prestarles atención, a considerarlas lo que son en realidad y a actuar de manera que podamos influir en ellas y modificar su intensidad.

Las emociones no son ni nuestras amigas ni nuestras enemigas. No ocurren porque al cerebro se le haya aflojado un tornillo o porque seamos especialmente sensibles, como nos dicen en ocasiones. Las emociones son el intento del cerebro de entender y dotar de significado lo que sucede en el mundo y en nuestro cuerpo. El cerebro recibe la información que los sentidos le envían acerca del mundo exterior, así como la que le envían las funciones corporales, como la frecuencia cardiaca, la respiración, las hormonas y la función inmunitaria. Entonces, usa el recuerdo de sensaciones pasadas para entender las actuales. Ese es el motivo por el que las palpitaciones debidas a exceso de cafeína pueden culminar en un ataque de pánico. La taquicardia, la respiración acelerada y las palmas de las manos húmedas se parecen mucho a lo que sentimos aquella vez que tuvimos un ataque de pánico en el supermercado. Las sensaciones físicas emulan a las del miedo, y el cerebro recibe el mensaje de que las cosas no van bien, lo que intensifica la respuesta de amenaza.

¿No sería genial que cada día, al despertarnos, pudiéramos decidir cómo nos vamos a sentir durante la jornada? ¡Que entren en escena el amor, la excitación y la alegría, por favor! Sin embargo, por desgracia, las cosas no son tan sencillas. Se puede pensar, por el contrario, que las emociones se limitan a aparecer sin estímulo alguno y que carecemos del menor control acerca de qué o cuándo sucede. Lo único que podemos hacer es intentar resistirnos, bloquear las emociones y ser racionales. Pero las cosas tampoco son así. Aunque es cierto que no podemos desencadenar directamente todas las emociones, ejercemos mucha más influencia en nuestro estado emocional de la que nos han enseñado a creer. Esto no significa que la culpa del malestar emocional que sentimos sea nuestra. Significa que podemos aprender acerca de las múltiples maneras en que podemos asumir la responsabilidad sobre nuestro bienestar y construir experiencias emocionales nuevas.

QUÉ EVITAR HACER CON LAS EMOCIONES

Reprimirlas

Imagina que estás en la playa y que entras en el agua hasta que te llega al pecho. Las olas han de pasar por encima de ti para llegar a la orilla. Si intentas retenerlas e impedir que lleguen a la orilla, te darás cuenta de lo potentes que son. Te derribarán y rápidamente te cubrirán y te revolcarán. Sin embargo, no hace falta que te resistas a ellas. Las olas vendrán hagas lo que hagas. Cuando por fin lo aceptas, te puedes centrar en mantener la cabeza por encima del agua cuando llegue la próxima. Sentirás sus efectos y es posible que los pies pierdan el contacto con el fondo durante un par de segundos. Pero te mueves con el agua y te preparas para volver a aterrizar con firmeza.

Gestionar las emociones es como estar entre las olas. Cuando intentamos reprimirlas, es fácil que nos derriben y acabemos estando en apuros, sin apenas poder respirar e incapaces de saber dónde está la superficie. Cuando permitimos que la emoción avance hacia nosotros, esta asciende, llega al pico y vuelve a descender, siguiendo su curso natural.

Creer que son hechos objetivos
Las emociones son reales y válidas, pero no son hechos objetivos. Son una suposición. Son un punto de vista que probamos para ver cómo nos va. La emoción es el intento del cerebro de dar sentido al mundo, de modo que podamos satisfacer nuestras necesidades y sobrevivir. Dado que lo que sentimos ahora no es una constatación de los hechos, lo que pensamos tampoco lo es. Ese es uno de los motivos por los que terapias como la terapia cognitivo-conductual (TCC) resultan tan útiles para muchas personas. Nos ayudan a tomar distancia de los pensamientos y las emociones para verlos tal como son: solo una de las diversas perspectivas posibles.

Si sabemos que los pensamientos y las emociones no son hechos, pero nos causan malestar, tiene sentido que comprobemos si nos ofrecen un reflejo veraz de la realidad o si hay alguna otra alternativa que nos pudiera ser más útil. Cuando tratamos los pensamientos y las emociones actuales como si fueran hechos, permitimos que determinen nuestros pensamientos y acciones en el futuro. Entonces, la vida se convierte en una serie de reacciones emocionales en lugar de regirse por decisiones informadas.

Entonces, ¿cómo podemos dejar de tomarnos los pensamientos como si fueran una realidad? Con preguntas. La terapia nos ayuda a ejercitar la curiosidad respecto a las experiencias tanto en el mundo interior como en el mundo que nos rodea. Las personas que se sientan frente a mí en la consulta comienzan a hablar de todo lo que han hecho mal durante la semana y de los pensamientos que no deberían haber sentido y entran en el antiguo hábito de criticarse y despreciarse. Entonces, cambiamos de perspectiva y adoptamos un punto de vista más global, para ver cómo encajan esas conductas en nuestra formulación. Adoptamos una actitud curiosa que no deja espacio a los ataques. Así, aprendemos y crecemos, tanto si ha sido una semana fantástica como una semana complicada.

Mantener la curiosidad nos ayuda a examinar nuestros errores y aprender de ellos, ya que, de otro modo, quizás hubiera resultado demasiado doloroso reconocerlos. Mantener la curiosidad aporta esperanza y energía respecto al futuro. Aprendemos siempre, suceda lo que suceda.

Caja de herramientas: Analiza tus estrategias
de afrontamiento

- ¿Cuáles son las primeras señales de malestar emocional que acostumbras a detectar?
- ¿Es una conducta? ¿Reconoces en ti conductas de bloqueo o de represión?
- ¿En qué partes del cuerpo sientes la emoción?
- ¿Qué pensamientos están presentes? ¿Qué creencias estás asumiendo respecto a la situación? ¿Qué efecto ejercen en ti?
- Intenta poner por escrito esos pensamientos y narrativas.
- ¿Qué te dicen acerca de lo que te da miedo?
- ¿Qué conductas tienden a seguir a una emoción intensa?
- ¿Te ayudan esas conductas a corto plazo?

- ¿Qué efecto ejercen a más largo plazo?
- Pídele a un amigo que revise lo sucedido contigo y te ayude a identificar sesgos o malentendidos. Explora con él o ella de qué otras maneras podrías interpretar lo sucedido.

Resumen del capítulo

- Las emociones no son ni nuestras amigas ni nuestras enemigas.
- Podemos influir en nuestro estado emocional más de lo que nos han enseñado.
- Reprimir la emoción puede causar más problemas que permitir que nos embargue y dejar que siga su curso natural.
- Las emociones no son hechos objetivos, sino una de las diversas perspectivas posibles.
- Si aparece una emoción dolorosa, abórdala con curiosidad. Pregúntale cosas. ¿Qué te puede decir?

CAPÍTULO
11

Qué hacer con las emociones

Si has pasado directamente a este capítulo, es posible que estés buscando la solución al dolor emocional. ¿Cuál es la clave para conseguir que desaparezca? Bueno, si este es tu caso, te pido que tengas un poco de paciencia. No cierres el libro, pero te aviso de que estoy a punto de decirte lo contrario de lo que seguramente esperas oír.

Durante mi formación clínica nos hicieron una introducción al mindfulness. Quizás creas que un puñado de psicólogos clínicos en formación tendrían la mente lo suficientemente abierta como para sentarse y aprender con paciencia. Pues no. La sala se inundó de risitas mientras intentábamos permanecer en silencio y prestar atención a cómo nos sentíamos. La formación clínica tiene que ver con «hacer» cosas, con lograr objetivos. Todos estábamos firmemente asentados en el «modo hacer». Pasar al «modo ser» supuso un verdadero reto para todos los que estábamos en la sala, lo cual enervó al profesor. Debo admitir que en aquel entonces estaba llena de juicios y no me veía usando la técnica ni enseñándosela a nadie.

Sin embargo, formaba parte del programa, así que tuve que probarla. El curso avanzaba y era cada vez más estresante. De repente, me vi en plena época de evaluaciones, con una tesis que escribir y los exámenes cerniéndose sobre mí. Estaba muy tensa. En aquella época, salir a correr era una de mis herramientas preferidas para gestionar el estrés. Así que me tomé un respiro del escritorio y salí a correr por el campo. Tenía la cabeza llena de listas de tareas pendientes y de temores sobre si llegaría a todo y de si lo haría bien. Intenté recurrir de nuevo al mindfulness, aunque en aquella ocasión en movimiento.

Corría por un largo camino de grava por el bosque y me centré en el sonido que emitían los pies al golpear las piedras. Permití que la sensación de ansiedad y de estrés permaneciera conmigo. No intenté reprimirla. No intenté planificar ni resolver ningún problema. Cada pocos segundos, la mente desconectaba y volvía a las listas de todo lo que tendría que estar haciendo en lugar de eso, ofreciéndome un peor escenario tras otro en los que entregaba tarde los trabajos y reprobaba los exámenes, y me recordaba que al llegar a casa, tenía que enviar un correo electrónico. Cada vez, dejaba que los pensamientos llegaran. Y cada vez los dejaba atrás y volvía al sonido de los pies sobre la grava. Creo que repetí este ciclo unas mil veces. Distracción, atención. Distracción, atención. Al volver a casa, cuando llegaba al final del camino, me di cuenta. Me di cuenta de que eso era lo que todos los textos académicos intentaban inculcarme. Los obstáculos seguían ahí y eran los mismos. Pero ahora no me enfrentaba a la tensión. Permitía que fluyera... y fluyó.

La idea de aceptar todas las experiencias emocionales es casi alarmante al principio. Es lo contrario de lo que a muchos nos han enseñado a hacer con las emociones. No enseñan que las emociones son irracionales. Algo que hay que reprimir y ocultar en lo más recóndito de la mente, para nunca hablar de ello. ¿Y ahora hay que permitir que surjan e incluso darles la bienvenida?

Muchos de nosotros tenemos miedo a las emociones, al menos hasta que empezamos a darnos permiso para experimentarlas y entendemos que suben y bajan, como las olas.

El mindfulness nos ayuda a usar la herramienta de la conciencia. Sé que hablar de conciencia parece muy básico y algo vago, pero es el recurso que uno nunca sabe que necesita hasta que lo usa. Desconectar el piloto automático y ser conscientes de los pensamientos, las emociones, los impulsos y las acciones nos permite incorporar una luz ámbar antes de que la luz verde se encienda y actuemos según un impulso o una emoción. Nos permite hacer una pausa consciente allí donde el piloto automático nos hubiera impedido avanzar. Por lo tanto, nos damos la oportunidad de tomar una decisión distinta y basada en los valores, en lugar de limitarnos a responder a la emoción.

Cuando un artista trabaja en un pequeño detalle de un cuadro grande, de vez en cuando da un paso atrás para comprobar que todos los trazos nuevos encajen en la visión que tiene del cuadro en su totalidad. La herramienta de la metacognición, que nos permite detenernos entre la emoción y la acción, es ese mismo proceso de dar un paso atrás, aunque sea durante solo unos instantes, para contrastar si los pensamientos y las acciones son o no congruentes con la persona que queremos ser. La capacidad de tener una visión global, incluso en los momentos más insignificantes, puede ejercer un impacto muy potente en cómo vivimos la vida.

Mientras el río de pensamientos constantes sigue fluyendo, podemos asomar la cabeza por encima del agua y comprobar que se dirige en la dirección en la que queremos avanzar. Podemos valorar esa dirección en el contexto de nuestro propósito y de cómo entendamos la vida en lugar de limitarnos a fluir con la corriente porque ese es su curso natural.

Ver las emociones por lo que son

Reconocer las emociones como lo que son es un elemento clave para poder procesarlas de una manera saludable. Tú no eres tus emociones y tus emociones no son tú. La sensación de una emoción es una experiencia que recorre tu interior. Aunque todas las emociones te ofrecen información, no necesariamente te cuentan la historia completa. Cuando nos permitimos sentir una emoción sin reprimirla ni evitarla, nos podemos acercar a ella con curiosidad y aprender de ella.

Descubrir lo que necesitamos es aún más valioso si luego usamos esa información para hacer lo que haga falta para satisfacer la necesidad en cuestión. Creo que siempre está bien empezar por lo físico. Tal y como hemos comentado en los capítulos anteriores, no hay horas de psicoterapia ni habilidades psicológicas suficientes para contrarrestar el impacto destructivo de la mala alimentación, la falta de sueño o el sedentarismo. Una vez que empezamos a cuidar del cuerpo que habitamos, podemos afirmar que hemos emprendido el camino para poder abordar el resto de las cuestiones.

PONLE NOMBRE

Cuando sientas algo, ponle nombre. Apréndete muchos nombres para muchas emociones. No solo estamos contentos, tristes, asustados o enojados. También nos sentimos vulnerables, avergonzados, resentidos, agradecidos, insuficientes o emocionados, por ejemplo.

En psicoterapia se invierte mucho esfuerzo en este aspecto. Identifica qué sientes y en qué zona del cuerpo lo sientes y etiquétalo. Es muy habitual que la gente reconozca las sensaciones físicas, pero que no sepa decir de qué emoción se trata. Quizás sea un legado de enseñanzas pasadas, pero no estamos acostumbrados a hablar de nuestras emociones. Nadie necesitaba una palabra para cada emoción distinta, porque nunca se hablaba de ellas en voz alta. Sin embargo, sí que podían identificar la manifestación física de la misma, porque siempre ha sido más aceptable decir que tenemos náuseas y taquicardia que confesar que nos sentimos vulnerables e inseguros.

Aumentar el vocabulario emocional para poder distinguir con precisión entre distintas emociones nos ayuda a regularlas y a elegir las respuestas más útiles en situaciones sociales.[1]

Calmarse a uno mismo

Cuando las emociones dolorosas se vuelven muy intensas, resulta muy fácil decir que se acrecentarán, llegarán a un punto máximo y luego decrecerán, pero la realidad de esa experiencia puede ser dolorosísima y suscitar impulsos muy potentes de hacer cosas poco saludables o incluso peligrosas para intentar que desaparezcan antes.

Aunque algunos libros de autoayuda nos dicen que podemos usar pensamientos positivos para cambiar cómo nos sentimos, en mi opinión es muy difícil que eso suceda. Intentar cambiar nuestra forma de pensar ya es lo suficientemente difícil cuando nos encontramos bien. Intentar cambiar los pensamientos que nos asaltan cuando estamos en niveles máximos de malestar es prácticamente imposible. Cuando estamos abrumados, la mejor estrategia es dar un paso atrás, tomar tanta conciencia como nos sea posible de la emoción, entenderla como una experiencia pasajera y bajar la intensidad de la respuesta de amenaza calmándonos a nosotros mismos.

En la terapia dialéctica conductual (TDC) enseñamos a quienes sienten emociones perturbadoras a calmarse aplicando sencillos recursos que ayudan a cabalgar la ola emocional hasta que vuelve a bajar. Se llaman habilidades de tolerancia al malestar y una de ellas es la autorrelajación.[2]

La autorrelajación consiste en llevar a cabo una serie de conductas que nos ayudan a sentirnos a salvo y relajados cuando experimentamos una emoción dolorosa. Cuando se activa la respuesta de amenaza, el mensaje que recibe el cerebro es: «¡Estamos en peligro! ¡Algo va mal! ¡Arréglalo ahora mismo!». Si queremos que esa emoción perturbadora no se intensifique más y empiece a descender hasta el nivel inicial, tenemos que ofrecer al cuerpo y al cerebro información nueva que indique que estamos a salvo. Hay muchas maneras de hacerlo, porque el cerebro recibe información de todos los sentidos. Esto significa que podemos usar cualquiera de ellos para enviar al cerebro el mensaje de que estamos bien. El cerebro también recibe información del estado físico del cuerpo, incluida la frecuencia cardiaca, la frecuencia respiratoria y la tensión muscular. Por eso las experiencias físicas que relajan la musculatura, como un baño caliente, pueden ser efectivas a la hora de ayudarnos a superar el malestar.

Otras opciones para promover la autorrelajación son estas:

- Una bebida templada.
- Una charla con un amigo de confianza o un ser querido.
- El movimiento físico.
- Música relajante.
- Imágenes bonitas.
- Respiración lenta.
- Técnicas de relajación.
- Un aroma o un perfume que asocies a la seguridad y la comodidad.

Una de las maneras más rápidas de decirle al cerebro que estamos a salvo es usar el sentido del olfato. Encontrar un aroma que asocies a la seguridad o a la comodidad, quizás la colonia de un ser querido o el aroma a lavanda, si te relaja, te puede ayudar a centrar la mente y a calmar el cuerpo al mismo tiempo. Aquí va un ejemplo para quienes tienen dificultades para gestionar las emociones perturbadoras cuando están en público: una de las opciones que se acostumbran a ofrecer en terapia es la de descoser un muñeco de peluche pequeño, rellenarlo con lavanda y volver a coserlo. Entonces, si estás en la calle y te empiezas a agobiar, puedes inspirar el aroma y centrarte sin que nadie se dé cuenta.

Una herramienta fantástica que se usa con frecuencia en la TDC es la de crear cajas de autorrelajación. El motivo por el que es tan buena idea es que cuando estamos en pleno dolor emocional, en el punto álgido del malestar, el cerebro está programado para desactivar todas las habilidades de resolución de problemas. Si te sientes amenazado, no tienes tiempo para reflexionar. Y entonces el cerebro emite una suposición rápida y actúa por impulso. Las cajas de autorrelajación se preparan con antelación, cuando somos capaces de reflexionar acerca de lo que nos calma más en momentos de malestar.

Busca una caja de zapatos que ya no necesites y llénala con distintos objetos que puedas usar para calmarte cuando te asalten emociones dolorosas. Como he explicado antes, cualquier cosa que asocies a una sensación de seguridad y calma funcionará de maravilla. En mi consultorio tengo una caja de autorrelajación que uso como ejemplo y que contiene una nota con la instrucción de llamar a una amiga en concreto. Es posible que pedir ayuda no sea lo primero que nos viene a la mente cuando la estamos pasando mal, pero seguir una instrucción sencilla y llamar a alguien de confianza nos puede orientar en la dirección adecuada. Tal y como sabemos por los capítulos anteriores, la conexión humana nos ayuda a recuperarnos con más rapidez del estrés. Otras de las cosas que he incluido en mi caja de autorrelajación son un cuaderno y un lápiz. Se ha demostrado que la escritura expresiva ayuda a procesar la emoción y a entender lo que sucede cuando nos vemos incapaces de hablar.

La caja también podría incluir aceite de lavanda (o cualquier otro olor que te reconforte), fotografías de personas que te quieren y a las que quieres, y una lista de música relajante o animada que escuchar. Una música cuidadosamente elegida puede ejercer un impacto considerable en el estado emocional. Prepara una lista de reproducción con música que te ayude a recuperar la serenidad y la sensación de calma y de relajación cuando te encuentres mal.

Mi caja también contiene una bolsita de té, porque en Inglaterra asociamos el té al confort y a la conexión humana. Incluir algo como eso en la caja es una instrucción clara y sencilla que seguir cuando, de otro modo, quizás tendríamos problemas para pensar qué necesitamos.

Lo más importante es que guardes la caja en un lugar al que puedas acceder con facilidad cuando la necesites. Se trata de una herramienta concebida para ayudarte a gestionar las emociones de la manera que prefieras durante los momentos más duros y para ayudarte a no caer en hábitos poco saludables en los momentos en que eres más vulnerable a ellos.

Resumen del capítulo

- Tú no eres tus emociones y tus emociones no son tú.
- La sensación de la emoción es una experiencia que recorre tu interior.
- Las emociones te ofrecen información, pero no necesariamente te cuentan toda la historia.
- Las emociones son útiles porque nos dicen qué necesitamos.
- Cuando sientas algo, ponle nombre. Intenta etiquetar las emociones en mayor detalle que alegre o triste.
- Permite a las emociones estar presentes y relájate para ayudarlas a pasar en lugar de intentar reprimirlas.

CAPÍTULO
12

Aprovechar el poder de la palabra

El lenguaje que usamos puede ejercer un gran impacto sobre cómo experimentamos el mundo. Es la herramienta que nos sirve para entender las cosas, categorizar las sensaciones, aprender de las experiencias pasadas, compartir ese conocimiento y predecir y planificar las experiencias del futuro.

Algunas palabras que aluden a emociones se han usado de múltiples maneras para denotar significados distintos y han acabado por tener significados amplios y vagos. «Feliz» se ha convertido en un término paraguas que alude a cualquier emoción positiva, hasta tal punto que ahora nadie sabe si lo que siente es «felicidad» o no. Si siento pasión, ¿estoy feliz? Si estoy tranquilo y satisfecho, ¿significa eso que soy feliz? ¿Y si me siento inspirado y lleno de energía? ¿Puedo decir entonces que soy feliz?

Lo mismo ha sucedido con palabras como «depresión». ¿En qué consiste exactamente el estado de ánimo deprimido? ¿Tristeza? ¿Sensación de vacío? ¿Agitación? ¿Anestesia emocional? ¿Inquietud? ¿Intranquilidad? ¿Aplanamiento emocional?

En todo caso, ¿importa todo eso? Pues resulta que sí importa.

Contar con menos conceptos o palabras para diferenciar entre emociones negativas distintas se asocia a un mayor grado de depresión tras sufrir acontecimientos vitales estresantes.[1] Las personas capaces de distinguir entre emociones negativas tienden a ser más flexibles en su forma de responder ante los problemas. Por ejemplo, es menos probable que se den atracones de alcohol si están estresadas, son menos reactivas ante el rechazo y presentan menos ansiedad y menos trastornos depresivos.[2] Esto no significa que todo eso suceda porque tengamos dificultades para distinguir entre emociones negativas, pero sí demuestra que contamos con una herramienta muy potente que podemos usar para ayudarnos a superar momentos complicados.

Cuanto más amplio sea el vocabulario que te permita distinguir entre emociones distintas, más opciones tendrá tu cerebro para entender las distintas sensaciones y emociones. Cuando contamos con una palabra más precisa para una emoción, eso nos ayuda a regular las emociones, lo que a su vez significa menos estrés para el cuerpo y la mente en general. Es una herramienta crucial si queremos ser más flexibles y efectivos a la hora de responder ante las dificultades.[3]

La buena noticia es que es una habilidad que podemos desarrollar durante toda la vida. A continuación tienes algunas ideas acerca de cómo ampliar tu vocabulario emocional.

- Sé específico. Cuando sientas algo, intenta ir más allá del «estoy genial» o «no estoy bien». ¿Qué otras palabras podrías usar para describir la emoción? ¿Se trata de una combinación de emociones? ¿Qué sensaciones físicas notas?
- Es posible que una única etiqueta emocional no baste para encapsular la emoción. ¿Es una combinación de emociones? Por ejemplo, «estoy nervioso y emocionado».
- No hay maneras correctas e incorrectas de etiquetar las emociones. La clave reside en encontrar una descripción cuyo significado compartan tú y quienes te rodean. Si no puedes encontrar las palabras, inventa un vocabulario propio o encuentra palabras en otros idiomas que no tengan una traducción clara.

- Explora experiencias nuevas y prueba maneras distintas de describirlas. Por ejemplo, prueba comida nueva, conoce a gente nueva, lee libros o visita lugares donde nunca hayas estado antes. Cada nueva experiencia es una oportunidad de ver las cosas desde otro punto de vista.
- Cuando te pongas a desarrollar la habilidad de describir esas experiencias nuevas, aprovecha todas las oportunidades de aprender palabras nuevas. No tienen por qué proceder solo de libros (aunque son una buena fuente). También puedes encontrarlas en canciones, películas y cualquier otro lugar que te exponga a palabras nuevas para describir cómo te sientes.
- Pon por escrito tus experiencias y explora maneras de describir cómo te has sentido. Si con frecuencia te faltan las palabras para describir cómo te sientes y necesitas ampliar tu vocabulario emocional, la Rueda de las Emociones[4] es un magnífico recurso que se usa con frecuencia en terapia precisamente con este propósito. Puedes guardar una copia en la portada de tu diario y consultarla cuando necesites palabras más específicas. También puedes usar los espacios en blanco para añadir tus propias palabras a medida que las encuentres en otros lugares.

NO TE CENTRES SOLO EN LAS EMOCIONES NEGATIVAS

Escribir un diario te ayudará a procesar y entender tus experiencias y emociones. Sin embargo, escribir un diario no solo ayuda a entender las experiencias difíciles. También es importante dedicar tiempo a escribir acerca de las experiencias positivas o incluso acerca de pequeños momentos que han suscitado emociones positivas. Y es importante porque cada acción activa una pauta específica de actividad neuronal en el cerebro. Cuando repetimos una actividad una

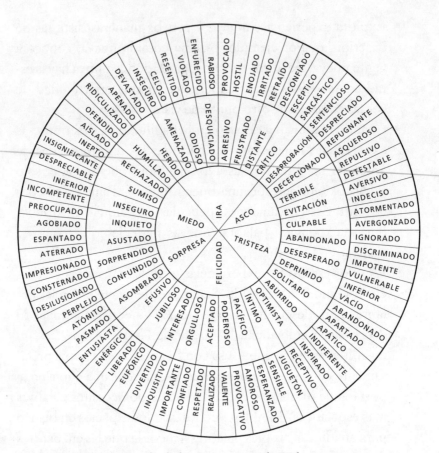

Figura 7: Usa la Rueda de las Emociones de Wilcox para encontrar las palabras que describen cómo te sientes.

y otra vez, la vía neuronal se refuerza y al cerebro le resulta más fácil acceder a ella. Por lo tanto, si quieres ser capaz de cultivar emociones, pensamientos y recuerdos positivos con más facilidad, ponlo en práctica escribiendo un diario. Cuando te acostumbres a cultivar emociones y experiencias concretas de esta manera, te será más fácil acceder a esas emociones en el futuro.

Resumen del capítulo

- El lenguaje afecta en gran medida a cómo experimentamos el mundo.
- Cuanto más amplio sea nuestro vocabulario para describir cómo nos sentimos, mejor.
- Si no sabes cómo describirlo con palabras, puedes usar alguna herramienta, como la Rueda de las Emociones, para que te ayude a encontrarlas.
- Fíjate en las palabras que usan los demás, lee libros y explora distintas maneras de seguir ampliando tu vocabulario emocional.

Cómo ayudar a los demás

Si estás ayudando a un ser querido que tiene problemas de salud mental, es muy posible que te sientas impotente. No sabes cómo solucionarlo y no estás seguro de qué se puede decir y qué no. Quieres solucionarlo, pero no puedes. Así que te sientes perdido y estás desesperado por ayudar, pero no sabes cómo hacerlo.

A veces, ver sufrir a un ser querido nos provoca tal estrés que nos puede impulsar a intentar escapar de lo que sentimos con respecto a su dolor. Sin embargo, cuando lo hacemos, es posible que aún nos sintamos más impotentes y paralizados, porque nos impedimos a nosotros mismos proporcionar algún tipo de apoyo, por pequeño que sea, lo que nos ayudaría a sentirnos más seguros en ese papel de sostén.[1]

Aunque no existen normas fijas acerca de cómo ayudar a alguien con problemas de salud mental, hay algunas cosas que nos pueden ayudar.

1. Si nos centramos en solucionar el problema, es fácil que subestimemos el poder que tiene simplemente estar ahí. La mayoría de las personas no quieren que les digan qué han de hacer. Pero sí quieren saber que hay alguien que se preocupa por ellas y que comprueba periódicamente que están bien.
2. Si tu ser querido tiene un diagnóstico concreto, te podría ser útil buscar información acerca de cómo le puede afec-

tar, así como consejos más específicos acerca de las dificultades a las que se enfrenta.

3. Recuerda que la persona a la que ayudas tendrá cierta idea de qué necesita. Así que si le preguntas cómo quieres que la ayudes, no solo te podrá orientar, sino que al mismo tiempo le estarás comunicando que la escuchas.

4. Cuidar de alguien puede someter a mucha presión a tu propia salud mental. Y si esta se deteriora, no le podrás ofrecer la mejor ayuda posible. Así que es absolutamente imperativo que priorices tu propia salud, aunque sea ocupándote de las pequeñas cosas. Presta atención a lo básico y no descuides las horas de sueño, las rutinas, la alimentación, el ejercicio físico y el contacto social.

5. Busca ayuda para ti. Tanto si es alguien en quien confías como si se trata de un grupo de apoyo o de un profesional, disponer de un espacio seguro en el que poder hablar de lo que sientes y reflexionar acerca de cómo seguir adelante te puede ayudar a evitar acabar quemado.

6. Pon límites. Ayudar a alguien no significa que tu vida haya dejado de tener importancia. Tener claros tus valores te puede ayudar a seguir adelante cuando las cosas se compliquen, pero también garantizará que mantengas un equilibrio saludable.

7. Prepara un plan de crisis. Si te da la sensación de que la persona a la que cuidas no se siente segura, es importante que cuentes con un plan de crisis. No tiene por qué ser complicado. Identifica las primeras señales de alarma de que la situación se está deteriorando y confecciona una lista con las cosas que ambos pueden hacer para garantizar la seguridad de todos. Contar con un plan escrito que incluya todos los números de teléfono útiles en caso de emergencia te facilitará hacer lo que necesites hacer si hay una crisis.

8. Es fácil subestimar el poder de escuchar con compasión, amabilidad y curiosidad. Aunque eso no haga desaparecer los

problemas, ayudarás al otro a sentirse atendido y menos solo, lo que por sí mismo mejora significativamente las probabilidades de recuperación. El apoyo social es una herramienta muy potente y no es necesario que aporte todas las respuestas, sino que basta con una buena dosis de compasión.

9. Apoyar a alguien tampoco significa que tengan que conectar con conversaciones significativas e intensas. La conexión humana en los momentos más insignificantes es fundamental. Pasear mientras hablan puede ayudar a que las personas con más dificultades para abrirse se sientan más cómodas. También puedes permanecer en silencio. El mero hecho de estar ahí, aunque no digas nada, puede ser suficiente. Al estar ahí, ayudas al otro a sentirse menos solo y más cuidado.

10. Si intentas ayudar al otro a abrirse acerca de sus dificultades, te puede resultar útil usar preguntas abiertas que requieren una respuesta más allá de un sí o un no. Por ejemplo, en lugar de «¿estás bien?», puedes preguntar «¿cómo estás?».

11. Escucha con atención. No des consejos a no ser que te los pidan. Limítate a reflejar lo que sea que te haya dicho. Hazle saber que lo escuchas y lo respetas.

12. Si tu ser querido dice que ha perdido toda esperanza y que se siente impotente y afirma que no ve la salida, o si te preocupa su seguridad por cualquier otro motivo, busca siempre la ayuda de un profesional.

13. No subestimes el poder de la ayuda práctica. Si alguien tiene problemas de salud mental o física, está en el periodo preparto o posparto, o está pasando un duelo, las tareas cotidianas se pueden volver mucho más complicadas. Por ejemplo, ayudar a alguien a comer sano unas cuantas veces a la semana presentándote en su casa con una comida casera es una manera fantástica de ayudar a un ser querido.

14. Ser sensible a las situaciones en las que tu ser querido se puede sentir especialmente vulnerable (o preguntárselo, si

no lo sabes) significa que puedes estar ahí cuando más lo necesite. Por ejemplo, si ha enviudado recientemente y tiene que asistir solo a un evento social por primera vez, no lo evites. Acércate y demuéstrale amor y amabilidad. La situación seguirá siendo dura, pero sentirse menos solo puede suponer una diferencia abismal.

15. Puedes cambiar de tema. Estar con alguien no significa tener que hablar de sus problemas constantemente. La distracción le puede ofrecer un alivio reparador que quizás le resulte difícil encontrar a solas.

16. No tengas expectativas en relación con su curación o su recuperación. Nunca es sencillo ni lineal. Habrá días buenos y días malos. Estar rodeado de seres queridos que aceptan los altibajos a lo largo de los años lo ayudará a hacer lo mismo.

17. Sé honesto. Si quieres ofrecerle ayuda, pero no sabes cómo, pregúntaselo. Pídele que te haga saber si haces o dices algo que no lo ayuda. Esta franqueza facilita que todos estén menos ansiosos y puedan conectar mejor, porque garantiza que la situación funciona para todo el mundo.

Resumen del capítulo

- Es normal que te sientas abrumado o impotente si ayudas a alguien con problemas de salud mental. Quieres solucionarlo, pero no sabes cómo.
- Apoyar a alguien que sufre puede ser estresante, porque no queremos decir las palabras equivocadas. Pero no lo evites.
- No es necesario que lo arregles todo para ser un apoyo fantástico.
- Cuídate para evitar quemarte. Teje tu propia red de apoyo e instaura límites claros.
- Nunca subestimes el poder de la escucha.

IV

Sobre el duelo y la pena

CAPÍTULO
14

Entender el duelo

Aunque acostumbramos a asociar el duelo con la muerte de un ser querido, también podemos pasar por un duelo en otras circunstancias. Cuando termina algo importante para nosotros, podemos tener una reacción de duelo, aunque el final no haya sido consecuencia de una muerte.

Hemos luchado para superar una pandemia que nos ha cambiado la vida y que, en el camino, nos ha arrebatado a amigos, familiares, medios de sustento, empleos y empresas familiares construidas a lo largo de generaciones. Hemos perdido la seguridad financiera, los momentos finales de seres queridos y un tiempo precioso para abrazarlos y estar junto a ellos. Hemos perdido la sensación de certidumbre acerca de lo que nos depara el futuro y el acceso al apoyo social que nos podría ayudar a afrontar esa incertidumbre. Las profundas pérdidas que ha experimentado tanta gente han cambiado el mundo y han dejado unos efectos colaterales psicológicos cargados de dolor emocional y de duelo por las pérdidas.

A continuación encontrarás algunas cosas que pueden ayudar a todo el que esté experimentando los efectos de una pérdida.

La pena es normal

He conocido a muchas personas convencidas de que están fraca-
sando porque tienen dificultades para superar un duelo. Emiten
juicios generales acerca de la fortaleza de su carácter, como si el
duelo fuera un trastorno o un problema que tendrían que haber
arreglado. El duelo forma parte de la experiencia humana normal.
Es un proceso necesario por el que debemos pasar cuando perdemos a alguien (o algo) a quien queríamos o necesitábamos, con
quien nos sentíamos conectados y que era importante en nuestras
vidas.

La pena puede formar parte del duelo, aunque el duelo es mucho más que estar triste. Puede ser una añoranza profunda por la
persona que se ha ido. Las relaciones son la base de lo que significa
ser humano. Si pienso en las personas que he conocido a lo largo de
mi carrera hasta la fecha, las relaciones personales que mantenían
eran los aspectos más significativos de sus vidas. El fin de la relación
no pone fin a la necesidad de conexión.

El cuerpo también pasa por un proceso de duelo. Tal y como he
explicado en capítulos anteriores, todo lo que pensamos y sentimos
sucede en el cuerpo, y el duelo no es ninguna excepción. La pérdida
de un ser querido es una amenaza psicológica y física enorme. El
dolor que sentimos puede ser tanto emocional como físico. La respuesta de estrés se activa repetidamente.

Cuando hablamos de qué nos puede ayudar a superar el duelo,
es importante que tengamos claro qué significa exactamente «ayudar». Las cosas que ayudan no hacen que el dolor desaparezca, ni
hacen que nos olvidemos ni nos obligan a dejar ir el dolor. La ayuda
puede ser algo tan sencillo como descubrir que la montaña rusa de
emociones que sentimos es absolutamente normal. O puede consis-
tir en encontrar maneras nuevas de acoger y procesar el dolor de
una manera segura y saludable.

El dolor emocional durante el duelo puede parecer intolerable.

Por lo tanto, es lógico que la respuesta humana más natural sea intentar bloquearlo. El dolor es tan intenso y vasto que resulta aterrador. En consecuencia, intentamos reprimirlo. Sin embargo, cuando bloqueamos una emoción, tendemos a bloquearlas todas. Podemos quedarnos con la sensación de estar vacíos, anestesiados y con dificultades para encontrarle sentido a la vida y para participar en ella como habíamos hecho hasta ahora.

Si encontramos la manera de meterlo todo bajo la alfombra, quizás manteniéndonos muy ocupados, anestesiándonos con alcohol o negando lo que ha sucedido, es posible que nos parezca que lo llevamos bien. Entonces, algo pequeño y aparentemente insignificante hace explotar ese mundo de dolor y nos deja anonadados y dudosos de nuestra capacidad para afrontar la situación.

El duelo no resuelto se asocia a la depresión, a las ideaciones suicidas y al abuso del alcohol.[1] Por lo tanto, por mucho que negar el dolor emocional y bloquearlo pueda parecer una estrategia para protegernos, a largo plazo puede ser justo lo contrario.

Sé que decirlo es muy fácil. Y que experimentarlo en la realidad es dificilísimo. Si bloqueamos el dolor, es por algo. Nos enfrentamos a un océano de dolor tan profundo como amplio; nos parece demasiado grande, demasiado, infinito. ¿Cómo nos vamos a enfrentar a algo así? Podemos empezar por entender qué podemos esperar. También podemos asegurarnos de que sabemos qué nos ayudará a superar la experiencia. Y, entonces, abordaremos las cosas una a una. Nos adentraremos unos pasos en ese océano de dolor. Lo sentiremos. Respiraremos. Retrocederemos y descansaremos unos instantes. Con el tiempo aprenderemos a avanzar cada vez más, a llegar hasta lo más hondo, a sumergirnos, sabedores de que podremos volver a la orilla sanos y salvos. Sentir el dolor no hace que desaparezca. Pero nos ayuda a ser cada vez más fuertes y a saber que podemos recordar sin que eso nos impida retomar la vida y participar en ella.

Resumen del capítulo

- Los finales significativos pueden suscitar una respuesta de duelo incluso si no han sido consecuencia de una muerte.
- El duelo y el dolor emocional forman parte de la experiencia humana normal.
- El dolor que causa el duelo puede ser tanto físico como emocional.
- Las cosas que ayudan no hacen que el dolor desaparezca ni obligan a dejarlo ir.
- Intentar bloquear el dolor por completo puede provocar problemas más adelante.

CAPÍTULO
15

Las fases del duelo

Es posible que ya hayas oído hablar de las fases del duelo descritas originalmente por Elisabeth Kübler-Ross.[1] Desde entonces se ha determinado que no se experimentan en fases sucesivas y que tampoco suceden en ningún orden o marco temporal concreto. Sin embargo, sí que describen algunas de las experiencias más habituales que pueden formar parte de un proceso de duelo normal y sano. Es importante recordar que no son instrucciones acerca de cómo se tiene que elaborar un duelo. No son un manual con las normas del mejor duelo posible. No son más que una descripción de algunas de las experiencias que pueden tener las personas que están en duelo. Por lo tanto, si reconoces alguna de ellas en ti mismo o en un ser querido, recuerda que forman parte de un duelo normal y sano.

NEGACIÓN

La negación y el *shock* nos pueden ayudar a soportar el dolor abrumador que nos ha provocado la pérdida. Eso no significa que neguemos lo que ha sucedido, pero sí que, quizás, vamos asumiendo gradualmente cómo afrontamos la situación y la nueva realidad que nos espera, tanto si queremos como si no. Con el tiempo, la negación va desapareciendo y da paso a nuevas oleadas de emoción.

IRA

Con mucha frecuencia, la ira oculta un dolor o un miedo intensos. Cuando nos permitimos sentir de verdad esa ira y expresarla, permitimos que esas otras emociones salgan también a la superficie y tenemos la oportunidad de trabajarlas. Sin embargo, muchas personas han aprendido a temer la ira y se sienten avergonzadas de expresarla, así que la mantienen bajo la superficie; pero tal y como sucede cuando queremos mantener una pelota bajo el agua, acaba resurgiendo en otro sitio o en otro momento. Por ejemplo, en un estallido poco característico ante un amigo, un médico o un familiar.

La función de la ira es activarnos para ponernos en marcha y hacer que algo suceda. Cuando sentimos ira por algo que no podemos controlar, la actividad física nos ayuda a usar la activación fisiológica del modo en que está diseñada para ser usada. Desahogarnos de esta manera nos puede ayudar a consumir la energía generada por la ira y a volver a la línea base, al menos durante un tiempo. Cuando el cuerpo se ha calmado, somos más capaces de acceder a las funciones cognitivas necesarias para reflexionar acerca de lo que pensamos o sentimos, o para resolver posibles problemas pendientes. A veces resulta útil hacerlo junto a un amigo o un ser querido en el que confiemos, para que nos acompañe, o ponerlo por escrito. Las investigaciones nos dicen que rumiar en solitario acerca de los sentimientos que suscita la ira puede hacer que tanto esta como la agresividad se intensifiquen en lugar de calmarse.[2]

Intentar hacer ejercicios de relajación profunda antes de haber usado la acción física para movilizar la ira y reducir el nivel de activación puede ser demasiado difícil. Sin embargo, una vez que la hemos expresado de la manera que mejor se adapte a nosotros, las meditaciones guiadas nos pueden ayudar a reparar el cuerpo y la mente hasta que llegue la siguiente oleada de ira.

NEGOCIACIÓN

Es posible que esto suceda en momentos pasajeros. O tal vez pasemos horas o días dando vueltas a todos los «y si...» u «ojalá...». Es muy fácil que esto desemboque en sentimientos de culpa. Nos empezamos a preguntar qué habría sucedido si hubiéramos tomado decisiones distintas en distintos momentos. Quizás empecemos a negociar con un dios, si es que tenemos uno, o con el universo. O quizás prometamos hacer las cosas de otro modo a partir de ahora, intentando desesperadamente arreglarlo todo. Solo queremos que las cosas vuelvan a ser como antes.

DEPRESIÓN

Aquí la palabra «depresión» se usa para describir la sensación de pérdida profunda, de intensa tristeza y de gran vacío después de una muerte. Es una reacción normal ante la pérdida y no indica necesariamente la presencia de un trastorno mental. La depresión es una respuesta normal ante una situación deprimente. A veces, las personas que nos rodean se asustan y, como es natural, quieren solucionarlo o curarlo, o aún peor, quieren que cambiemos el chip.

Reconocer que la depresión es una parte normal de un proceso de duelo saludable significa que nos podemos consolar a nosotros mismos para superar el dolor y esforzarnos en reconectar con la vida normal y cuidar de nuestro bienestar en la medida de lo posible. Aquí podríamos aplicar las ideas y las herramientas que hemos comentado en la primera parte del libro. Sin embargo, es importante que no neguemos el dolor, que no lo bloqueemos ni lo ocultemos, como explicaré más adelante.

ACEPTACIÓN

Cuando concedemos al duelo el tiempo y el espacio que necesita, nos empezamos a sentir más capaces de dar un paso adelante y de volver a participar activamente en la vida. Aunque se pueda malinterpretar que la aceptación es estar de acuerdo con la situación, o incluso que nos guste, no es así. En la aceptación, la nueva realidad nos sigue disgustando. No es lo que queremos. Sin embargo, asumimos que es la nueva realidad que nos ha tocado vivir, atendemos a nuestras necesidades, nos abrimos a nuevas experiencias y establecemos conexiones.

También es importante señalar que la fase de aceptación no supone el final del proceso de duelo ni del dolor. Es posible que haya momentos pasajeros en los que encontramos maneras de vivir en esa realidad nueva. Y también es posible que haya otros en los que regresemos a la negociación y a la añoranza de esa persona. Es normal ir y venir entre las distintas fases y, de hecho, es de esperar que así sea a medida que nos vamos enfrentando a nuevos retos y dificultades en la vida. Esto significa que si empezamos a encontrar momentos de satisfacción o alegría, si parece que las cosas van bien y, de repente, nos sentimos abrumados de nuevo por la ira o la tristeza (o cualquier otra emoción), no significa que hayamos retrocedido. No estamos haciendo un «mal» duelo. El dolor viene en oleadas que no siempre podemos predecir.

Resumen del capítulo

- La negación nos puede ayudar a sobrevivir al dolor abrumador que nos ha causado la pérdida. A medida que la negación se desvanece, permite que afloren otras emociones.
- Cuando sentimos ira por algo que no podemos controlar, la actividad física nos ayuda a usar la activación fisiológica y a serenar el cuerpo de nuevo durante un tiempo.
- Rumiar acerca de los «y si...» puede llevar rápidamente a la sensación de culpa.
- La depresión es una reacción normal ante una muerte.
- La aceptación no significa que la situación nos guste ni que estemos de acuerdo con ella.

Las tareas del duelo

Entonces, ¿cómo empezamos a superar esa experiencia intensa, confusa y con frecuencia caótica a la que llamamos duelo?

William Worden describió lo que creía que eran las cuatro tareas del duelo.[1]

1. Aceptar la nueva realidad después de la pérdida.
2. Trabajar el dolor del duelo.
3. Adaptarte a un entorno en el que ese ser querido ya no está.
4. Encontrar la manera de mantener la conexión con el fallecido de otra manera al embarcarte en una nueva vida.

Cada uno gestiona de distintas maneras el dolor que siente cuando pierde a alguien. Algunas personas se centran en sentir el dolor y las emociones que surgen, mientras que otras hacen todo lo posible para distraerse de las emociones abrumadoras que las embargan. Ambas estrategias están bien. De hecho, tanto la una como la otra son necesarias. No podemos abordar todo el dolor de una sentada ni sentir todas esas emociones dolorosas sin descansar. Sin embargo, tampoco podremos trabajar el duelo si no nos concedemos espacio para sentirlo. Por lo tanto, el trabajo está en alternar: permitirnos sentir el dolor y permitir que el cuerpo y la mente se recuperen con algo que nos distraiga y nos consuele, y que nos conceda un respiro de las oleadas de emoción.[2]

Por lo tanto, permanecer con las emociones que surjan (tanto si hemos tomado la decisión consciente de sentirlas, por ejemplo, mirando una caja de recuerdos o visitando el cementerio, como si han surgido por sí solas) es una parte necesaria del proceso que permite que las emociones se desplieguen y se expresen, ya sea hablando, escribiendo o llorando. Luego, cuando sintamos que necesitamos un respiro, nos resultará útil dirigir la atención a algo que reduzca la respuesta de estrés. Las habilidades de autorrelajación que hemos comentado en la tercera parte del libro (pág. 115) nos pueden ayudar en este sentido, sobre todo si el dolor resulta abrumador. Las técnicas de anclaje también pueden ser útiles. De todos modos, no hay normas establecidas, porque cada persona, cada relación y, por lo tanto, cada proceso de duelo son únicos. La clave reside en encontrar algo con lo que nos sintamos seguros y que nos conceda tiempo para recuperarnos, incluso aunque se trate de un breve respiro.

Uno de los problemas de «aguantar» y no permitirnos reflexionar sobre la pérdida en ningún momento es que puede exigir un esfuerzo incesante que no concede descanso alguno. Entonces, quizás necesitemos estar permanentemente atareados por miedo a hundirnos si pulsamos el botón de pausa. Nos quedamos bloqueados y no podemos descansar, porque el esfuerzo de mantener el dolor a raya es constante. Cuando el dolor es enorme, las medidas que adoptamos para bloquearlo y mantenerlo bajo la superficie pueden perjudicarnos tanto a nosotros como a nuestras relaciones. Si desconectamos de una emoción, desconectamos de todas.

SIENTE LAS EMOCIONES QUE SURJAN

Es normal sentir todo tipo de emociones cuando estamos inmersos en un proceso de duelo. Es normal sentir desesperanza. Es normal sentir ira. Es normal sentir confusión. Es normal sentir alegría. Es normal sonreír si el momento nos lleva a eso. Es normal disfrutar de la calidez del sol en tu rostro durante un momento o reír porque alguien ha contado un chiste. Todo es normal. Es normal que nos sintamos culpables cuando nos permitimos volver a vivir, pero darnos permiso para sentir pequeños momentos de alegría es tan importante para el proceso de duelo como darnos permiso para sentir dolor. Con el tiempo aprendemos a reconectar con la vida y entendemos que eso no significa olvidar a nadie. El amor y la conexión siguen ahí.

AVANZA PASITO A PASITO CADA DÍA

No subestimes el poder de incluso los más mínimos pasos hacia delante. Si mantenerte en pie y lavarte la cara por la mañana se te dificulta, convierte el lavarte la cara en tu objetivo. Avanza desde donde estés y avanza cuando puedas.

DI ADIÓS A LAS EXPECTATIVAS

Las expectativas acerca de lo que deberías sentir, de cómo deberías comportarte y de lo rápido que deberías recuperarte solo consiguen complicar el duelo. Muchas de esas expectativas surgen de una serie de malentendidos acerca del duelo, que durante mucho tiempo se ha considerado un tema tabú. Gracias a algunos pioneros en esta área de investigación, ahora entendemos mucho mejor este proceso y cómo nos podemos ayudar a nosotros mismos a superarlo. Las expectativas llevan a las personas a creer (erróneamente) que se están volviendo locas, que se están equivocando, que son débiles y que están solas. En realidad, todas esas emociones y todos esos altibajos forman parte del proceso normal. La negativa a hablar acerca del duelo alimenta las preocupaciones sobre si lo estaremos haciendo bien o mal. Lo opuesto a esto es cultivar una conexión compasiva con nosotros mismos y con los demás, lo cual es una estrategia mucho más útil. Una conexión que nos permita expresar lo que sentimos en un espacio seguro.

EXPRÉSATE

Expresar cómo nos sentimos no siempre es fácil. Hay quien tiene el impulso de hablar. Otros se cierran, incapaces de encontrar las palabras necesarias. Si quieres hablar, busca a alguien de confianza y empieza a hablar con esa persona. Si te abruma el miedo —absolutamente normal— de convertirte en una carga y de agobiar al otro, díselo. Un buen amigo te dirá lo que es capaz de soportar.

Si no puedes hablar, escribe. Escribe las palabras tal y como salgan. El acto de poner sobre el papel esos pensamientos y emociones te puede ayudar a desenmarañar parte de lo que sucede en la mente y en el cuerpo. La tarea del duelo se lleva a cabo procesando esas emociones dolorosas.

Algunas personas se expresan mediante la pintura, la música, el movimiento o la poesía. Lo que sea que te ofrezca la manera de liberar y expresar esa emoción desnuda merece el tiempo y el espacio que le dediques. Si no sabes muy bien por dónde empezar, comienza por lo primero que te surja de forma natural. Empieza por algo que te haya ayudado en el pasado o por algo que, sencillamente, te despierte la curiosidad.

Si no tienes un terapeuta que te ayude a contenerla, esto es algo que puedes hacer para garantizar que entras y sales de la emoción. Hay momentos para sentir y momentos para bloquear, momentos para acercarse y momentos para alejarse y dejar que la mente y el cuerpo descansen. Por lo tanto, si vas a dedicar tiempo a liberar y a expresar la emoción, prepara las redes de seguridad en las que puedas apoyarte.

RECUERDA Y SIGUE VIVIENDO

Cuando recordar a alguien nos duele y estar en el presente sin esa persona nos duele también, nos puede dar la impresión de que las dos experiencias están en conflicto entre sí. Las exigencias de la vida siguen llegando y, a veces, basta un recuerdo para que nos hundamos.

Quizás, una de las cosas que cambia con el tiempo en el proceso de duelo es que acaba reuniendo de nuevo ambas vertientes. O, al menos, a base de intentarlo, vemos que pueden coexistir ambas necesidades, la de participar activamente en la vida y la de recordar y seguir conectados con la persona a quien hemos perdido. Por ejemplo, podemos reservar momentos para celebrar su vida y dedicar tiempo a rituales que nos ayuden a mantener el vínculo con esa persona al tiempo que, día a día, tomamos decisiones deliberadas y orientadas a vivir de un modo que honre tanto a nuestro pasado como a nuestro futuro.

Es como si la tarea del duelo consistiera en entrar en el dolor, permitir que nos recorra, consolarnos y apoyarnos durante la oleada, y volver a salir para regresar a la vida tal y como es ahora, encontrando la manera de descansar y de nutrir el cuerpo y la mente para que superen el agotamiento del dolor.[3]

CRECE EN TORNO A LA HERIDA

La herida que queda tras una pérdida no es algo que haya que arreglar ni que curar. No queremos olvidar a esa persona; lo que queremos es seguir recordándola y sentir que seguimos conectados. Por lo tanto, la herida no se reduce ni desaparece. Permanece mientras nos esforzamos por construir una vida a su alrededor.[4] Este concepto ayuda a muchas de las personas que vienen a terapia. La persona a la que hemos perdido sigue siendo tan importante para nosotros como lo era antes, por lo que el dolor de la pérdida sigue ahí. Sin embargo, encontramos la manera de honrar su vida al tiempo que empezamos a cultivar y a crear una vida con sentido y propósito que acompañe a ese dolor.

Encontramos maneras de recordar, de celebrar y de sentir la conexión con esa persona mientras seguimos viviendo. Aprendemos que el dolor y la alegría, la desesperanza y el propósito pueden formar parte de la vida simultáneamente. Aprendemos que podemos sobrevivir, las profundidades desde las que podemos ascender y, a partir de ahí, seguimos adelante.

CUÁNDO BUSCAR AYUDA PROFESIONAL

Acudir a un terapeuta no significa que se esté haciendo mal el duelo. Todos necesitamos ayuda para superar el dolor de la pérdida, pero no todos contamos con alguien en quien confiar o con quien queramos hablar con franqueza. La consulta se puede convertir en un santuario, en un lugar seguro en el que liberar y desnudar las emociones con alguien que cuenta con la formación necesaria para sostenernos durante el proceso.

Un terapeuta te puede ayudar a entender lo que sientes, usar habilidades que te ayuden a afrontar el dolor con seguridad, ayudarte a entender mejor el duelo y escucharte de un modo en el que probablemente no te hayan escuchado jamás, sin juicios, sin consejos y sin intentar minimizar ni arreglar lo que sientes. Los terapeutas sabemos que la tarea del duelo se supera a través del dolor y nuestro trabajo consiste en acompañarte en el proceso y ofrecerte una guía cuando la necesites.

Resumen del capítulo

- El duelo exige que trabajemos el dolor.
- Necesitamos tiempo para adaptarnos a una vida en la que nuestro ser querido ya no está.
- Necesitamos una manera de mantener la conexión con el ser querido cuando ya no está físicamente.
- Aceptar la nueva realidad significa que nos podemos seguir relacionando con las cosas que nos importan. Sientas lo que sientas, está bien sentido.
- No subestimes el poder de avanzar lento pero seguro.

17

Los pilares de la fuerza

Julia Samuel, una psicóloga especialista en duelo, ha identificado las estructuras clave que nos ayudan a reconstruir nuestra vida a través del proceso de duelo.[1] Los llama «pilares de la fuerza» porque exigen trabajo y persistencia. Cultivar cada uno de ellos nos ayuda a construir una estructura estable desde la que procesar el duelo. Estos son los pilares de la fuerza:

1. **Relación con la persona que ha muerto.** La relación que mantenemos y el amor que sentimos por alguien no desaparece cuando la persona muere. Adaptarnos a la pérdida implica encontrar nuevas maneras de sentirnos próximos a la persona fallecida. Por ejemplo, visitar un lugar especial en el que estuvimos juntos o pasar tiempo junto a su tumba o en un homenaje póstumo.

2. **Relación con uno mismo.** Todos los apartados del libro abordan antes o después la conciencia de uno mismo, y lo mismo sucede con el procesamiento del duelo. Tenemos que atender nuestras propias necesidades mientras identificamos nuestros mecanismos de afrontamiento, descubrimos cómo pedir ayuda y cuidamos de nuestra salud y de nuestro bienestar.

3. **Maneras de expresar el duelo.** No hay una sola manera correcta de expresar el duelo. Si prefieres hacerlo mediante una reflexión serena, con homenajes o estando con amigos, el acto de darte permiso para sentir y expresar las emociones que surjan en cada momento te ayudará a hacer avanzar el proceso natural. Si las emociones resultan especialmente abrumadoras, usa las habilidades de las que hemos hablado en la tercera parte (pág. 105).

4. **Tiempo.** Si te fijas una expectativa de cuánto tiempo tendrías que necesitar para procesar el duelo, no harás más que complicarte las cosas. Cuando todo resulte abrumador, intenta centrarte en el día a día, hasta que te sientas lo bastante fuerte como para afrontar una visión más general del futuro. Añadir la presión de tener que sentirte de una manera determinada en un momento concreto solo multiplica el dolor y el malestar.

5. **Mente y cuerpo.** Tal y como hemos comentado en la primera parte del libro, el estado físico, las emociones, los pensamientos y las acciones son como las hebras de una canasta (pág. 61). Es imposible cambiar uno de estos factores sin influir en los demás, por lo que es muy importante que cuidemos todos esos aspectos de nuestra experiencia. Hacer deporte con regularidad, comer bien y asegurarnos de que mantenemos cierto contacto social nos ayudará a reforzar nuestra salud mental en los momentos en que más lo necesitemos.

6. **Límites.** Si los seres queridos que nos rodean no paran de darnos consejos acerca de cómo deberíamos afrontar el duelo y de cuándo deberíamos reanudar la vida normal, recordar nuestra capacidad de instaurar límites se convierte en una herramienta esencial. Si desarrollamos el autoconocimiento y atendemos a nuestras necesidades, veremos que hay momentos en que tendremos que instaurar límites y

mantenerlos para hacer lo que más nos convenga a nosotros.

7. **Estructura.** En capítulos anteriores he hablado de la necesidad humana de encontrar el equilibrio entre la predictibilidad y la aventura, entre la estructura y la flexibilidad.
Cuando nuestra salud mental se debilita tras una pérdida
importante, tiene sentido concedernos cierta flexibilidad
que deje espacio al duelo, al tiempo que mantenemos cierta
estructura y rutina que nos ayude a evitar que la salud mental se deteriore, como sucedería si abandonáramos conductas saludables como el ejercicio o el contacto social.

8. **Centrarse.** Cuando carecemos de palabras para describir las
sensaciones que nos embargan, centrar la atención en nuestro mundo interior y visualizar las sensaciones que experimentamos en el cuerpo nos puede ayudar a adquirir conciencia de los cambios en nuestro estado emocional y físico.

Resumen del capítulo

- El tiempo, el esfuerzo y la perseverancia nos ayudan a reconstruir nuestra vida después de un duelo.
- Crea nuevas maneras de sentirte cerca de tu ser querido
visitando un lugar especial o rindiéndole homenaje.
- Atiende a tus necesidades en la medida de lo posible durante el proceso de duelo.
- No hay una manera correcta de expresar el dolor.
- Abandona cualquier expectativa que puedas tener acerca
del tiempo que deberías necesitar para procesar el duelo.

V

Sobre la inseguridad

Gestionar las críticas y la desaprobación

A pesar de que todos nos tenemos que enfrentar antes o después a la crítica y a la desaprobación, nadie nos enseña a gestionarlas de tal modo que las podamos usar para mejorar nuestra vida en lugar de dejar que destruyan nuestra autoestima.

En ocasiones, basta con que anticipemos la crítica o la desaprobación para que nos paralicemos y nos dejemos de esforzar por conseguir aquello que más nos importa. Es decir, carecer de las herramientas necesarias para gestionar la crítica o la desaprobación de una manera sana nos puede salir muy caro.

Permíteme que aclare algo antes de empezar. En este capítulo no te diré que la solución es que dejes de preocuparte por lo que los demás piensen o dejen de pensar de ti, porque lo cierto es que estamos diseñados para que nos preocupe mucho cómo nos perciben las personas que nos rodean. La crítica puede ser una señal de que no hemos satisfecho las expectativas y, en algunos casos (aunque no siempre), puede indicar un riesgo de rechazo o de abandono. Por lo tanto, es natural que recibir críticas active la respuesta de estrés. Esa respuesta nos activa y nos prepara para hacer algo al respecto. Históricamente, el rechazo de la comunidad suponía una grave amenaza para la supervivencia. Aunque ahora las cosas son distintas en algunos aspectos, en otros siguen siendo iguales. El rechazo y la soledad suponen todavía una gran amenaza para nuestra salud, por lo que el cerebro sigue haciendo su trabajo de intentar mantenernos a salvo y dentro del grupo.

Más allá de la mera supervivencia, la capacidad de imaginar lo que los demás puedan pensar de nosotros es una habilidad clave que nos ayuda a desenvolvernos en los grupos sociales en que vivimos. Desarrollamos nuestra personalidad e identidad no solo a partir de nuestra propia experiencia y de cómo interactuamos con los demás, sino también basándonos en lo que imaginamos que los demás piensan de nosotros y a las ideas y a las percepciones que puedan tener respecto a nosotros. Es lo que se conoce como «yo espejo».[1] Por lo tanto, es lógico que lo que creamos que los demás piensan de nosotros influya en lo que decidamos hacer a continuación.

Es posible que percibamos una mejoría pasajera cuando nos intentamos convencer de que no nos deberíamos preocupar por lo que piensen los demás, pero el impacto del alivio será, en el mejor de los casos, muy breve.

COMPLACER A LOS DEMÁS

Complacer a los demás es más que ser amable. Cualquiera nos recomendaría ser amables con los demás. Sin embargo, cuando lo que queremos es complacer, adoptamos una pauta de conducta en la que anteponemos una y otra vez las necesidades de los demás a las nuestras, incluso en detrimento de nuestra salud y de nuestro bienestar. Nos puede dejar con la sensación de que no podemos expresar lo que necesitamos ni manifestar lo que nos gusta y lo que no, además de ser incapaces de poner límites o de incluso mantenernos a salvo.

Decimos que sí cuando, en realidad, queremos y necesitamos decir que no. Estamos resentidos porque vemos que se aprovechan de nosotros, pero somos incapaces de cambiar la situación pidiendo algo distinto. Y el miedo a la desaprobación no desaparece nunca, porque siempre existe la posibilidad de dar un traspié, de tomar la decisión errónea y de molestar a alguien, incluso si se trata de alguien que nos cae mal o con quien no pasamos demasiado tiempo.

Aunque todos estamos programados para buscar la aprobación de nuestros iguales, el deseo de complacer va mucho más allá. Si durante la infancia crecemos en un entorno en el que no es seguro estar en desacuerdo o expresar la diferencia y en el que la desaprobación se expresa con ira o con desprecio, aprendemos a sobrevivir en semejante entorno. Satisfacer a los demás se convierte en una estrategia para la supervivencia que pulimos y perfeccionamos a lo largo de la infancia, pero que se vuelve perjudicial más adelante, cuando forjamos relaciones adultas. Dudamos de todas las decisiones que tomamos y siempre intentamos averiguar qué esperan los demás de nosotros. En ocasiones incluso nos impide forjar relaciones nuevas, porque nos contenemos y limitamos las interacciones si no estamos seguros de que le gustaremos al otro.

Vivir una vida dedicada a complacer a los demás se vuelve aún más complicado por el hecho de que la gente no siempre manifiesta la desaprobación mediante la crítica. Podemos temer y percibir la desaprobación del otro sin que este pronuncie ni una sola palabra: en ausencia de información, nuestra mente llena los espacios en blanco. Thomas Gilovich y Kenneth Savitsky acuñaron el término «efecto de foco» para describir la tendencia del ser humano a sobrestimar la medida en que los demás nos prestan atención.[2] Todos estamos en el centro de nuestro propio foco atencional y tendemos a imaginar que los demás también están centrados en nosotros cuando, en realidad, cada uno suele estar centrado en sí mismo. Por lo tanto, con frecuencia asumimos que los demás nos critican o nos desaprueban cuando, quizás, ni siquiera están pensando en nosotros.

Las personas con ansiedad social tienden a centrar más su atención en cómo las perciben quienes las rodean,[3] mientras que aquellas que se sienten más seguras de sí mismas tienden a orientar su atención hacia fuera y a mantener una actitud de curiosidad respecto a los demás.

Entonces, ¿qué podemos hacer, dado que contamos con un cerebro programado para preocuparse mucho por lo que piensan los demás? ¿Qué medidas podemos adoptar si detectamos que tendemos a querer complacer a los demás? ¿Cómo nos podemos asegurar de que somos capaces de mantener relaciones significativas sin quedar atrapados en la preocupación constante acerca de la desaprobación o la crítica? ¿Y cómo nos podemos recuperar cuando la crítica de alguien nos impide vivir de un modo congruente con lo que nos importa?

Estas son las tareas que nos permiten afrontar la crítica:

- Desarrollar la capacidad para tolerar la crítica potencialmente útil y usarla en nuestro beneficio al tiempo que conservamos la autoestima.
- Estar dispuestos a aprender del *feedback* negativo que nos pueda ayudar a mejorar.
- Aprender a no aferrarnos a las críticas que reflejan los valores ajenos en lugar de los propios.
- Tener claro qué opiniones nos importan más y por qué, para que nos resulte más fácil saber cuándo reflexionar y aprender, y cuándo olvidarlo y seguir adelante.

ENTENDER A LOS DEMÁS

La mayoría de las personas que son muy críticas con los demás tienden también a ser muy críticas consigo mismas, y sus críticas pueden ser un reflejo de su propio diálogo interno. Critican porque eso es lo que hacen, y lo que dicen no necesariamente refleja nuestra valía como seres humanos, sobre todo cuando se trata de un ataque muy personal contra nosotros y no de algo que nos puede ayudar a avanzar.

El ser humano tiende al pensamiento egocéntrico, lo que nos puede llevar a insistir en que los demás vivan en función de nuestros valores y cumplan las mismas normas que nos hemos autoimpuesto. Esto significa que, con frecuencia, las críticas del otro pueden basarse en su propia visión del mundo y en que no tiene en cuenta que todos tenemos experiencias, valores y personalidades distintas.

Entender que tendemos a criticar a los demás en función de nuestras propias normas de vida nos puede ser muy útil, sobre todo si tendemos a complacer a los demás. Anhelamos la aprobación de todo el mundo, pero si todos y cada uno de nosotros somos únicos, con ideas y opiniones propias, es imposible complacer a todo el mundo siempre. Si mantenemos una relación próxima con el otro, es muy probable que valoremos más su opinión (lo que puede hacer que sus críticas también nos duelan más), pero también podremos entender mejor qué hay detrás de su desaprobación.

El contexto lo es todo, pero no siempre podemos acceder a él. Cuando carecemos de ese contexto, nos resulta mucho más difícil ver la crítica por lo que es: la idea de una persona moldeada por su experiencia individual. El instinto natural es integrar las críticas como verdades que dicen algo de nosotros, lo que nos lleva a cuestionar lo que valemos como personas.

Cultivar la autoestima

No todas las críticas son malas. Cuando se centran en conductas específicas, tendemos a sentirnos culpables, lo que nos lleva a corregir los errores para reparar la relación. Por el contrario, cuando la crítica es un ataque contra nuestra personalidad y contra nuestra sensación de valía personal, tendemos a sentir vergüenza.

La vergüenza es una emoción intensamente dolorosa que puede aparecer junto a otras emociones, como la ira o el asco. Es distinta del bochorno, que es menos intenso y que tiende a aparecer en público. La vergüenza es mucho más dolorosa. Nos sentimos incapaces de hablar, de pensar con claridad o de hacer nada. Lo único que queremos es escondernos y desaparecer. La intensidad de la reacción física hace que recuperarnos nos sea muy difícil.

La vergüenza activa el sistema de amenaza de tal modo que puede dar la impresión de que alguien ha prendido fuego al resto de las emociones, así que, junto a la vergüenza, sentimos una oleada de ira, miedo o asco. A continuación, empezamos a atacarnos a nosotros mismos y nos lanzamos andanadas desde todos los frentes: nos criticamos, nos insultamos y nos culpamos. La reacción instintiva ante semejante ataque es bloquearlo. Sin embargo, ignorar la vergüenza no es tarea fácil, así que nos lanzamos a conductas absorbentes y adictivas que nos ofrecen un alivio inmediato.

Aunque podemos aprender a tolerar la vergüenza, es una habilidad que hay que cultivar durante toda la vida. Ser resilientes ante la vergüenza no significa que nunca la sintamos, sino que aprendemos a recuperarnos y a volver a ponernos en pie.

Ser capaz de experimentar vergüenza y dejarla atrás sin perder autoestima requiere:

- Saber qué nos provoca vergüenza. Hay partes de nuestra vida y cosas que hacemos que percibimos como parte de quiénes somos. Puede ser la crianza de los hijos, el aspecto físico o la creatividad. Todo lo que asociamos a nuestra valía personal puede generar vergüenza. Para desarrollar y mantener una autoestima sana, tenemos que entender que nuestro valor como personas no depende de que nunca cometamos errores.

- Comprobar la veracidad de las críticas y de los juicios que suscitan. Tanto si proceden de los demás como del interior de nuestra mente, los juicios y las opiniones no son hechos objetivos. Son narrativas e historias que pueden cambiar significativamente nuestra experiencia del mundo. Por lo tanto, cuidar de la autoestima implica eliminar de la ecuación los insultos y los ataques personales; centrarnos en las conductas concretas y específicas y en las consecuencias de estas, y recordarnos que la imperfección, los errores y los fracasos forman parte de ser humano. Hacernos amigos de la falibilidad significa que, cuando fallemos, no nos sentiremos inútiles. Podemos usar cada experiencia en nuestro beneficio y aprender de ella.

- Tener cuidado con lo que decimos. Las críticas siempre duelen un poco, porque el cerebro hace lo que puede para mantenernos a salvo. No hay ningún antídoto que lo arregle todo para siempre ni que haga que las críticas reboten en nosotros como si lleváramos una armadura. Además, ¿de qué nos iba a servir una armadura si nosotros somos nuestro peor crítico? Un comentario duro o una crítica nos deja sin aliento. Entonces, y como es natural, nos pasamos las cinco horas siguientes dándole vueltas. El cerebro presta atención a la crítica porque es una amenaza, y la respuesta de estrés se vuelve a activar cada vez que la recordamos. Por lo tanto, una sola patada en el estómago nos acaba doliendo como si hubiéramos recibido cien. El tiempo que dedicamos a pensar en una crítica útil que podemos aprovechar y que se suma al trabajo que estamos haciendo en el mundo es tiempo bien invertido. Rumiar y dar vueltas a un comentario desagradable que no nos puede ayudar en nada solo consigue prolongar el ataque que hemos sufrido.

- Tener un diálogo interior adecuado después de una crítica. Esto es fundamental si queremos ser capaces de superar la ver-

güenza y recuperarnos. Cuando nos avergonzamos de nosotros mismos, es normal que creamos que somos lo peor y que
merecemos el ataque. Creemos que no nos merecemos respon-
dernos con respeto y compasión, porque eso equivaldría a salir
libres de culpa siendo responsables y evitaría que nos esforcemos más en el futuro. Sin embargo, para que alguien se levante
del suelo, hay que dejar de patearlo. La clave para usar todas
las críticas en nuestro beneficio consiste en estar ahí para nosotros y en contar con la autocompasión necesaria para que podamos escuchar las críticas y decidir cuáles debemos asumir y
entender como una experiencia de aprendizaje y cuáles no son
más que ataques contra nuestra autoestima y contra la seguridad en nosotros mismos.

- **Hablar acerca de la vergüenza.** Conversa con alguien de confianza. Los secretos, el silencio y los juicios solo consiguen
intensificar la vergüenza. Compartir lo sucedido con alguien
capaz de responder con empatía nos ayudará a dejar la vergüenza atrás y a seguir adelante.

ENTENDERSE A UNO MISMO

Vivir la vida que queremos vivir cuando recibimos críticas significa
tener claro lo siguiente:

- **Qué opiniones nos importan de verdad y por qué son importantes para nosotros.** ¿Cuáles son las personas cuyas opiniones son más importantes para ti? El «no me importa lo que
piense la gente» casi nunca es cierto; oculta todo un mundo
de inseguridades y nos impide forjar conexiones significativas
con los demás, porque cierra todas las avenidas de comunicación donde ambas voces son importantes. La lista de las personas cuya opinión nos importa de verdad ha de ser corta.

También vale la pena señalar que reconocer que alguien es importante para nosotros no significa que tengamos la responsabilidad de complacerlo, sino que estamos dispuestos a escuchar sus opiniones, aunque no sean positivas, porque sabemos que lo más probable es que sean sinceras y tengan la intención de ayudarnos, por lo que también es muy probable que nos sean útiles.

- Por qué hacemos lo que hacemos. La aprobación que necesitas más que ninguna otra es la tuya. Si la vida que vivimos no es congruente con nuestros valores y con lo que más nos importa, deja de tener sentido y de ser satisfactoria. Entender el tipo de persona que queremos ser, cómo queremos vivir la vida y cómo queremos contribuir al mundo nos indica el camino al que nos deberíamos ceñir. Cuando sabemos exactamente quiénes somos y quiénes queremos ser, es mucho más fácil decidir qué críticas integramos y cuáles dejamos pasar.

- De dónde salen esas voces críticas, y si están justificadas y son útiles o si son perjudiciales para nuestro bienestar. Cuando en nuestra vida hay alguien que es predeciblemente crítico, oímos su voz incluso antes de que haya dicho nada. Con el tiempo, internalizamos la crítica constante hasta tal punto que se convierte en la manera en que nos hablamos a nosotros mismos. Por lo tanto, quizás seamos muy autocríticos solo porque eso es lo que hemos aprendido. Reconocer que hemos aprendido a hablarnos así nos ayuda a entender que podemos aprender a hacerlo de otra manera que nos resulte más útil.

Resumen del capítulo

- Es fundamental adquirir habilidades que nos permitan afrontar la crítica y la desaprobación de una manera saludable.
- Estamos programados para que nos preocupe lo que los demás piensan de nosotros, por lo que la solución no es intentar convencernos de que no es así.
- Complacer a los demás es más que ser amable. Es anteponer las necesidades y los deseos ajenos a los propios, incluso en detrimento de nuestra salud y de nuestro bienestar.
- Entender por qué hay personas muy críticas con los demás nos puede ayudar a gestionar la crítica.
- Cultivar la autoestima y la tolerancia a la vergüenza no solo es posible, sino que nos puede cambiar la vida.

CAPÍTULO
19

La clave para desarrollar seguridad en uno mismo

De adolescente, vivía en una ciudad pequeña y me sentía segura de mí misma. Entonces, me fui de esa pequeña ciudad para estudiar en una universidad a más de ciento cincuenta kilómetros de distancia, y la seguridad en mí misma, que yo consideraba parte de mí, se quedó en casa, no vino conmigo. Me sentía vulnerable e insegura, y no sabía quién tenía que ser para encajar. Con el tiempo, la vida universitaria se convirtió en mi nueva normalidad y volví a construir la seguridad en mí misma, ladrillo a ladrillo.

Entonces me gradué y comencé a trabajar como investigadora en un servicio de atención a la drogodependencia. De repente, ya no me bastaba con la seguridad de ser capaz de satisfacer las exigencias de la universidad, así que tuve que volver a tolerar la sensación de vulnerabilidad para poder construir seguridad en este nuevo escenario. Lo mismo sucedió cuando comencé la formación clínica, cuando me gradué, cuando nació mi hija mayor, cuando abrí mi consultorio y cuando empecé a publicar mi trabajo en las redes sociales.

A cada nuevo giro que ha dado mi vida, la confianza que antaño parecía suficiente se ha vuelto escasa y la vulnerabilidad ha hecho acto de presencia. La seguridad en uno mismo es como una casa que construimos con nuestras propias manos. Si nos mudamos de ciudad, tenemos que construir otra. Sin embargo, no empezamos de cero. Cada vez que nos adentramos en lo desconocido e intentamos algo nuevo, cada vez que experimentamos la vulnerabilidad, que nos equivocamos, que superamos los errores y que generamos confianza, pasamos al capítulo siguiente con pruebas que demuestran que somos capaces de superar las dificultades. Llevamos con nosotros el valor que necesitamos para dar ese salto de fe una y otra vez. Es el mismo salto de fe que los trapecistas han de dar cada vez que se sueltan de una barra para aferrarse a la siguiente. Siempre son vulnerables, nunca están completamente a salvo, pero lo intentan cada vez, con la seguridad de que pueden asumir el riesgo y de que tienen el valor necesario para conseguirlo.

PARA GENERAR SEGURIDAD EN NOSOTROS MISMOS, TENEMOS QUE BUSCARLA DONDE NO LA HAY

La seguridad y la comodidad son dos cosas distintas. Uno de los errores más habituales respecto a lo que significa estar seguro de uno mismo es que uno ha de vivir sin miedo. La clave para generar seguridad en uno mismo reside en justo lo contrario. Significa que estamos dispuestos a tolerar la presencia del miedo mientras hacemos lo que es importante para nosotros.

Cuando desarrollamos cierta seguridad respecto a algo, nos sentimos bien. Queremos quedarnos allí y aferrarnos a la sensación. Sin embargo, si solo vamos allí donde nos sentimos seguros, la seguridad nunca se expandirá más allá de esos límites. Si solo hacemos lo que sabemos que podemos hacer bien, el miedo a lo nuevo y a lo desconocido tiende a seguir creciendo. Generar confianza exige que nos hagamos amigos de la vulnerabilidad, porque es la única manera de persistir incluso si nos sentimos inseguros.

Y es que la única manera en que podemos hacer crecer la confianza en nosotros mismos es estar dispuestos a renunciar a ella. El valor que necesitamos para avanzar hacia lo que nos asusta y tolerar lo desconocido es precisamente lo que nos ayuda a generar confianza desde cero. Primero viene el valor, luego la confianza. Esto no significa que nos tengamos que lanzar de cabeza al abismo emocional y arriesgarnos a que sea demasiado.

Lo que significa es que tenemos que ser conscientes de que el miedo nos ayuda a desenvolvernos a nuestro mejor nivel y de que debemos transformar la relación que mantenemos con él, de modo que no necesitemos eliminarlo antes de probar algo nuevo. Aprendemos a permitir que nos acompañe.

En la página siguiente encontrarás el modelo de aprendizaje de Luckner y Nadler, que podemos usar como guía para generar confianza.[1] Escribe qué aspectos de tu vida se enmarcan en tu zona de confort, qué tareas te resultan difíciles, pero asumibles, y qué cosas incluirías en la zona de pánico. Cada vez que entras en la zona de aprendizaje, refuerzas la seguridad en ti mismo porque tu valor entra en acción.

El proceso de generar seguridad en nosotros mismos exige desarrollar la autoaceptación y la autocompasión, además de aprender el valor de la vulnerabilidad y del miedo. Con frecuencia se trata de un equilibrio que no siempre es fácil ni cómodo alcanzar. En el camino puedes usar todas las herramientas que contiene este libro, porque cada una de ellas te ayudará a desarrollar la capacidad de esforzarte y tolerar el malestar, para luego dar un paso atrás y recuperarte.

Algunos de los principales ingredientes que necesitamos para dar el salto de fe y adentrarnos en la zona de aprendizaje son estos:

- La conciencia de que podemos mejorar si nos esforzamos.
- La voluntad de tolerar el malestar que nos producirá ser vulnerables durante un tiempo.
- El compromiso con nosotros mismos de que siempre nos apoyaremos y de que haremos lo que sea mejor para nosotros

Figura 8: Modelo de aprendizaje (Luckner y Nadler).

tanto si tenemos éxito como si no. Esto significa adoptar la autocompasión como práctica de vida y ser nuestro mejor apoyo, no nuestro peor crítico.

- La conciencia de cómo superar la vergüenza que puede surgir del fracaso, para evitar la tendencia a renunciar a nuestros sueños con el objetivo de evitarla. En la tercera parte del libro encontrarás información al respecto.
- Para construir confianza no tenemos que vivir con miedo, sino acostumbrarnos a adentrarnos en él a diario, permanecer en su presencia y volver a retroceder, para darnos tiempo de recuperarnos y prepararnos para el día siguiente. En la sexta parte del libro hablaremos del miedo.

Por qué no hace falta trabajar la autoestima

Existe toda una industria que gira en torno a la autoestima y a la idea de que si conseguimos creer en nosotros mismos, obtendremos mejores resultados, mejorarán nuestras relaciones personales y aumentará nuestra felicidad general en la vida.

En términos generales, cuando se habla de autoestima, se hace referencia a la capacidad de evaluarnos positivamente y de creer en esas evaluaciones.[2] Por lo tanto, es probable que si alguien nos quiere ayudar a desarrollar nuestra autoestima, nos pida que enumeremos todo lo que nos gusta de nosotros mismos y que identifiquemos nuestras fortalezas y, a continuación, nos intente convencer de que podemos tener «éxito» en el mundo. Sin embargo, el problema está en lo que entendemos por «éxito». Tendemos a asociarlo con la idea de riqueza, de ganar, de destacar y de obtener el reconocimiento de los demás. ¿Y cómo sabemos si estamos ganando o no? Comparándonos con los demás. Por ejemplo, podemos navegar por internet y elegir a cualquiera de los 4 600 millones de usuarios de todo el mundo. Con una muestra tan grande, podemos tener la certeza absoluta de que encontraremos a alguien mejor que nosotros en algo. Y cuando eso sucede, nuestra autoestima se resiente, porque si no somos los ganadores, es posible que nos veamos como perdedores.

¿Y si dejamos a un lado el mundo digital y nos comparamos únicamente con nuestros amigos y familiares? Esto no alimentará relaciones saludables. Asociar una medida de «éxito» a nuestra valía personal dificulta, inevitablemente, la tarea de conectar de verdad con las personas con quienes nos comparamos. ¿Qué sucede cuando nos quedamos sin trabajo al tiempo que ascienden a nuestro amigo? Un grupo de psicólogos llevó a cabo una revisión de estudios sobre este tema y concluyó que la autoestima no se asocia ni a mejores relaciones personales ni a un mejor rendimiento. Por el contrario, sí se correlaciona con la arrogancia, el prejuicio y la discriminación.[3] Los investigadores no hallaron evidencias significati-

vas de que la intervención orientada a mejorar la autoestima ejercie-
ra beneficio alguno.

Cuando la autoestima depende del «éxito», no podemos confiar
en ella. Es una renta psicológica que nunca podemos dejar de pagar.
En cuanto vemos algún indicio de que somos «menos que», nos cata-
logamos como «no lo bastante buenos». Así que seguimos girando en
la rueda de hámster que es la búsqueda del éxito, impulsados por una
mentalidad de escasez y por el miedo a no ser suficiente.

Olvídate de las afirmaciones positivas

Es imposible entrar en una plataforma social sin toparnos con multitud de afirmaciones positivas. La idea es que si nos repetimos algo
las veces suficientes, nos lo acabaremos creyendo y nos acabaremos
convirtiendo en ello. Sin embargo, las cosas no son tan sencillas.
Las afirmaciones positivas pueden ayudar a que las personas que ya
cuentan con una autoestima saludable y que ya creen en sí mismas
se sientan algo mejor. Sin embargo, algunos estudios han concluido
que repetir afirmaciones y frases en las que uno no cree (como «soy
fuerte» o «merezco que me quieran»), o tener que centrarse en todos los motivos por los que esas frases son ciertas lleva a las personas con baja autoestima a sentirse peor.[4]

Es posible que esto se deba a que todos mantenemos nuestro
propio diálogo interno. Si afirmamos en voz alta que somos fuertes
y dignos de amor, pero en realidad no creemos ni lo uno ni lo otro,
el crítico interior entrará en acción y empezará a enumerar todos los
motivos por los que ni somos fuertes ni merecemos amor. El resultado será una lucha interna, y acabaremos dedicando muchísimo
tiempo a centrarnos en todas las narrativas que nos hunden, cuando
lo que queremos desesperadamente es deshacernos de ellas.

¿Hay algo que funcione, entonces? El estudio que acabo de
mencionar concluyó que cuando se decía a las personas con baja

autoestima que era normal tener pensamientos negativos, su estado de ánimo mejoraba. Ya no tenían que pelearse consigo mismas para intentar convencerse de algo en lo que no creían. Por lo tanto, los días en que no nos sintamos fuertes, no hace falta que nos digamos que lo somos. Podemos reconocer que sentirse así es parte de la condición humana, y responder con compasión y con aliento. Entonces podremos centrarnos en aquello que nos ayuda a volver a sentirnos fuertes y seguros, usando para ello todas las herramientas de las que disponemos para superar los momentos difíciles en línea con la persona que queremos ser. La manera de empezar a creer algo más positivo acerca de nosotros mismos es emprender las acciones necesarias para crear las pruebas que lo demuestren.

Que las afirmaciones positivas no sean la mejor estrategia para las personas con baja autoestima no significa que las palabras no sean importantes. Cuando los errores y los fracasos provoquen un alud de autocríticas, no debemos permitir que se sucedan sin cuestionarlas. Por algo los atletas profesionales tienen *coaches* profesionales. Nosotros no disponemos de un *coach* en nuestra vida cotidiana, por lo que nosotros mismos debemos ser esa voz de aliento. La respuesta emocional natural ante el fracaso influye en nuestros pensamientos y nos hace más vulnerables a la autocrítica. Así que no siempre podremos detenerla, pero sí que podemos responder con una alternativa que nos funcione mejor. Para generar confianza, tenemos que trabajar para convertirnos en nuestro *coach* y dejar de ser nuestro peor crítico. Eso implica responder ante el fracaso de un modo que nos ayude a volver a levantarnos, a recomponernos y a volver a intentarlo. Un *coach* profesional no nos atacaría con palabras ni entonaría lemas en los que somos incapaces de creer. Lo que haría es aportar sinceridad, responsabilidad personal y aliento y apoyo incondicionales. Estaría siempre de nuestra parte, independientemente del resultado, y actuaría siempre en nuestro mejor interés. Hacer eso por nosotros mismos no siempre es fácil, pero es una habilidad básica para la vida que podemos desarrollar a base de práctica.

Caja de herramientas: Cambiar la relación con el miedo para
generar confianza

Una de las maneras de empezar a desarrollar seguridad en algo que nos pone nerviosos es adoptar la práctica de aceptar la sensación de miedo y permanecer con ella, sin reprimirla. Para ello, no hace falta que nos pongamos en una situación que nos cause pánico o terror. De hecho, no es aconsejable hacerlo. Lo que sí podemos hacer es practicar a meter un dedo del pie en el agua. Basta con salir de la zona de confort lo suficiente para notar la respuesta de estrés sin que esta nos abrume.

- Escribe una situación en la que te gustaría sentirte más seguro de ti mismo. Empieza por aquella situación en la que te veas más vulnerable. A continuación, enumera variaciones de la situación que, a pesar de resultarte difíciles, serían más manejables. Por ejemplo, si yo quisiera sentirme más segura en situaciones sociales, quizás pondría las fiestas en la primera posición de la lista como la ocasión en que me siento menos segura de mí misma. Una fiesta en la que conociera a todo el mundo me resultaría ligeramente más asumible. Y una reunión con amigos me sería más fácil. Y salir con una buena amiga para tomar un café sería más fácil todavía. Una vez que tengas la lista, no comiences por la situación que hayas puesto en el primer lugar de la lista. Comienza por una situación que, a pesar de plantearte dificultades, te parezca asequible. Entonces, repite esa conducta tantas veces como te sea posible. Cuando te sientas más seguro y esa situación haya pasado a formar parte de tu zona de confort, pasa a la situación inmediatamente superior en la lista.

Paul Gilbert y Deborah Lee desarrollaron la herramienta del «ideal compasivo» y la usaron en la terapia centrada en la compasión. Puede ser una manera útil de centrar la atención en un diálogo interno que nos ayude a aumentar la seguridad en nosotros mismos.

- Un ideal compasivo es la imagen de una persona a la que podemos regresar para sentirnos a salvo y cuidados cuando lo necesitamos. Si prefieres la idea de un *coach*, también puedes usar ese concepto.
- Genera una imagen mental de tu ideal compasivo o de tu *coach* ideal (puede ser una persona real o imaginaria).
- Imagina que le explicas la situación en que te encuentras, qué sientes al respecto y qué quieres mejorar.
- Dedica tiempo a imaginar con detalle cómo respondería ese ideal compasivo o ese *coach*, y ponlo por escrito. Esa es la manera en que te puedes empezar a hablar a ti mismo cuando trabajes para aumentar tu confianza y te enfrentes a la inevitable vulnerabilidad que sentirás durante el proceso.

Resumen del capítulo

- No podemos desarrollar la seguridad en nosotros mismos si no estamos dispuestos a renunciar a ella temporalmente.
- Si queremos generar seguridad en nosotros mismos, tenemos que ir allí donde no está, repetirlo a diario y observar cómo vamos adquiriendo confianza.
- La seguridad en uno mismo es específica de cada situación, pero a medida que avanzamos llevamos con nosotros la convicción de que podemos tolerar el miedo mientras desarrollamos la confianza.
- No es necesario abrumarnos con la situación que más nos atemoriza. Es mejor comenzar por pequeños cambios.
- Debemos ser nuestro mejor apoyo, no nuestro peor crítico.
- El coraje precede a la confianza.

20

No somos nuestros errores

La mayoría de nuestras inseguridades tienen que ver con la relación que mantenemos con el fracaso, pero no te voy a decir que todo vaya a ser fácil si lo aceptas, porque no es así. Fracasar nunca resulta fácil. Siempre es doloroso. Todos queremos ser suficiente. Todos queremos ser aceptables, y el fracaso es una señal de que quizás esta vez no hemos sido suficiente.

No solo debemos cambiar la relación que mantenemos con nuestro propio fracaso, sino también cómo respondemos ante el fracaso de los demás. No hace falta pasar demasiado tiempo en Twitter para desarrollar un miedo cerval al fracaso. Basta con decir algo equivocado en un tuit para que un ejército de tuiteros se abalance sobre nosotros, nos someta a una andanada implacable de insultos y exija que nos derriben de cualquiera que sea la altura a la que hayamos llegado. Lo he visto en personas que han cometido errores inocentes en su uso del lenguaje y que se han disculpado inmediatamente por ello. Dado que las redes sociales son un reflejo aumentado de quiénes somos en tanto que sociedad, esto me dice mucho acerca de la intensa vergüenza que asociamos a cualquier forma de fracaso. Es muy probable que las personas más autocríticas sean también las más críticas con los demás. Si creemos que se ha de responder con humillación y vergüenza ante los errores y las carencias, al margen de cuál fuera la intención original, ¿cómo nos vamos a atrever a asumir riesgos y a equivocarnos?

Personalmente, me ha resultado muy útil entender que la forma que tienen los demás de responder a mis fracasos no es una evaluación precisa de mi personalidad ni de mi valía como persona, sino un indicador de la relación que esas personas mantienen con el fracaso. Aceptar el fracaso es muy complicado en entornos en que las personas se atacan mutuamente por los errores cometidos. Al margen de la hostilidad con que la sociedad reaccione ante el fracaso, si queremos cambiar la relación que mantenemos con este, debemos empezar por nosotros mismos. El fracaso duele siempre, tanto si el entorno es seguro como si no. Por eso lo evitamos a toda costa. Nos rendimos cuando la cosa se complica y buscamos una opción más fácil y segura, si es que no nos hemos negado por completo a empezar. Todas estas opciones son adictivas, ya que nos proporcionan una maravillosa sensación de alivio. «¡Uf! Ya no me tengo que enfrentar a eso hoy.» Si lo repetimos las suficientes veces, se acaba convirtiendo en un patrón que nos mantiene atrapados en la zona de confort, donde nos sentimos estancados, aletargados y sin energía para nada.

Si lo contrario de resistirse al fracaso es aceptar que este forma parte del crecimiento y del aprendizaje, ¿cómo se consigue llegar ahí? Entender algo intelectualmente es una cosa, pero sentirlo y creerlo de verdad en el momento es otra muy distinta. Decirlo en voz alta solo nos ayudará si nos lo creemos. Creerlo es todo. Por lo tanto, tenemos que decir algo en lo que podamos creer. Así que intentar convencernos de que no pasa nada si fracasamos no tiene sentido alguno. No podemos garantizar cómo reaccionarán los demás. Siempre habrá críticos y no todo el mundo estará dispuesto a ayudarnos cuando caigamos. Por lo tanto, nuestra única opción es comprometernos firmemente a ayudarnos a nosotros mismos.

Darnos cuenta de que no podemos depender de los demás para recuperarnos de un fracaso es un buen punto de partida. Usar el apoyo de que dispongamos siempre es buena idea, claro, pero no podemos confiar en que siempre haya alguien ahí. Por eso, es fundamental que asumamos la responsabilidad de curar nuestras heridas con compasión, de recomponernos y de levantarnos después de un fracaso si queremos que nuestra resiliencia no dependa de que otros lo hagan por nosotros.

RECUPERARSE DEL FRACASO

1. Identifica las sensaciones corporales, los impulsos y las acciones que indican cómo te encuentras. Si te das cuenta de que estás usando tus actividades de anestesia emocional preferidas (horas de televisión, alcohol o redes sociales), quizás estés intentando bloquear el dolor del fracaso. Es decir, puedes identificar la conducta de bloqueo aunque inicialmente no hayas detectado la emoción.

2. Desbloquéate. ¿Recuerdas la historia de Jim Carrey y la máscara? Cuando no la llevaba en el rostro, no ejercía tanto poder sobre él. Podemos hacer lo mismo con las emociones si las vemos como experiencias que vienen y van, en lugar de considerarlas una parte de quiénes somos. Etiquetar la emoción nos permite distanciarnos de ella. Lo mismo sucede cuando etiquetamos los patrones de pensamiento. Lo que la mente nos cuenta acerca de lo que sucede no es un hecho objetivo, sino una teoría, una opinión, una historia o una idea. Esa opinión se ve influida por voces críticas de nuestro pasado y de nuestro presente, por el recuerdo de cuando nos hemos sentido vulnerables y por nuestros fracasos. Si nos familiarizamos con las pautas de esas voces críticas e identificamos cuál podría ser su origen, podemos incluso poner nombre a esa secuencia de pensamientos. «¡Mira, ya está aquí Helga para darme una opinión que nadie le ha pedido!» Esto nos puede ayudar a distanciarnos del ataque

que dirigimos contra nosotros mismos y nos dota de más capacidad de decisión acerca de si tomar como cierto lo que nos dice la mente o si lo consideramos una mera opinión (muy poco útil, por cierto).

3. Identifica el impulso de bloquear las emociones dolorosas y recuérdate que no tienes por qué actuar según él. Cuando dejamos de pelear con la emoción y permitimos que nos invada con toda su fuerza, nos duele y nos confunde. Sin embargo, también se desvanece. Si intentamos reprimirla y mantenerla bajo la superficie, permanecerá ahí, a la espera de poder aflorar para que la procesemos. Lo contrario de bloquear la emoción es abordarla con una actitud curiosa. Obsérvala y percibe toda la experiencia, al tiempo que aplicas el paso 4.

4. Relájate durante el proceso y sé tu mejor apoyo convirtiéndote en el mejor amigo que pudieras desear. Sé sincero contigo mismo al tiempo que te ofreces un amor y un apoyo incondicionales. «Caramba, eso ha sido muy difícil. Resiste.» Los mejores amigos saben que no pueden resolver el entuerto por nosotros. Pero nos acompañan mientras nos encargamos de ello.

5. Aprende. Todo aquel que entrena a un atleta profesional analiza cada una de sus ejecuciones. Y no solo estudia qué ha ido mal, sino también lo que ha ido bien. Del mismo modo, una vez que hayas superado el dolor del fracaso, intenta sacar algo útil de la experiencia. No te olvides de identificar las cosas que has hecho bien. Fíjate en lo que ha funcionado y en lo que no. Sé tu propio *coach*, para aprender de la experiencia y seguir adelante.

6. Vuelve a lo que importa. El fracaso y los tropiezos duelen siempre, pero levantarnos y volverlo a intentar puede seguir siendo congruente con nuestros valores. Cuando el dolor del fracaso persiste, puede ser difícil incluso pensar en volver a intentarlo. Lo que queremos es huir y escondernos. Reconectar con nuestros valores y con el motivo por el que

hacemos lo que sea que estemos haciendo nos ayudará a tomar una decisión basada en lo que más nos conviene y en la vida que queremos vivir, en lugar de decidir basándonos en el miedo. Dicho esto, no quiero trivializar lo abrumados que podemos llegar a estar por la emoción después de un fracaso, por lo que, si lo necesitas, tómate tu tiempo. Es importante que antes de volver a intentarlo hayas podido elaborar la experiencia y vuelvas a estar preparado.

7. En el capítulo sobre valores encontrarás más información (pág. 277), pero te adelanto que cuando estamos sumidos en la emoción, no siempre tenemos tiempo para sacar las tablas y comprobar qué está alineado con nuestros valores y qué no. En esos momentos basta con preguntarse: «Cuando mire hacia atrás, ¿de qué decisiones me sentiré orgulloso? ¿Qué acciones puedo tomar ahora y dar gracias por ello dentro de un año? ¿Cómo puedo aprender de esto y seguir adelante?».

Resumen del capítulo

- Gran parte de las inseguridades tienen que ver con la relación que mantenemos con el fracaso.
- Cómo respondan los demás a nuestro fracaso no dice nada de nuestra personalidad ni de nuestra valía como personas.
- El dolor del fracaso nos puede impulsar a anestesiar o bloquear la emoción. Por lo tanto, incluso si en un principio no detectamos la emoción, sí que podemos identificar las conductas de bloqueo.
- Sé tu propio *coach* y transforma el fracaso en una experiencia de aprendizaje mientras sigues avanzando en línea con lo que es más importante para ti.
- La respuesta emocional después de un fracaso puede ser abrumadora, así que tómate tu tiempo.

CAPÍTULO
21

Ser suficiente

El muro contra el que se topan la mayoría de las personas en el camino hacia la autoaceptación es la creencia errónea de que esta conduce a la holgazanería y a la autoindulgencia. Creen que aceptarse significa creer que uno está bien tal y como está, por lo que la motivación para mejorar, trabajar, lograr o cambiar desaparece. En realidad, las investigaciones han demostrado que las personas que aprenden a aceptarse y a tratarse a sí mismas con compasión tienden a temer menos al fracaso, a perseverar y a volverlo a intentar cuando fracasan y, por lo general, tienen más seguridad en sí mismas.[1]

La aceptación y la compasión que nos demostramos cuando nos aceptamos tal y como somos no implican que nos volvamos indiferentes al mundo que nos rodea ni que nos resignemos pasivamente a aceptar la derrota cuando las cosas se complican. En ocasiones, amarse incondicionalmente significa justo lo contrario. Puede significar que emprendemos el camino más difícil porque sabemos que es el que más nos conviene. Significa que nos negamos a patearnos y a machacarnos cuando estamos por los suelos o sumidos en la autocomplacencia, y que usamos hasta el último ápice de fuerza de que disponemos para volver a levantarnos después de caer.

La diferencia reside en que cuando nos esforzamos, lo hacemos desde un talante de amor y satisfacción, en lugar de hacerlo desde el miedo y la escasez.

Si no desarrollamos la autoaceptación, nos resignamos a una vida en la que quizás necesitemos la afirmación constante de los demás, una vida en la que quizás nos sintamos atrapados en trabajos que no nos gustan o en relaciones que nos perjudican y que nos llenan de resentimiento.

¿Cómo podemos empezar a desarrollar la autoaceptación?

Entenderse a uno mismo

Aunque parece sencillo, hay muchas personas que viven toda su vida sin pararse a pensar en sus patrones de conducta ni en cómo estos afectan a su forma de experimentar la vida. Para poder aceptarnos, antes tenemos que entender quién somos y quién queremos ser, algo que se consigue mediante la reflexión. Escribir diarios, hacer psicoterapia o hablar con amigos nos puede ayudar a reflexionar acerca de quiénes somos y de por qué hacemos lo que hacemos. La autoaceptación consiste en atender a nuestras necesidades y satisfacerlas. Si no prestamos atención, no siempre identificaremos las señales.

Es importante que, durante ese proceso, seamos conscientes de qué partes de nosotros nos hacen sentir orgullosos y de qué otras preferiríamos pasar por alto: lo que no nos gusta, lo que nos provoca ansiedad, lo que lamentamos o lo que queremos cambiar. Es crucial que si queremos aprender algo de ello, reflexionemos con la compasión de un observador acerca de esos aspectos más complicados de quiénes somos. Si reflexionar acerca de situaciones complicadas desencadena emociones intensas que nos impiden pensar con claridad, quizás sea útil buscar la ayuda de un terapeuta que nos ayude a procesarlo.

Definir la autoaceptación

Imagina que cierras el libro y empiezas a vivir tu vida desde la autoaceptación incondicional. ¿Cómo sería? ¿Qué harías de otra manera? ¿A qué dirías que sí? ¿A qué dirías que no? ¿En qué te esforzarías más? ¿Qué dejarías a un lado? ¿Cómo te hablarías? ¿Cómo hablarías a los demás?

Responde por escrito a estas preguntas con tanto detalle como te sea posible, porque así crearás una visión de los cambios conductuales en que se traduce para ti el concepto de autoaceptación. Tal y como sucede con la mayoría de los cambios, primero va la acción y luego, la emoción. Por lo tanto, vivir una vida significativa exige ponerla en práctica y mantenerla. Es una tarea que nunca se acaba. Nunca se llega al destino. Se trabaja día a día para vivir de un modo congruente con la autoaceptación incondicional.

Aceptarse completamente

Aunque conservamos durante toda la vida la identidad que desarrollamos, también experimentamos una amplia variedad de estados emocionales que están en constante movimiento y que cambian de un momento al siguiente. Adoptamos roles diferentes y desplegamos conductas distintas en cada situación, y muchas personas ven todos esos aspectos como distintas facetas de su identidad. En función de cuáles fueran nuestras experiencias tempranas y de cómo respondiera el mundo a nuestros estados emocionales, podemos acabar pensando que hay partes de nosotros menos aceptables que otras. Si, por ejemplo, la ira no se toleraba cuando éramos pequeños, es posible que ahora nos resulte mucho más complicado tratarnos con compasión y aceptación cuando estamos enojados. Eso lleva a que la autoaceptación dependa de cómo nos sentimos.

Prueba esto

Este ejercicio extraído de la terapia centrada en la compasión te ayudará a tomar conciencia de cómo respondes ante las distintas emociones y a practicar el distanciarte de ellas y responder con compasión.[2]

Reflexiona durante unos instantes acerca de un evento reciente que te haya suscitado varias emociones. Es buena idea comenzar por algo que no te genere demasiado malestar, para que la emoción no te abrume durante el ejercicio.

1. Escribe algunos pensamientos en relación con lo sucedido.
2. Escribe las distintas emociones que te haya suscitado, como ira, tristeza, ansiedad, etcétera.
3. Ahora, detente una a una en las emociones que hayas identificado y explora tus respuestas a las preguntas siguientes:
    *   ¿En qué parte del cuerpo percibes la emoción? ¿Cómo has sabido que la emoción estaba ahí?
    *   ¿Qué pensamientos van asociados a esa emoción? Si la emoción pudiera hablar, ¿qué diría?
    *   ¿Qué impulsos acompañan a esa emoción? Si la emoción hubiera podido decidir el resultado, ¿qué te habría hecho hacer? (Por ejemplo, la ansiedad podría haber querido que evitaras la situación, la ira hubiera podido hacer que quisieras gritar a alguien.)
    *   ¿Qué necesita esa parte de ti? ¿Qué ayudaría a esa emoción a calmarse y a bajar de intensidad?

Una vez que hayas respondido a estas preguntas para cada una de las emociones que hayas identificado, vuelve a responderlas, pero esta vez pensando en tu yo compasivo, en la parte de ti que se quiere mostrar amor incondicional y aceptación.

Cuando hagas eso con cada una de las emociones, date tiempo para desconectar de una antes de conectar con la siguiente (si había varias). Cada vez que lo haces, refuerzas la capacidad de calmar esas emociones y de examinarlas y entenderlas sin dejarte abrumar por ellas.

Puede ser un ejercicio útil para examinar emociones contradictorias, porque nos permite ver que incluso las emociones que nos parecían inaceptables son absolutamente normales. Cada una refleja una manera distinta de interpretar la situación, de modo que nos ofrecen conclusiones distintas acerca de qué dirección tomar a continuación. Invertir tiempo en reflexionar y obtener una visión panorámica de las experiencias emocionales nos puede ayudar a activar la compasión incluso en situaciones en las que nos han enseñado a ser duros con nosotros mismos.

DESPEDIR AL CRÍTICO INTERIOR

- ¿Cómo suena tu crítico interior? ¿Qué palabras usa?
- ¿En qué se centra?
- ¿Por qué tipo de cosas te critica? ¿Por tu aspecto, tu rendimiento, tu personalidad? ¿Te compara con los demás?
- Algunas formas de crítica son más dañinas que otras.
- En ocasiones, el crítico interior nos dice que somos inútiles cuando nos equivocamos.
- Sin embargo, en ocasiones va aún más lejos y hace que nos detestemos y nos despreciemos, lo que es aún más perjudicial y nos produce aún más vergüenza.

Prueba esto
Se trata de un ejercicio rápido que nos puede ayudar a distanciarnos del crítico interior y a verlo por lo que es.

Una vez que hayas reflexionado sobre todas las maneras en que te criticas a ti mismo, dedica unos instantes a imaginarte a ese crítico interior como una diminuta persona que está fuera de tu cabeza.

¿Qué aspecto tendría? ¿Qué expresión facial tendría y qué voz usaría para hablar contigo? ¿Qué emociones expresaría? ¿Qué sientes al tener a esa persona frente a ti? ¿Qué intención crees que tiene? ¿Intenta protegerte, aunque sea de una forma desacertada? ¿Querrías pasar tiempo junto a una persona así? ¿Puede una persona así ayudarte a ser feliz? Para terminar, ¿qué impacto tiene en ti pasar cada minuto de cada hora de cada día en compañía de ese crítico?

ENCONTRAR NUESTRO LADO COMPASIVO

Cuando el crítico interior ha sido nuestro íntimo compañero (aunque nada grato) durante casi toda la vida, es casi imposible decidir echarlo. Se trata de una acción repetida hasta la saciedad, lo que significa que las correspondientes vías neuronales son muy accesibles para el cerebro. Por lo tanto, esa voz se hará oír de vez en cuando. Lo que necesitamos es desarrollar una voz nueva, más sana y más útil, y entonces ejercitarla. De la misma manera que has dedicado tiempo a ver y a escuchar al crítico interior, invita ahora a tu lado compasivo para que se una a la fiesta. Esta parte quiere lo mejor para ti y es consciente del daño que causan los ataques del crítico interior. Es la parte de ti que quiere crecer y tener éxito, pero desde el amor, no desde la vergüenza.

Reflexiona unos instantes acerca de cómo podría sonar esa voz compasiva interior. Recuerda que no es lo mismo que el pensamiento positivo. Una persona compasiva es honesta y amable, te anima, te apoya y quiere lo mejor para ti. ¿Qué palabras usas cuando expresas compasión a los demás? ¿Qué palabras de compasión te han dirigido otros a ti? Recuerda alguna situación en la que alguien te tratara con compasión. ¿Cómo te miró? ¿Qué te dijo? ¿Cómo te sentiste? ¿Cómo sería poder acceder a esa voz en cualquier momento?

Prueba esto

Para reforzar tu lado compasivo, solo tenemos que ejercitarlo con regularidad. Prueba a escribirte una carta llena de compasión. Permítete escribir espontáneamente, tal y como escribirías a un buen amigo que lo estuviera pasando mal o que se estuviera esforzando por cambiar. ¿Cómo le transmitirías que estás ahí para él o ella y que esperas que se encuentre mejor pronto? No es necesario que nadie más lea la carta. El mismo proceso de activar tu lado compasivo y de reflexionar acerca de las distintas maneras en que puedes darle expresión te ayuda a reforzar ese músculo mental para que lo puedas utilizar cuando más lo necesites.

Si te cuesta conectar con la compasión por ti mismo, piensa en alguien a quien quieras incondicionalmente e imagina que le escribes, o usa las palabras que algún ser querido te haya dirigido a ti en el pasado.

Resumen del capítulo

- Existe la idea errónea de que aceptarse a uno mismo genera holgazanería, autoindulgencia y falta de motivación.
- En realidad, las investigaciones han demostrado que las personas que desarrollan la autoaceptación y aprenden a tratarse a sí mismas con compasión temen menos el fracaso y tienden a volver a intentarlo cuando fracasan.
- La autoaceptación no equivale a aceptar pasivamente la derrota.
- Con frecuencia, la autocompasión nos lleva a emprender el camino más difícil si es el que más nos conviene.

VI

Sobre el miedo

¡Quiero que la ansiedad desaparezca!

Tengo miedo a las alturas desde que puedo recordar, y mientras fui pequeña, las pude evitar casi siempre, pero cuando conocí al que ahora es mi marido, viajamos juntos a Italia. Fuimos a visitar la torre de Pisa y, mientras estábamos a los pies de esta, mirándola, alzó la mano y me enseñó dos entradas. Íbamos a subir hasta el último piso. Inspiré hondo y volví a mirar de reojo a la torre que, con una inclinación de 3.99 grados, parece estar peligrosamente cerca de derrumbarse.

Parecía que el corazón se me iba a salir del pecho y sentía náuseas, pero las entradas ya estaban compradas, así que arriba fui. Para subir a la cima de la torre de Pisa hay que ascender por una estrecha escalera de caracol en su interior. El suelo bajo los pies no es plano y, a medida que se asciende por la escalera, se tiene la sensación de que la torre empieza a caer. O al menos eso es lo que me parecía a mí. A mis espaldas tenía una larga fila de personas que subían también, así que seguí subiendo. Cuando se llega arriba, la inclinación es aún peor. Mientras todos se acercaban al barandal para admirar la vista, yo sentí la necesidad abrumadora de acercarme al suelo. Me alejé del borde tanto como pude y me senté en el suelo. Hice un intento no demasiado convincente de que pareciera que estaba sentada tranquilamente, para descansar, pero a esas alturas el miedo a la humillación se veía sobrepasado por el miedo a despeñarme y morir. Por supuesto, sentarme en el suelo no era ni más ni menos seguro que permanecer de pie. Pero en esos momentos no actuaba según la lógica. Mi cerebro enviaba potentes señales al resto del cuerpo para ordenarle que se sentara. Matthew me tomó una foto en la que se me ve agazapada en el suelo y ahora tenemos un recuerdo divertido. Pero ¿qué estaba sucediendo en ese momento? ¿Por qué sentía la necesidad de sentarme en el suelo?

La fobia que había aprendido en mi primera infancia hizo que mi cuerpo reaccionara en cuanto vi las entradas y me imaginé subiendo hasta la cúspide de la torre. Mi corazón se aceleró, mi respiración se volvió rápida y superficial y me empezaron a sudar las manos. Que el edificio estuviera inclinado no hizo más que alimentar mis predicciones de que caería y moriría en cualquier momento. El sistema de alarma del cerebro, que en ese momento profería alaridos y me instaba a ponerme a salvo, se parece más a una alarma antiincendios. No tiene tiempo para procesar toda la información. Su trabajo consiste en detectar el peligro y avisar. Recibe la información que envían las señales de malestar del cuerpo y las suma a los recuerdos de otras veces en que me he sentido así. Las alarmas antiincendios se disparan cuando hay un incendio, pero también cuando a alguien se le quema un pan. El impulso de sentarme en el suelo fue una sugerencia del cerebro que mi cuerpo se tomó muy en serio (para diversión del resto de las personas que estaban en la torre). El miedo era abrumador, así que hice lo primero que se me ocurrió para sentirme a salvo. Quería que el miedo desapareciera.

La necesidad imperiosa de ponerme a salvo no fue un fallo del sistema, sino la acción del cerebro haciendo todo lo posible para garantizar mi seguridad. Sin embargo, aquí lo importante es que lo que hice no me hizo estar más segura: solo hizo que me «sintiera» más segura.

Una de las preguntas que me hacen con más frecuencia es cómo se consigue que desaparezca la ansiedad. Es una pregunta lógica.

La ansiedad es incómoda en el mejor de los casos e incapacitante en el peor. Además, cuando estamos ansiosos, el cuerpo trabaja a toda máquina, por lo que también es agotadora. Nadie quiere vivir con ansiedad a diario.

A continuación te explicaré qué hice mal en la torre de Pisa y por qué no me ayudó en absoluto a resolver mi miedo a las alturas. Evité el miedo tanto como pude, me acerqué al suelo, evité mirar las vistas e incluso cerré los ojos en cuanto tuve ocasión. Me intenté convencer a mí misma de que no estaba en las alturas y salí de la torre antes de que el miedo hubiera salido de mí. Cuando volví a sentir el reconfortante césped de la plaza de los Milagros bajo los pies, me inundó una oleada de alivio y el cuerpo se relajó de inmediato. El cerebro exclamó: «¡Buf! Eso ha sido muy peligroso. ¡Será mejor que nunca más lo hagamos!». Hice todo lo que pude para que el miedo desapareciera lo antes posible. Sin embargo, todo aquello que nos proporciona alivio inmediato acostumbra a mantenernos atorados a largo plazo.

Si hubiera sabido entonces lo que sé ahora y hubiera podido abordar mi miedo a las alturas en ese viaje, hubiera hecho esto otro. Habría subido a lo más alto de la torre y hubiera mirado abajo y admirado las vistas. Las emociones habrían sido las mismas, pero esta vez habría tolerado la presencia del miedo y no habría intentado evitarlo. Habría respondido recuperando el control de la respiración y me habría centrado en respirar poco a poco. Me habría recordado a mí misma que el cuerpo y el cerebro estaban respondiendo así porque tengo recuerdos de haberme sentido en peligro en lugares altos cuando era una niña. Me habría recordado repetidamente que, en realidad, estaba a salvo. Habría centrado la atención en por qué estaba allí y habría seguido respirando con lentitud durante tanto tiempo como hubiera sido necesario para que el cuerpo acabara agotado. Cuando el miedo hubiera empezado a remitir y el cuerpo a calmarse, habría emprendido el recorrido de bajada. No antes. Entonces, hubiera repetido el patrón durante tantos días seguidos como hubiera podido, sabiendo que, con el tiempo, el cuerpo se habituaría a la situación y la intensidad de la respuesta del miedo se iría reduciendo gradualmente.

El miedo forma parte de nuestra respuesta de supervivencia. Se supone que ha de ser muy incómodo y que el impulso de escapar y de evitar la temida situación ha de ser muy potente. Si nos encontramos en una situación de vida o muerte, este sistema es increíblemente efectivo a la hora de mantenernos en este mundo. Cuando ponemos un pie en la carretera y oímos el claxon de un automóvil demasiado cerca, saltamos hacia atrás y hacia la seguridad de la banqueta a una velocidad mayor de la que jamás hubiéramos creído posible. Entonces sentimos cómo la adrenalina nos recorre el cuerpo. Eso es la respuesta del miedo funcionando a la perfección. Lo que sucede es que cuando un sistema funciona a semejante velocidad, no tiene tiempo de distinguir entre las señales de peligro válidas y las que quizás no sean tan fiables. Percibe y actúa. Sobrevivimos. «Gracias, cerebro.»

Los impulsos son igual de potentes en otras situaciones en las que nuestra vida no corre peligro. Nos piden que hablemos en una reunión y el corazón nos empieza a latir con tanta fuerza que se nos sale del pecho. Es posible que el corazón solo quiera preparar al cuerpo, para que esté alerta y preparado para actuar. Sin embargo, si lo interpretamos como miedo, nos excusamos y abandonamos la sala, y entonces evitamos esas reuniones en el futuro, nunca viviremos la experiencia de hablar en público y de que vaya bien.

Las cosas que alivian el miedo de inmediato tienden a alimentarlo a largo plazo. Cada vez que decimos que no a algo porque nos da miedo, confirmamos que no es seguro o que no podemos hacerlo. Cada vez que eliminamos algo de nuestra vida porque nos da miedo, la vida se encoge ligeramente. Es decir, nuestros esfuerzos por librarnos hoy del miedo pueden hacer que este acabe tomando las riendas de las decisiones que tomamos a largo plazo.

Nuestros intentos de controlar el miedo y eliminarlo se convierten en el verdadero problema que dicta todas nuestras decisiones. El miedo está a la vuelta de cada esquina, en todas las situaciones nuevas a las que nos enfrentamos, en toda labor creativa y en toda experiencia de aprendizaje. Si no estamos dispuestos a sentirlo, ¿qué nos queda?

Resumen del capítulo

- Es lógico que queramos que la ansiedad desaparezca. Es muy incómoda, porque ha de serlo.
- Para combatir el miedo, tenemos que estar dispuestos a enfrentarnos a él.
- La huida y la evitación nos ofrecen alivio a corto plazo, pero alimentan la ansiedad a largo plazo.
- Los intentos de controlar el miedo y de eliminarlo se convierten en el verdadero problema que dicta todas nuestras decisiones.
- La respuesta ante la amenaza ha de ser muy rápida, así que la alarma se suele disparar antes de que hayamos podido reflexionar sobre la situación.

CAPÍTULO
23

Cosas que intensifican la ansiedad

La evitación es la respuesta más humana y natural ante lo que nos produce ansiedad. Sabemos que si nos mantenemos alejados, nos sentiremos seguros, de momento. Sin embargo, la evitación no solo mantiene la ansiedad, sino que la intensifica con el tiempo.

El cerebro aprende como un científico. Cada vez que tiene una experiencia, ya sea positiva o negativa, la registra como una prueba que confirma sus creencias. Si evitamos lo que tememos, nos negamos la oportunidad de acumular pruebas que le demuestren al cerebro que lo podemos afrontar y sobrevivir. No basta con decirle al cerebro que algo es seguro. Lo tenemos que experimentar.

Y como el cerebro se resiste a los intentos de convencerlo, hay que repetir la conducta una y otra vez. Tantas veces como sea necesario. Todo lo que hacemos con frecuencia pasa a formar parte de nuestra zona de confort. Por lo tanto, si queremos que algo nos genere menos ansiedad, tenemos que practicarlo tantas veces como nos sea posible. Usa habilidades que te ayuden a tolerar la ansiedad e irá remitiendo poco a poco.

Cuando aprendemos a enfrentarnos a lo que nos da miedo, nos hacemos más fuertes. Y cuando lo hacemos un día y otro y otro, con el tiempo acabamos sintiendo que hemos crecido. Imagina cómo sería tu vida dentro de cinco años si, a partir de ahora, tomaras todas las decisiones basándote en la vida que quieres vivir, en lugar de basarlas en el miedo.

Son muchas las maneras en que evitamos el malestar que nos produce el miedo. Si acudir a un evento social nos provoca ansiedad, quizás no asistamos. O quizás sí, pero bebemos demasiado antes de llegar. Es posible que el alcohol alivie la ansiedad, por lo que cuando tengamos otro evento al que acudir, quizás volvamos a recurrir al alcohol. Todas estas conductas de seguridad alivian la ansiedad en el momento, pero ninguna de ellas nos ayuda a tener menos miedo en el futuro. De hecho, hacen justo lo contrario. Alimentan la ansiedad respecto al futuro y acabamos dependiendo de ellas, lo que nos complica la vida cada vez más.

A continuación encontrarás una lista con algunas de las conductas de seguridad más habituales que, a pesar de aliviar la ansiedad en el momento, nos dejan atorados a largo plazo.

Huida. Tanto si se trata de una situación social, del supermercado o de un espacio cerrado, cuando la ansiedad nos asalta, sentimos la necesidad imperiosa de salir de allí lo antes posible.

Evitación. Cuando rechazamos una invitación porque queremos evitar una situación social o decidimos hacer las compras por internet para evitar la ansiedad que sentimos en el supermercado, sentimos la recompensa del alivio inmediato. «Uf. Hoy ya no me tengo que enfrentar a esa sensación.» Sin embargo, cuanto más evitamos algo, más intenso se vuelve el miedo que le tenemos. Entonces llega el día en que tenemos que afrontarlo y nos sentimos incapaces.

Estrategias de compensación. Pueden aparecer después de un episodio de ansiedad intensa. Por ejemplo, alguien con miedo a contagiarse o a enfermar puede lavarse las manos excesivamente después de haber estado en un hospital.

Anticipación. También conocida como sensibilización, sucede cuando ensayamos y anticipamos el peor de los escenarios que puede ocurrir en la situación que tememos. Creemos que nos ayuda, porque estar preparados nos ayudará a superar la situación, pero puede llevar a la hipervigilancia y a la preocupación excesiva sin ninguna planificación constructiva, lo que lleva a un aumento de la ansiedad.

Búsqueda de seguridad. Es posible que, en momentos de ansiedad y de duda, le pidamos a un ser querido que nos tranquilice y nos asegure que todo irá bien. Ver sufrir a alguien a quien queremos es muy duro, por lo que, con frecuencia, nuestros seres queridos están más que dispuestos a ofrecernos esa seguridad. Sin embargo, con el tiempo, ese alivio instantáneo se puede volver adictivo y acabamos dependiendo de la otra persona. Necesitaremos que nos tranquilice casi constantemente, o nos sentiremos incapaces de salir de casa sin que nos acompañe, lo que puede someter a la relación a un estrés considerable.

Conductas de seguridad. Si no confiamos en nuestra capacidad para afrontar la ansiedad si aparece, también podemos acabar dependiendo de cosas que asociamos a la sensación de seguridad. Por ejemplo, quizás nos sintamos incapaces de salir de casa sin medicamentos «por si acaso» o llevemos el celular siempre con nosotros porque mirarlo nos ayuda a evitar tener que conversar en situaciones sociales.

Resumen del capítulo

- La evitación es la respuesta más natural y humana ante lo que nos produce ansiedad.
- Sin embargo, la evitación mantiene la ansiedad.
- No basta con decirle al cerebro que algo es seguro. Para creerlo de verdad, necesitamos experimentarlo.
- El cerebro se resiste a cambiar de opinión, por lo que tenemos que repetir la conducta una y otra vez.
- Todo lo que hacemos con frecuencia acaba formando parte de nuestra zona de confort.
- Si queremos que algo nos provoque menos ansiedad, tenemos que repetirlo tantas veces como nos sea posible.

Cómo calmar la ansiedad al instante

Si tienes problemas de ansiedad, es posible que esperes que te dé un consejo que puedas usar ahora mismo. Algo que sea fácil de aprender y que ofrezca resultados instantáneos. Muchas personas esperan lo mismo cuando acuden a terapia. Por eso, siempre les enseño esta primera habilidad lo antes posible. Es muy sencilla, reduce la intensidad de la ansiedad en cuestión de minutos y, como mínimo, impedirá que la ansiedad se agudice y se transforme en pánico.

Cuando aparece la ansiedad, la respiración se acelera. Es la manera en que el cuerpo adquiere más oxígeno para impulsar la respuesta de supervivencia.

Nos falta la respiración, así que intentamos respirar con inspiraciones rápidas y superficiales, y acabamos con un exceso de oxígeno en el organismo. Si ralentizas la respiración, calmarás el cuerpo, lo que a su vez calmará la respiración. Y no solo eso: si prolongamos la espiración de modo que sea más larga o vigorosa que la inspiración, la frecuencia cardiaca también bajará. Y cuando el corazón se frena, la ansiedad hace lo mismo.

Hay personas a quienes les funciona contar durante la espiración prolongada y, por ejemplo, cuentan hasta siete durante la inspiración y hasta once durante la espiración. Usa la combinación numérica que se adapte mejor a tu capacidad pulmonar.

Dedicar tiempo a practicar las técnicas de respiración lenta es una inversión magnífica, porque es una herramienta de gestión de la ansiedad que funciona al instante. Lo podemos hacer en cualquier momento y lugar sin que nadie se dé cuenta de lo que estamos haciendo. Una de mis técnicas preferidas es la respiración cuadrada. Sigue los pasos siguientes.

Caja de herramientas: Respiración cuadrada
Paso 1. Centra la mirada en algo cuadrado que tengas cerca: una ventana, una puerta, un marco o la pantalla de la computadora.
Paso 2. Centra la mirada en la esquina inferior izquierda y, mientras inspiras, cuenta hasta cuatro y asciende con la mirada hasta la esquina superior izquierda.
Paso 3. Retén la respiración durante cuatro segundos mientras recorres con la mirada el lado superior hasta la esquina superior derecha.
Paso 4. Mientras espiras, recorre con la mirada el borde hacia la esquina inferior derecha mientras cuentas hasta cuatro otra vez.
Paso 5. Retén la respiración durante cuatro segundos mientras vuelves con la mirada a la esquina inferior izquierda. Repite el ciclo.

Así que inspira durante cuatro segundos, retén la respiración durante cuatro segundos, espira durante cuatro segundos y retén la respiración durante cuatro segundos. Mantener la mirada en algo cuadrado te puede servir de guía y, además, te ayudará a mantener la atención en la respiración y evitará que te distraigas demasiado pronto. Si lo pruebas durante unos minutos y te da la sensación de que no funciona, sigue. El cuerpo necesita tiempo para responder.

Otro consejo útil es que practiques esta respiración a diario, en momentos en que no sientas ansiedad. Cuando practicamos mucho una conducta, acceder a ella cuando el miedo nos abruma resulta mucho más fácil.

Movimiento

El ejercicio físico es otra herramienta que ofrece resultados casi instantáneos y que apenas necesita práctica para ser eficaz. Cuando se activa la respuesta de ansiedad, los músculos se llenan de oxígeno y de adrenalina, preparándose así para moverse con rapidez. Si no nos movemos y no quemamos ese combustible, el cuerpo es como un cohete con los motores a plena potencia, pero sin ningún lugar a donde ir. Es entonces cuando hacen su aparición los temblores, los escalofríos, la sudoración y la necesidad de dar vueltas por la casa.

El ejercicio físico es una de las mejores herramientas para gestionar la ansiedad porque sigue el curso natural de la respuesta ante las amenazas. El cuerpo se ha preparado para pasar a la acción y, si se lo permitimos, consumirá la energía y las hormonas de estrés que ha producido y recuperará el equilibrio.

Si has tenido un día estresante, sal a correr o dedica media hora a batallar intensamente con un saco de boxeo. El movimiento eliminará el estrés físico del organismo, por lo que cuando te sientes a descansar, te resultará mucho más fácil tranquilizarte y conciliar el sueño, y la recuperación será más profunda.

Permíteme que añada que el ejercicio físico es también una herramienta preventiva muy potente, así que trata de hacer ejercicio cada día, aunque no sientas ansiedad. Así tendrás más probabilidades de que mañana sea también un buen día. Tu salud mental te estará eternamente agradecida.

Resumen del capítulo

- La ansiedad hace que la respiración se vuelva rápida y superficial.
- Para calmar el cuerpo, respira lenta y profundamente.

- Intenta que la espiración sea más prolongada y vigorosa que la inspiración.
- Persevera y la respuesta de ansiedad empezará a disminuir.

25

Qué hacer con los pensamientos ansiógenos

Como a tantos otros niños y niñas británicos a principios de la década de 1990, los viernes me dejaban quedarme despierta hasta un poco más tarde para ver *Casualty*, una serie de televisión sobre el servicio de urgencias de un hospital. Este episodio concreto (el único que recuerdo ahora) trataba de un hombre que vivía en el sexto piso de un edificio. Ocurría un incendio unos pisos más abajo y él quedaba atrapado en el edificio. Poco después estaba tendida en la cama, dándole vueltas a la cabeza: «¿Y si se incendia mi casa? ¿Y si hay un incendio ahora? ¿Cómo lo sabría? ¿Y si no me despierto a tiempo? Quizás sea mejor que no me duerma. Quizás tendría que abrir la puerta de la recámara y ver el piso de abajo». Estaba ahí, con los ojos muy abiertos, imaginando distintas situaciones. Me veía despertando a mi hermana pequeña, que dormía en la misma recámara que yo, abriendo la puerta e inhalando una nube de humo, corriendo a las ventanas para abrirlas y pidiendo auxilio. Muy pronto, el cálido resplandor que entraba por el panel de cristal sobre la puerta de la recámara fue adquiriendo tintes cada vez más anaranjados, como los del fuego. Permanecí inmóvil y en silencio, incapaz de moverme, atenta a los posibles chasquidos del fuego y esperando oler a humo.

Esa noche no solo estuve convencida de que en cualquier momento podía estallar un incendio en mi casa, sino que vi cómo sucedía una y otra vez en mi cabeza. Me creí todas las situaciones que ideé como si estuvieran pasando de verdad y las reproduje en bucle mentalmente, como si fueran una película.

Cuando nos asalta un pensamiento que nos preocupa, es como cuando pasamos junto a un accidente de tráfico: es imposible no mirar. Los pensamientos que denotan peligro exigen nuestra atención, y con razón. El cerebro nos cuenta una historia de lo que podría suceder y si cabe la menor probabilidad de que suceda lo peor de lo peor, más vale que estemos preparados.

Tal y como he explicado en un capítulo anterior, el cerebro actúa de un modo similar a las alarmas antiincendios. La alarma se activa cada vez que percibimos una amenaza en el entorno y le indica al cuerpo que se ponga en modo supervivencia. Es lo que conocemos como respuesta de lucha o huida. El cuerpo se prepara o bien para enfrentarse a la amenaza o bien para huir a mayor velocidad de la que jamás hubiéramos creído posible.

Las alarmas antiincendios están diseñadas para activarse en cuanto detectan humo. Son necesarias para la supervivencia. La ansiedad, como las alarmas de humo, también se puede disparar incluso cuando no hay peligro alguno. Pero cuando se nos quema un pan y se dispara la alarma antiincendios, no arrancamos la alarma. Si entendemos por qué está ahí y cómo funciona, podemos empezar a trabajar con ella, hacer ajustes, abrir una ventana... Ya ves por dónde voy. No podemos eliminar nuestra respuesta de supervivencia, y tampoco sería conveniente que lo hiciéramos. Lo que sí podemos hacer es aprender qué la exacerba y hacer los ajustes necesarios para poder detectar las falsas alarmas y actuar en consecuencia.

Tomar distancia

Los pensamientos no son hechos objetivos. Son suposiciones, historias, recuerdos, ideas y teorías. Son un constructo que el cerebro nos ofrece como posible explicación de las sensaciones que experimentamos en este mismo momento. Sabemos que no son hechos objetivos, porque están muy influidos por nuestro estado físico (hormonas, presión arterial, frecuencia cardiaca, digestión, nivel de hidratación..., por nombrar solo algunos factores), por los sentidos y por los recuerdos de experiencias pasadas.

¿Qué tiene que ver todo eso con los pensamientos ansiógenos que nos asaltan de repente? Pues que confirma que el poder de ese pensamiento concreto, como el de cualquier otro, dependerá de en qué medida nos lo creamos. De en qué medida creamos que ese pensamiento es un reflejo veraz de la realidad. La mejor manera de acabar con el poder que los pensamientos ejercen sobre nuestro estado emocional es distanciarnos de ellos. Claro que, ¿cómo podemos distanciarnos de algo que tenemos en la cabeza?

Hay varias maneras de tomar distancia de los pensamientos. El mindfulness es una habilidad fantástica que nos permite identificar los pensamientos y dejarlos pasar sin quedar atrapados en ellos. También es útil conocer los distintos sesgos cognitivos que se suelen activar cuando sentimos ansiedad. Una de las maneras de distanciarnos del pensamiento es identificarlo por lo que es (una suposición sesgada) y etiquetarlo como tal. Entonces, la mente puede ver que no es más que una de varias posturas posibles y nos encontramos en mejor disposición de considerar las alternativas.

El lenguaje es otra de las herramientas que podemos usar para distanciarnos de los pensamientos y bajar la intensidad de la emoción. En lugar de pensar que «voy a hacer el ridículo con este discurso», podemos decir: «Tengo pensamientos acerca de hacer el ridículo. Y veo que esos pensamientos me están provocando ansiedad». Sé que pensar o hablar de esta manera puede parecer raro al principio, pero nos ayuda a distanciarnos de los pensamientos y a verlos como una experiencia, no como quienes somos.

Otra manera de distanciarnos de los pensamientos ansiógenos, mi preferida, es escribirlos. Esta estrategia no solo sirve para los pensamientos ansiógenos. Siempre que quieras dar un paso atrás y adoptar una perspectiva nueva respecto a tu estado emocional o a tu situación, pon por escrito todo lo que pienses o sientas. Ver lo que has escrito en esa hoja puede ser una manera muy potente de procesar y entender la experiencia desde la distancia.

IDENTIFICAR LOS PENSAMIENTOS SESGADOS QUE HACEN QUE NOS SINTAMOS PEOR

Estos son algunos de los pensamientos sesgados que ocurren habitualmente cuando estamos ansiosos.

Catastrofismo

El catastrofismo catapulta a la mente a la peor situación posible y nos la presenta como una predicción de lo que podría estar a punto de suceder. Es como una película de terror exclusiva para ti que la mente reproduce en bucle. Es una predicción posible entre varias alternativas, pero cuando la reproducimos mentalmente una y otra vez y la aceptamos como algo absolutamente cierto, la ansiedad se dispara.

En un capítulo anterior he mencionado que mi miedo a las alturas se intensificó las primeras veces que intenté enfrentarme a él. Cuando estaba en la cúspide de la torre de Pisa, los pensamientos catastróficos que vaticinaban mi caída libre hasta el suelo se repetían sin cesar. Solo eran uno de los varios finales posibles de la historia, que en realidad acabó así: bajé la escalera y seguí con mis vacaciones.

Personalización

La personalización consiste en centrar en nosotros información limitada o ambigua sobre el mundo. Por ejemplo, un día voy caminando por la calle y veo a una amiga en la otra banqueta. La llamo y la saludo con la mano, pero no me devuelve el saludo. Los pensamientos personalizadores me asaltan al instante y me dicen que está enojada conmigo. Seguro que he dicho algo que la ha molestado. Quizás todas mis amigas han estado hablando de mí a mis espaldas y resulta que ahora no me queda ninguna.

Hay miles de explicaciones alternativas a la historia que mi mente ha elegido para explicar por qué mi amiga no me ha saludado. Quizás no me haya oído. Quizás suele llevar lentes de contacto y hoy los olvidó en casa. Quizás se acaba de pelear con su pareja y no quiere hablar con nadie por miedo a ponerse a llorar en plena calle. Quizás estaba soñando despierta. La lista sigue y sigue. El sesgo de personalización exige nuestra atención porque se centra en una amenaza. Si de repente les caigo mal a mis amigas, tengo que hacer algo al respecto.

Filtro mental

El filtro mental es la tendencia a aferrarnos a toda la información que hace que nos sintamos peor y a pasar por alto toda la información que nos podría ayudar a sentirnos de otra manera. Por ejemplo, imagina que has subido algo en las redes sociales y tienes cincuenta comentarios. De ellos, cuarenta y nueve son positivos y alentadores. Uno es negativo y apunta directamente a algo acerca de lo que ya sientes cierta inseguridad. El filtro mental te llevará a centrarte únicamente en el pensamiento negativo y a hacer caso omiso de los otros cuarenta y nueve. El filtro mental estaba haciendo de las suyas cuando me centré en el hecho de que la torre de Pisa está inclinada, pero pasé por alto que hace siglos que está así y que hay un equipo de profesionales que controlan constantemente que sea segura.

Es natural que el cerebro se quiera centrar en la información amenazante, porque su trabajo es mantenernos a salvo. Si ya estamos estresados o ansiosos, el cerebro actuará así todavía más. El cuerpo le envía información de que las cosas no van bien y empieza a escanear el entorno (y nuestros recuerdos) para encontrar posibles explicaciones. Y es ahí cuando el filtro mental entra en acción. El cerebro está decidido a explicar los síntomas de ansiedad. Pero si nos damos cuenta de que el filtro mental ha hecho acto de presencia y de que nos estamos fijando en una información muy concreta, podemos decidir tener en cuenta el resto de la información disponible.

Sobregeneralización

La sobregeneralización consiste en usar una sola experiencia y hacerla aplicable a todas. Por ejemplo, si acudimos a una entrevista de trabajo y nos descartan, algunos pensamientos indicativos de sobregeneralización podrían ser: «Total, nunca voy a encontrar trabajo, no vale la pena seguir buscando». O después de una ruptura: «Me ha ido mal en todas las relaciones, así que se ha acabado lo de tener pareja». La sobregeneralización intensifica la ansiedad por dos motivos: por un lado, porque convierte un problema específico en un problema más grande que afecta a toda la vida. Por el otro, porque con frecuencia nos lleva a evitar la situación en el futuro, lo que alimenta la ansiedad y hace que cada vez nos sea más difícil enfrentarnos a ella.

Etiquetado

El etiquetado es un sesgo parecido a la sobregeneralización, pero consiste en usar una situación o un periodo de tiempo para emitir juicios globales acerca de quiénes somos como persona.

Si pasamos por un periodo de ansiedad en un momento dado y, a partir de entonces, nos etiquetamos como una persona ansiosa, empezaremos a formar un concepto de nosotros mismos y de nuestra identidad que, a su vez, afectará a cómo esperamos sentirnos y comportarnos en el futuro. Cada emoción, conducta y periodo de nuestras vidas es temporal y no es necesariamente un reflejo de quienes somos siempre.

Por lo tanto, si te das cuenta de que te estás etiquetando como un tipo de persona concreto, no lo dejes pasar, porque la etiqueta influirá en las emociones que tu cerebro construya en el futuro. Si aceptas las características de cada experiencia como algo temporal, te será más fácil distanciarte de esas experiencias a medida que se te presenten. Es mucho más difícil cambiar una identidad de persona ansiosa que reducir la ansiedad.

COMPROBAR LOS HECHOS

Como el poder del pensamiento depende de en qué medida creamos que es un reflejo veraz de la realidad, «cuestionar los pensamientos» puede ser un proceso muy útil. Si un pensamiento te causa malestar, vale la pena que determines si se trata de información falsa o de algo por lo que vale la pena pasarla mal. El proceso de cuestionar los pensamientos es muy sencillo. Las primeras veces es más fácil hacerlo una vez superada la situación. Si detectas pensamientos ansiógenos, sigue estos pasos para cuestionarlos:

1. Pon por escrito el pensamiento ansiógeno.
2. Traza una línea vertical en el centro de la página, bajo el pensamiento, para que queden dos columnas. Como si fueras un abogado que recoge toda la información, apunta en la columna de la izquierda todas las pruebas de que el pensamiento es cierto. Solo puedes incluir pruebas que serían admisibles en un tribunal.
3. En la columna de la derecha, apunta todas las pruebas que indican que el pensamiento no es un hecho objetivo.

4. Si el ejercicio revela que el pensamiento ansiógeno tiene menos base real de la que creías al principio, es un buen momento de plantearte formas alternativas de entender la situación.

Se trata de un ejercicio muy sencillo, pero puede ser muy útil porque ayuda a empezar a desmontar la certeza con que abordamos el pensamiento al principio y nos abre a la posibilidad de tener en cuenta interpretaciones alternativas.

Sin embargo, si el ejercicio solo consigue generar una discusión interna acerca de lo cierto o no que es el pensamiento, deja de ser útil. Si te sucede algo así, deja de cuestionar el pensamiento y opta por otra de las técnicas que te ayudarán a tomar distancia.

FOCO DE ATENCIÓN

Fin de año de 2010. Me pongo un overol y le subo el cierre delantero con los ojos cerrados. Respiro hondo, como si fuera la última vez que voy a hacerlo. Estoy mareada. Me seco el sudor de las manos en el overol. Abro los ojos y veo a Matthew sonriendo de oreja a oreja frente a mí.

—¿Preparada? —Sonríe tanto que parece como si tuviera un gancho en la boca.

No le devuelvo la sonrisa.

—Pues no.

Vuelvo a respirar hondo y se me suben los hombros. Permanecen arriba, tensos, mientras espiro por los labios fruncidos. «¿Cómo diantres accedí a esto?» Avanzamos hacia la puerta que lleva a la parte inferior del puente del puerto de Sídney. Empiezo a asentir y a decirme que puedo hacerlo. Salimos a una estrecha plataforma de entramado metálico que me permite ver la distancia que me separa del suelo. Se me escapa una andanada de maldiciones y me aferro a las barras laterales. Quiero llorar. Matt me pregunta si estoy bien y me dice que siga avanzando. Sus palabras son como una mecha y prenden la hoguera. Casi le arranco la cabeza.

—¡Estoy avanzando! ¿Cómo car*jo se te ha ocurrido esto? ¡Lo odio!

Entonces me doy cuenta de que sigo en la parte inferior del puente y de que la cosa solo puede ir peor. Cuando empezamos a ascender los escalones hacia la parte superior del puente, las piernas me tiemblan tanto que me duelen. Soy vagamente consciente de que emito ruiditos suaves que están a medio camino entre sollozos y gemidos. Sé que no hay vuelta atrás, así que sigo poniendo un pie frente al otro. Cuando llegamos arriba, a 134 metros de altura, el guía se detiene y se da media vuelta.

—¿Por qué se para? ¿Por qué se para? —Más maldiciones a media voz.

Dice no sé qué acerca de las vistas, pero no me interesa lo más mínimo. Entonces nos pide a todos que demos media vuelta y que miremos lo que tenemos a nuestras espaldas. No quiero soltar las manos del barandal al que me he estado aferrando, así que giro tanto como puedo sin soltarme.

Y entonces veo a Matt, arrodillado, ofreciéndome una cajita con un anillo.

Las lágrimas ya estaban preparadas, así que empiezan a caer. Consigo soltar las barras durante una milésima de segundo, lo justo para darme media vuelta y volverme a agarrar.

Mis manos permanecen aferradas al barandal durante todo el maravilloso acontecimiento.

El grupo aplaude y empieza a avanzar para cruzar el puente y bajar por el otro lado. Nos detenemos a hablar unos instantes. Le pregunto cómo se las ha ingeniado para organizar algo semejante. Me lo explica mientras cruzamos el puente y bajamos por la escalera del otro lado. No paro de sonreír, de reír y de sacudir la cabeza. Me explica que los familiares a los que hemos venido a ver a Sídney y los que han venido con nosotros lo están observando todo desde un restaurante frente a los escalones por los que estamos bajando. Miro y los veo saludar. Les devuelvo el saludo con una mano y les enseño el anillo que llevo en la otra.

Entonces me doy cuenta de que no estoy agarrada a nada. De hecho, no me he agarrado a nada en toda la bajada.

El cerebro recibe y procesa muchísima información cada segundo de cada día. Sin embargo, el mundo que nos rodea nos ofrece cantidades infinitas de datos. Si el cerebro tuviera que procesarlo todo, no podríamos funcionar, así que decide en qué fijarse. La atención es como un foco que podemos controlar. Lo que no podemos controlar es qué actores salen a escena, cuánto tiempo permanecen allí, qué dicen o cuándo se irán. Sin embargo, sí que podemos dirigir el foco a uno o dos de ellos a la vez. Si ponemos el foco en los pensamientos ansiógenos que nos narran las peores situaciones posibles y nos muestran imágenes en las que nos vemos incapaces de afrontar la situación, les damos la oportunidad de decirle al cerebro que las cosas no van bien. Si dirigimos el foco de atención a otros pensamientos que nos explican una historia distinta, estos influirán de otra manera en el cuerpo. Es posible que los pensamientos ansiógenos permanezcan sobre el escenario mientras enfocamos a los otros y que sigan ahí, esperando a que volvamos a enfocarlos. Pero si no lo hacemos, el poder que ejercen en nuestro estado emocional será mucho menor.

La historia de cómo Matt me pidió que me casara con él es un ejemplo bastante extremo, pero no puedo evitar recordarlo siempre que hablo del poder del foco atencional. Durante el ascenso me centré en todas las maneras en que podía tropezar y morir. Durante la bajada estuve centrada en vivir.

Huelga decir que no podemos depender de peticiones de mano por sorpresa para desviar la atención de los pensamientos catastróficos que nos agobian a diario. Sin embargo, ejercitar el poder de dirigir el foco atencional hacia donde nos interesa es una herramienta muy potente. No es lo mismo que bloquear los pensamientos. En cuanto intentamos eliminar un pensamiento de la mente y hacerlo desaparecer por completo, el pensamiento comienza a aparecer con más frecuencia que nunca. Así es como nos quedamos atrapados en bucles de pensamientos intrusivos. Si no estamos dispuestos a tenerlos, los tendremos. Cuando pensamos en todos los motivos por los que queremos evitar esos pensamientos ansiógenos, enfocamos la atención en ellos. Cuando decidimos mover el foco para prestar atención a otros pensamientos, es muy posible que los pensamientos ansiógenos sigan ahí, pero dejan de ser los protagonistas de la historia.

Cuando surgen los pensamientos ansiógenos y los enfocamos y empezamos a rumiar sobre el evento futuro que nos asusta, el cuerpo reacciona. Y no solo eso, sino que cada vez que reproducimos la situación catastrófica mentalmente y cada vez que nos vemos incapaces de afrontar algo horroroso que nos ha sucedido, creamos una experiencia que el cerebro usa para ayudarnos a construir los conceptos y las plantillas que aplicamos para entender el mundo. Cuanto más los repitamos, más fácil le será al cerebro reproducirlos.

Lo que decidamos enfocar con la atención nos ayuda a construir nuestra experiencia. Por lo tanto, aprender a controlar el foco atencional es una buenísima inversión en la experiencia emocional del mundo que tendremos en el futuro.

¿Y qué sucede cuando no hay más actores en el escenario? ¿Cómo elegimos qué otra cosa pensar cuando lo único que sabemos hacer es preocuparnos?

EN QUÉ OTRA COSA CENTRAR LA ATENCIÓN: UN DIÁLOGO INTERIOR NUEVO

Los pensamientos ansiógenos acostumbran a girar en torno a amenazas. Si les dedicamos mucho tiempo, envían información al cuerpo y al cerebro, que activan la respuesta de amenaza. Si queremos rebajar la intensidad de la respuesta de amenaza, tenemos que cultivar un flujo de pensamientos que promuevan la calma.

Cuando mi hijo tenía dos años y medio, tuvimos que operarlo y el rostro se le inflamó tanto que los ojos se le cerraron. Se despertó de la anestesia incapaz de abrir los ojos, pero podía oír los extraños sonidos de la unidad de cuidados intensivos. Silbidos de múltiples máquinas, pasos y voces que no reconocía. Su respuesta de amenaza se activó y empezó a llamarme a gritos. No se pudo consolar hasta que llegué a la habitación, le agarré la mano y le hablé. No podía hacer que viera. No podía quitarle el dolor. No tenía palabras mágicas con las cuales conseguir que todo eso desapareciera. Me limité a hablarle con tranquilidad cerca del oído, a hacerle saber que estaba ahí, con él, y que estaba a salvo. La persona que lo cuidaba estaba allí y no se iba a ir a ningún sitio. A partir de ese momento, demostró una capacidad extraordinaria para aceptar y afrontar esa situación tan aterradora. Sus ojos permanecieron cerrados durante varios días, pero él siguió con su vida, jugando con sus juguetes y disfrutando. La compasión lo ayudó a sentirse lo suficientemente seguro como para enfrentarse al mundo, a pesar de que no todo estaba bien.

Cuando nos tratan con amabilidad y compasión, la respuesta de amenaza se calma y nos sentimos más seguros. Esto sucede tanto si esa amabilidad procede de otra persona como si su origen está en nuestros propios pensamientos. Cambiar la manera en que nos hablamos cambia la bioquímica cerebral y el estado emocional.

No es fácil. Un día de autocompasión no es contrapeso suficiente para toda una vida de críticas y ataques contra nosotros mismos. Es una práctica de por vida que exige un esfuerzo constante. Sin embargo, puede ser absolutamente transformadora. Recuerda que la compasión no siempre es la salida fácil. No quiere decir que no haya nada que temer. Es una voz interior que te habla con firmeza y con serenidad, que te anima, que te apoya y que te recuerda que puedes superar y superarás este momento.

Una de mis maneras preferidas de enfocar la atención en pensamientos compasivos es preguntarme qué le diría, y cómo, a un amigo que estuviera pasando por lo mismo que yo. El mejor *coach* no es el que se lanza a rescatarte, sino el que es sincero contigo y te anima para que encuentres en tu interior la fuerza para seguir adelante en momentos difíciles, de modo que te ayude a descubrir lo fuerte que eres.

REFORMULAR

Al final de mi formación clínica tuve que hacer un examen oral. Este examen es más bien una entrevista, ya que te sientas frente a un tribunal de expertos que te hace preguntas acerca de la investigación que has llevado a cabo. El día de mi examen llegué a la universidad y entré en la sala donde debíamos esperar a que nos fueran llamando. Mientras estaba allí sentada, oyendo cómo el corazón me latía con fuerza, una compañera de formación volvió a la sala de espera hecha un mar de lágrimas. Seguía sollozando cuando una de las administrativas le pasó un brazo por los hombros y la acompañó mientras salía. El resto de los pares de ojos que quedaban en la sala de espera se abrieron muy grandes y se miraron, aterrados. El estómago se nos encogió a todos. Me levanté y, al salir de la sala, pasé frente a un tutor que me deseó suerte. Y entonces me dio uno de los mejores consejos que me hayan dado jamás.

Me dijo que intentara disfrutar del examen, que era una oportunidad para demostrar todo lo que había aprendido y todo en lo que había estado trabajando durante los años de formación. Me dijo que sería la única vez que alguien leyera mi tesis por completo y se interesara de verdad por ella, por lo que era mi oportunidad de disfrutar de ese interés compartido. Regresé a la sala de espera asintiendo y sonriendo. Lo que no entendí hasta que la situación hubo pasado y me sentí segura de nuevo es que su consejo me había ayudado a reformular toda la experiencia. La situación difícil a la que me enfrentaba era exactamente la misma que antes, pero pasé de ser un conejo cegado por los faros de un automóvil a crear una experiencia que incluía una combinación de valor, placer y emoción.

De la misma manera que yo reformulé el examen y mutó de riesgo a desafío, tú puedes usar esta misma técnica cuando te encuentres ante experiencias que, de otro modo, interpretarías como una amenaza o como algo que no puedes superar. Reformular la situación no significa negar los riesgos inherentes que pueda entrañar. En mi caso, el riesgo de reprobar seguía siendo real. Sin embargo, de haberme centrado exclusivamente en el riesgo, mi respuesta de estrés hubiera sido muy superior y me hubiera sido mucho más difícil hacerlo bien.

Cuando reformulamos una situación, nos damos permiso para entenderla de una manera que nos ayude a superarla. Reformular una experiencia para verla como un reto nos puede ayudar a transformar el impulso de huir en un impulso de lucha más controlado. Podemos avanzar hacia algo con intención. El siguiente paso te puede ayudar en el proceso de reformulación.

TENER EN CUENTA LOS VALORES Y LA IDENTIDAD

Cuando los pensamientos ansiógenos acaparan el foco de atención, necesitamos sacar a escena pensamientos acerca de las cosas que más nos importan. A veces tiene sentido tomar decisiones basadas en el miedo. Si nuestra vida corre peligro, esos son los pensamientos más útiles que podemos tener. Sin embargo, la vida es mucho más rica y plena cuando tomamos decisiones basadas en nuestros valores y en lo que más nos importa.

Una manera fácil de hacerlo es responder a preguntas como: «¿Por qué es tan importante esto para mí? Dentro de un año, cuando mire hacia atrás y piense en este momento, ¿qué acción o respuesta haría que me sintiera más orgulloso y agradecido? ¿Qué tipo de persona quiero ser en esta situación? ¿Qué quiero defender?».

Tus valores también pueden formar parte de tu identidad. Tanto si quieres ser una persona aventurera como una persona sana y en forma, o una persona sociable y amistosa, tenerlo claro te ayudará a desplegar pensamientos alternativos a los que te producen ansiedad. Si te angustia iniciar una conversación, pero has decidido que te vas a ver como una persona sociable y amistosa, te será más fácil crear una plantilla, una imagen de cómo te quieres comportar en situaciones sociales, incluso cuando la ansiedad te susurra al oído que sería mucho mejor evitar las conversaciones. O si eliges la identidad de alguien que vive con valentía, te puedes preguntar cómo responderías ante esa situación. ¿Qué harías a continuación si se tratara de un acto basado en el coraje? ¿Qué respuesta hará que te sientas orgulloso cuando la escribas en el diario esta noche y cuando la releas dentro de un año?

Resumen del capítulo

- Distánciate de los pensamientos ansiógenos etiquetando los sesgos que revelan cuando los detectes.
- Recuerda que puedes controlar el foco atencional incluso si los pensamientos ansiógenos exigen atención constante.
- La amabilidad rebaja la intensidad de la respuesta de amenaza, tanto si procede de otros como si surge de nuestro interior.
- Reformular las amenazas como retos nos invita a ser valientes.
- Actúa de un modo congruente con tus valores, de forma que bases tus decisiones en lo que más te importa en lugar de en el miedo.

El miedo a lo inevitable

La madre de todos los miedos es el miedo a nuestra propia mortalidad. Todos los seres humanos convivimos con la verdad ineludible de que todo lo que vive ha de morir y con la suprema incertidumbre de no saber exactamente ni cómo ni dónde sucederá. El miedo a lo conocido y a lo desconocido supone una amenaza constante para la paz y la serenidad en el aquí y ahora. El mero hecho de pensar en la muerte puede hacer que nos sintamos impotentes y asustados, al tiempo que nos puede llevar a pensar que la vida carece de sentido.

Hay personas cuya vida cotidiana se ve invadida directamente por el miedo a la muerte, que las lleva a preocuparse por la posibilidad de morir en cualquier momento. Hay otras en las que el miedo a morir aparece de formas inesperadas, bajo la forma de temores aparentemente de menor importancia relativos a la salud y a la asunción de riesgos. Tanto lo uno como lo otro puede acabar con nuestra calidad de vida.

Se ha dicho que el miedo a morir subyace a muchos problemas de salud mental.[1] La ansiedad relativa a la salud nos llena de miedo a enfermar, a acabar en el hospital o a una muerte dolorosa. Las personas que sufren ataques de pánico suelen confundir las taquicardias con infartos de miocardio y el terror que les provoca creer que su muerte es inminente desencadena ataques de pánico. Muchas fobias específicas, ya se trate de miedo a las alturas, a las serpientes o a la sangre, tienen que ver con predicciones que anuncian que las probabilidades de morir aumentan cuando se está en contacto con esos elementos.

A pesar de que la posibilidad de morir es constante desde el momento en que nacemos, no podemos vivir en un estado de miedo permanente. Por lo tanto, nos protegemos con una serie de conductas de seguridad que nos protegen de las amenazas constantes. Quizás limitemos estrictamente la exposición al riesgo, del tipo que sea, o busquemos la inmortalidad mediante la fama o la fortuna, o mediante las relaciones que forjamos con terceros, con el objetivo de que nos recuerden. ¿Y quién nos puede culpar por eso? Irvin Yalom, profesor emérito de psiquiatría en la Universidad Stanford, lo describe a la perfección en su libro *Mirar al sol: Superar el miedo a la muerte para vivir con plenitud el presente*.[2] «No es fácil vivir siendo consciente de la muerte en todo momento. Es como intentar mirar al sol directamente: no podemos mantener la mirada demasiado tiempo.»

También sugiere que «aunque la cualidad física de la muerte nos destruye, la idea de la muerte nos salva». En este sentido, nuestra muy humana ansiedad en relación con la muerte deja de ser únicamente algo incómodo que debemos eliminar. Mirar de frente a nuestra mortalidad también se puede convertir en una herramienta muy profunda para encontrar un nuevo sentido y propósito a cómo vivimos. El hecho de que todos vayamos a morir puede definir el significado que le damos a la vida y ayudarnos a decidir cómo vivir de un modo más intencional y deliberado. Asimismo, el significado que le demos a la muerte puede ejercer un gran impacto en nuestro bienestar actual.[3]

En la investigación que yo misma he llevado a cabo con mujeres que han superado un cáncer de mama, muchas de ellas refirieron transformaciones positivas que atribuían al hecho de haberse enfrentado a la posibilidad real de morir. La experiencia les provocó un pico de miedo, pero también las invitó a reevaluar qué significado querían que tuviera el tiempo finito que les quedaba. Las puntuaciones más elevadas en las reacciones traumáticas se asociaron a un mayor crecimiento y a una mayor transformación vital positiva después del trauma.

De todos modos, no hace falta estar tan cerca de la muerte para enfrentarnos a lo que significa para nosotros. En la terapia de aceptación y compromiso (ACT, por sus siglas en inglés) lo podemos hacer explorando la idea de nuestro propio funeral o reflexionando acerca de héroes personales que hayan fallecido ya. Estos ejercicios nos invitan a pensar en la vida, pero no a pesar de que vaya a terminar, sino precisamente porque va a terminar. Enfrentarnos directamente a preguntas que nos llevan a pensar qué sentido queremos que tenga nuestra vida nos abre tanto a la inquietud emocional como a la transformación. Aunque puede resultar doloroso, no se trata de ahondar en la angustia, sino de capacitar para tomar decisiones. Por ejemplo, imagina que has podido vivir una vida congruente con lo que es más importante para ti. Ahora, permítete pensar en cómo sería. Si hubieras vivido con el sentido y el propósito de tu elección, ¿cómo te habrías comportado en tu día a día? ¿En qué te habrías esforzado? ¿Qué habrías dejado atrás? ¿Con que te habrías comprometido incluso aunque no lo hubieras podido terminar?

Explorar la muerte de esa manera nos puede ayudar a decidir qué nos importa de verdad en la actualidad.

Eliminar el miedo a la muerte nos puede parecer imposible, porque sabemos que llegará antes o después. Es un miedo comprensible, y se trata de una predicción realista. Sin embargo, las creencias no realistas que albergamos sobre la muerte hacen que ese miedo racional se intensifique muchísimo. Tanto que acaba por interferir en la vida cotidiana normal y da lugar a creencias como «mi familia no podrá sobrevivir sin mí» o «el dolor de la muerte será una tortura».

Cuando hablamos del miedo a morir, la mayoría de la gente responde intentando aplacar nuestro miedo, para lo cual cuestiona la probabilidad de que vaya a suceder pronto. Por muy bienintencionado que sea ese intento, no es demasiado útil, porque todos sabemos que acabará ocurriendo y sabemos también que puede suceder sin previo aviso. Si tratamos de evitar el miedo a morir creando una sensación de seguridad en este momento, es inevitable que ese mismo miedo reaparezca en alguna otra circunstancia que nos recuerde la fragilidad de la vida.

Lo que necesitamos es asumir, por un lado, la certidumbre de la muerte como parte de la vida y, por el otro, la incertidumbre de cómo sucederá. Hay personas para las que estos dos hechos son lo que da sentido a la propia vida. Otras intentan no pensar en ello y vivir como si no fuera a pasar si logran mantenerse lo suficientemente a salvo. Evitan todo lo que tenga que ver con la muerte. Evitan hablar de ella, verla. Desarrollan pautas de evitación en relación con todo lo que perciben como un riesgo y sus estimaciones acerca de qué constituye un riesgo comienzan a aumentar a medida que el nivel de ansiedad al respecto hace lo propio.

Cuando esto sucede, es posible que las fobias hagan su aparición. Sin embargo, a no ser que abordemos el miedo a la muerte, tratar una de ellas solo conseguirá que aparezca otra más adelante.

Entonces ¿qué podemos hacer si el miedo a lo peor nos consume y sabemos que ha de suceder inevitablemente? En última instancia, si queremos vivir una vida plena sin que el miedo a la muerte interfiera en nuestra vida cotidiana, tenemos que encontrar el modo de aceptar que la muerte forma parte de la vida. Aceptar la muerte no significa que queramos morir. Significa que dejamos de luchar contra las partes de la realidad que no podemos controlar.

Aceptar la muerte no significa renunciar a la vida, sino justo lo contrario. Aceptar la muerte nos permite dar sentido a la vida. A su vez, encontrar el sentido de la vida y empezar a trabajar en línea con ello nos puede ayudar a aceptar la muerte como parte de la vida.

Puede cambiar cómo vivimos. Podemos vivir de un modo congruente con nuestros valores y con sentido. Podemos prestar más atención a lo que nos importa y vivir con propósito.

La pérdida de un ser querido y el dolor consiguiente nos pueden llevar a conectar con nuestra propia mortalidad. Si esa persona puede morir de un modo inesperado, también me puede suceder a mí. ¿Qué significa eso para mí y para mi vida? ¿Qué sentido tiene el presente?

CAMBIAR NUESTRA RELACIÓN CON LA MUERTE

Hay varias maneras de cultivar la aceptación en relación con la muerte. A continuación encontrarás tres que propusieron originalmente Gesser, Wong y Reker.[4]

- **Aceptación de acercamiento.** Creer en la otra vida o en la posibilidad de ir a algún tipo de paraíso ayuda a cultivar la aceptación de la propia mortalidad.
- **Aceptación de escape.** Quienes sufren mucho en esta vida pueden aceptar o incluso agradecer la muerte como una manera de aliviar o de escapar de ese sufrimiento.
- **Aceptación neutral.** Es así cuando la muerte no se percibe ni como deseable ni como una manera de huir del sufrimiento, sino como una parte natural de la vida sobre la que carecemos de control.

Prueba esto
En ocasiones, en la ACT se nos pide que imaginemos que podemos escribir nuestro propio epitafio. Si pudieras escribir la inscripción de tu lápida, ¿qué querrías que dijera? No se trata de imaginar qué dirían los demás, sino un ejercicio que te permite explorar qué quieres que signifique tu vida. Los valores por los que te quieres guiar, a partir de hoy mismo.[5]

Si los ejercicios de este tipo te resultan muy difíciles, sería conveniente que buscaras la ayuda de un terapeuta.

Explora tus propias creencias en relación con la muerte e intenta determinar si algunas de ellas empeoran tu miedo a morir. Todos tenemos múltiples creencias sobre la muerte que nos ayudan o nos perjudican. Por ejemplo, quizás creamos que la muerte es injusta y que no debería existir. Muy probablemente, creer algo así alimentará la ansiedad que sentimos y aumentará nuestro malestar cuando surjan pensamientos en relación con la muerte. Explorar estas creencias e invertir tiempo en cuestionarlas vale mucho la pena. Sin embargo, este trabajo puede suscitar emociones muy intensas, por lo que siempre ayuda hacerlo junto a alguien de confianza. Un amigo, un familiar o un terapeuta te pueden ayudar y guiar en el proceso.

Caja de herramientas: Escribir para revelar el miedo a morir
La escritura expresiva ayuda a explorar el miedo a la muerte, porque nos permite tomar distancia y anclarnos sin perder el hilo de lo que descubrimos y averiguamos por el camino. Podemos parar en cualquier momento y retomar la tarea cuando estemos preparados.

Enfrentarse al miedo a morir no es fácil, y es ahí donde un terapeuta con formación específica en el tema puede marcar una gran diferencia. Para quienes no tienen acceso a esta opción, conectar con un amigo de confianza o con un ser querido puede ser de gran ayuda, porque es algo a lo que nos enfrentamos todos.

Las preguntas que encontrarás a continuación te ayudarán a empezar a escribir o a guiar las conversaciones que mantengas, ya sea con un terapeuta o con un ser querido.

- ¿Cuáles son tus temores respecto a la muerte? ¿De qué forma se hacen evidentes en tu vida cotidiana?
- ¿Cuáles de tus creencias sobre la muerte son distintas a las de otras personas?

- ¿Qué nos dicen esas diferencias?
- ¿Cómo han influido tus experiencias pasadas con algún final o pérdida en tus creencias sobre la vida y la muerte?
- ¿Qué conductas llevas a cabo para que te ayuden a sentirte a salvo de la muerte?
- ¿Qué te gustaría que representara o significara tu vida?
- ¿Qué legado querrías dejar?
- ¿Cómo se puede traducir ese significado en acciones reales y en decisiones que puedes tomar hoy mientras avanzas en el siguiente capítulo de tu vida?
- Imagina que, muy adelante en el futuro, cuando ya ves de cerca el final de tu vida, miras hacia atrás y reflexionas sobre esta etapa que está a punto de comenzar. Si quisieras mirar atrás con una sonrisa, satisfecho y feliz de las decisiones que tomaste y de cómo abordaste cada día, ¿cómo sería el día a día en esa vida?
- Si el siguiente capítulo de tu vida tuviera que ser el más rico en sentido y propósito, ¿qué incluiría?
- Si tu conciencia de la muerte enriqueciera tu vida en lugar de limitarla, ¿cómo sería?

Resumen del capítulo

- El miedo a lo conocido y a lo desconocido alimenta el miedo colectivo a la muerte.
- Para algunas personas, las experiencias próximas a la muerte son fuente de crecimiento y de transformaciones vitales positivas.
- Aceptar la muerte no significa renunciar a la vida. Es justo lo contrario.
- Aceptar la muerte nos permite dar sentido a la vida.

VII

Sobre el estrés

¿En qué se diferencian el estrés y la ansiedad?

Las palabras «estrés» y «ansiedad» se han convertido en una especie de términos generales para designar un conjunto de experiencias diversas. Oímos con frecuencia a personas que dicen que su ansiedad ha empeorado porque están sometidas a mucho estrés, mientras que otras afirman justo lo contrario. El resultado es que la mayoría de las personas usan estos dos términos indistintamente para describir una cantidad casi infinita de experiencias. Quizás están estresadas por un inminente plazo de entrega en el trabajo o ansiosas porque han visto una araña en el baño. O están estresadas porque han tenido que hacer mucha fila en la oficina de Correos y han llegado tarde a una cita. Sin embargo, también hablan del estrés que supone quedarse sin trabajo y tener dificultades para pagar la renta. Algo que otro podría describir como una fuente de ansiedad.

Por otro lado, ya te habrás fijado en que la ansiedad y el estrés cuentan con secciones independientes en este libro. Los mismos mecanismos cerebrales que crean la emoción dan lugar a la experiencia a la que llamamos «estrés».[1] El cerebro recibe constantemente información procedente del cuerpo acerca de las demandas del mundo exterior e intenta determinar cuánto esfuerzo debe invertir. Procura equilibrar la cantidad de energía que libera en el cuerpo y las demandas del entorno exterior para garantizar que no se derroche nada. Por lo general, interpretamos como positiva la sensación de que nuestro estado fisiológico interno es congruente con el entorno exterior, aunque haya estrés; por ejemplo, nos sentimos llenos de energía y preparados antes de una competencia deportiva. Por el contrario, tendemos a interpretar como negativo que nuestro medio interior no sea congruente con las demandas del exterior; por ejemplo, cuando estamos cansados pero estresados y no logramos conciliar el sueño. O cuando estamos tan nerviosos que no nos podemos centrar en las preguntas del examen o en la entrevista de trabajo. En esas ocasiones nos da la sensación de que no podremos satisfacer las demandas a las que nos enfrentamos.

Tanto el estrés como la ansiedad se asocian a estados de alerta. En este libro asocio la ansiedad al miedo y a los pensamientos de preocupación excesiva que acompañan a esa experiencia. Por su parte, el estrés que sentirías en la fila de Correos tendría un significado distinto al de la ansiedad y podría ser consecuencia de la larguísima lista de tareas que has de completar ese día. El pico de estrés aumentaría tu estado de alerta y te ayudaría a decidir si es mejor seguir haciendo fila o volver en otro momento para poder cumplir con el resto de las tareas de la jornada. Si se tratara de ansiedad, lo más probable es que los pensamientos tuvieran que ver con preocupaciones y predicciones acerca de algo peligroso o amenazador.

Por lo tanto, y a pesar de que comparten mecanismos, la ansiedad y el estrés son conceptos distintos. Si estás en la cama y oyes un ruido de cristales rotos en el piso de abajo, la respuesta de estrés se disparará, pero lo más probable es que la entiendas como ansiedad y miedo. Quizás tengas el impulso de bajar y de enfrentarte a la amenaza o de huir. Atribuirás un significado muy distinto a esa misma respuesta de estrés si te enfrentas a la amenaza del desempleo o a las dificultades de compaginar la vida profesional con la crianza de los hijos. No son peligros inmediatos. No nos podemos enfrentar a ellos ni huir de la misma manera.

Por lo tanto, aunque hemos simplificado la respuesta de estrés a la de huir o luchar, lo cierto es que puede presentarse de muchas maneras. Puede haber diferencias en la proporción de hormonas secretadas, en los cambios cardiovasculares y en el resto de las respuestas fisiológicas que se combinan para formar diferentes experiencias psicológicas y distintos impulsos conductuales.

Sentimos estrés cuando el cerebro nos prepara para hacer algo. Tanto si se trata de levantarte por la mañana, de hacer una presentación en el trabajo o de manejar, el cerebro te proporciona la energía necesaria para aumentar el nivel de alerta y garantizar que estés preparado para reaccionar ante el entorno, sea cual sea este. El cortisol, al que todos consideramos una hormona de estrés perjudicial, es en realidad lo que nos permite acceder a la energía rápida en forma de glucosa que pasa al torrente sanguíneo. Los pulmones y el corazón empiezan a trabajar a más velocidad para llevar la energía derivada del oxígeno y la glucosa a los músculos y al cerebro. Entonces, la adrenalina y el cortisol ayudan a los músculos a hacer un uso más eficiente de esa energía. Te preparan para enfrentarte a cualquier reto que tengas por delante. El cuerpo entra en modo de rendimiento óptimo. Los sentidos se afinan y el cerebro procesa la información a gran velocidad.

El cerebro invierte todos esos recursos con la expectativa de recibir algo a cambio en términos de nutrientes; pero si no recibe nada, se produce un déficit. Cuando eso sucede una y otra vez, no se reponen los recursos del cuerpo. Por otro lado, si no dormimos lo suficiente o no comemos bien, o si discutimos a diario con nuestra pareja, ese déficit no hace más que crecer. Con el tiempo, el cuerpo se agota, tiene dificultades para defenderse y es más vulnerable ante la enfermedad.

Si nos enfrentamos a algo que amenaza a nuestra supervivencia, la respuesta será de lucha o huida. Sin embargo, si percibimos una situación estresante que no supone una amenaza tan inmediata, es probable que experimentemos una «respuesta de desafío», que también nos permite hacer frente a la dificultad, aunque la sensación no será tanto un miedo intenso como agitación y necesidad de movernos.

Experimentamos estrés anticipatorio cuando predecimos que se acerca algo estresante que nos exigirá muchos recursos. Como sabes que durante la entrevista de trabajo que tienes la semana que viene estarás nervioso y estresado, anticipas la situación y te pones nervioso por adelantado. Cuando nos equivocamos y predecimos que nos enfrentaremos a una dificultad insuperable, sentimos ansiedad y empezamos a temer el malestar fisiológico y psicológico que nos producirá ese estrés. Cuando el estrés se debe a una amenaza física y el cuerpo se activa para ponerse en movimiento, el proceso de movernos y de ponernos a salvo invita al cuerpo a volver al estado basal. Por el contrario, si activamos continuamente la respuesta de estrés por motivos psicológicos, las perturbaciones fisiológicas se prolongan y no hay una manera clara de devolvernos a la calma. Es entonces cuando empezamos a tener problemas que afectan a la salud física y mental, y a la conducta.[2]

Resumen del capítulo

- Los términos «estrés» y «ansiedad» se usan indistintamente con mucha frecuencia.
- Cuando podemos satisfacer las demandas del entorno, tendemos a sentirnos bien, aunque se trate de situaciones que nos estresan.
- Lo que percibimos como estrés es el cerebro preparándonos para hacer algo.
- El cerebro permite que se libere la energía que necesitamos para aumentar nuestro estado de alerta y nuestra capacidad de reacción ante el entorno.
- Conceptualizamos la ansiedad como una respuesta basada en el miedo. Sin embargo, esta es solo una de las varias maneras en que la respuesta de estrés se activa para satisfacer nuestras necesidades.

CAPÍTULO
28

Por qué reducir el estrés no es la única respuesta

Por lo general, es buena idea reducir el estrés en la medida de lo posible. Sin embargo, y a pesar de que la reducción del estrés se ofrece con muchísima frecuencia como solución para gestionarlo, nunca me he acabado de sentir cómoda con ella, porque, entre otras cosas, es un concepto tan vago que nadie sabe qué quiere decir exactamente y, además, muchos de los estresores vitales no son negociables.

Aunque parte del estrés que sufrimos es optativo (el estrés previo a una competencia deportiva o a un evento importante, como una boda), el estrés más intenso al que nos enfrentamos no suele serlo. Un boxeador a punto de subir al cuadrilátero está sometido a muchísimo estrés, pero ir al hospital para recibir el resultado de una biopsia es igual de estresante. Al igual que evaluar las finanzas y darte cuenta de que podrías perder tu casa. Esos momentos activan respuestas de estrés muy intensas y necesitan herramientas inmediatas que nos permitan afrontarlas de la manera más saludable y eficiente posible.

El ser humano mantiene una relación de amor-odio con el estrés. Nos encanta el subidón de adrenalina que nos producen las películas de terror o las montañas rusas, y buscamos activamente estos picos de respuesta de estrés, que anticipamos emocionados.

Sentimos que perdemos el control, pero sabemos que es solo durante unos instantes, y tenemos miedo, pero sabemos que viviremos para contarlo. Tenemos suficiente control como para poner fin a la experiencia si así lo deseamos. La vida es aburrida sin un mínimo de estrés, que, en su justa medida, hace que la vida resulte atractiva, divertida y desafiante. Sin embargo, todos esos beneficios desaparecen si el estrés es excesivo.[1] Por lo tanto, necesitamos un equilibrio muy preciso entre la predictibilidad y la aventura.

Del mismo modo que no hay emociones malas, el estrés tampoco lo es. No es ni un fallo ni una muestra de debilidad del cerebro o del cuerpo. Es una serie de señales que podemos usar para que nos ayuden a entender qué necesitamos.

El estrés tiene efectos positivos a corto plazo: la liberación de adrenalina en la respuesta de estrés ayuda a combatir las infecciones bacterianas y víricas y aumenta la frecuencia cardiaca, afina la función cognitiva y dilata las pupilas. Todo esto nos ayuda a centrar la atención, a evaluar el entorno y a responder a las demandas que este nos plantee.

La creencia popular actual nos lleva a creer que el estrés es un mecanismo de supervivencia desfasado que ya no necesitamos. Esto significa que cuando empezamos a percibir sus efectos, como el corazón acelerado o las manos sudorosas, creemos que no estamos gestionando bien la situación o que el cuerpo nos está fallando. Lo entendemos como un fallo del sistema, como una señal de trastorno que debemos suprimir. Sin embargo, las cosas no están tan claras. El estrés no siempre es perjudicial y nuestro objetivo principal no siempre tiene por qué ser eliminarlo.

Si bien la ciencia nos ha mostrado los peligros que entraña el estrés, también ha revelado una historia más compleja acerca de su función, de cómo podemos usarlo en nuestro beneficio y de la mejor manera de recuperar la mente y el cuerpo para impedir que llegue a ser peligroso.

Por lo tanto, cuando sientes esos signos de estrés antes de una presentación en el trabajo o en clase, lo que sucede es que tu cuerpo te está ayudando a alcanzar el máximo rendimiento. En esas situaciones no nos conviene estar completamente tranquilos y relajados, sino que queremos estar alerta y pensar con claridad, de modo que podamos alcanzar cualquiera que sea el objetivo que nos hayamos puesto. Por otro lado, tampoco nos conviene que el estrés alcance niveles tan elevados que acabe perjudicando nuestro rendimiento o nos lleve a huir o a evitar la situación. La clave para una gestión saludable del estrés reside en aprender a bajar la intensidad del estrés cuando no lo necesitemos y a elevarla cuando sí lo hagamos.

No podemos evitar el estrés si queremos vivir una vida con propósito. Sean cuales sean tus valores personales únicos, todo lo que hagas para vivir en consonancia con ellos y materializarlos exigirá una respuesta de estrés que te ayude a conseguirlo. La respuesta de estrés es una herramienta muy importante que nos permite alcanzar nuestros objetivos.

Con frecuencia, cuanto más importante es algo para nosotros, mayor es su potencial para estresarnos: si nos importa, vale la pena que nos pongamos en marcha para lograrlo. Por lo tanto, el estrés no solo es una señal de que hay problemas o nos advierte de problemas de salud. También puede ser el reflejo de una vida en la que actuamos de un modo congruente con lo que más nos importa y que vivimos con propósito y con sentido. Si aprendemos a usar el estrés en nuestro beneficio y a reducir su intensidad cuando sea necesario, puede ser una herramienta valiosísima.

Resumen del capítulo

- El estrés no siempre es el enemigo. También es nuestra herramienta más valiosa.
- Aprender a recuperarnos después de un periodo de estrés es mucho más realista que intentar eliminarlo.

- El estrés nos ayuda a alcanzar un rendimiento elevado y a hacer lo que nos importa, pero no estamos hechos para vivir en un estado de estrés constante.
- Aunque necesitamos estrés si queremos vivir una vida divertida y desafiante, los beneficios desaparecen si alcanza un nivel excesivo.

29

Cuando el estrés bueno se vuelve malo

La mejor respuesta de estrés es breve y limitada. Cuando nuestras circunstancias nos provocan un estrés continuado que no podemos cambiar o que no sabemos cómo reducir, el cuerpo no se recupera del esfuerzo que hace. Imagina que manejas por la carretera a toda velocidad, pero en segunda. No podrías recorrer demasiados kilómetros antes de que el motor se descompusiera.

Cuando el estrés se sostiene durante periodos prolongados, el cerebro tiende a adoptar conductas habituales que exijan menos energía, por lo que perdemos capacidad para controlar los impulsos, recordar información y tomar decisiones. Con el tiempo, el estrés también acaba perjudicando al sistema inmunitario. A corto plazo, la adrenalina refuerza el sistema inmunitario y lo ayuda a combatir las infecciones bacterianas y víricas. Sin embargo, a largo plazo, la secreción excesiva de adrenalina y las pautas anómalas de cortisol se asocian a una reducción de la esperanza de vida.[1] Cuando la adrenalina refuerza de forma repetida el sistema inmunitario mediante la respuesta de estrés crónica y entonces nos relajamos y la adrenalina desciende, el sistema inmunitario se desploma. Por eso es tan habitual que personas que trabajan de sol a sol durante meses enfermen al día siguiente cuando por fin paran para tomarse unas vacaciones.

El síndrome del quemado o *burnout* es una respuesta a un estrés laboral excesivo y prolongado, aunque el empleo remunerado no es el único entorno en el que lo podemos experimentar. Todo el que desempeñe funciones de cuidador, críe a sus hijos o ejerza labores de voluntariado puede acabar quemado.

Con frecuencia, quienes lo sufren refieren sentirse emocionalmente exhaustos y agotados, como si usaran su reserva y estuvieran a punto de quedarse sin recursos. Se sienten desconectados de los demás e incluso de sí mismos. Con frecuencia refieren que no se sienten competentes en casa o en el trabajo y que ya no se sienten realizados como antes cuando desempeñan esas labores.

Nos quemamos cuando la respuesta de estrés a corto plazo se activa de forma repetida durante un periodo de tiempo prolongado, sin posibilidad de recuperación y reparación. Con frecuencia existe un desajuste crónico entre la persona y uno de los siguientes factores:

1. **Control.** Vivir en una situación en la que carecemos de los recursos necesarios para satisfacer las demandas a las que nos enfrentamos.
2. **Recompensa.** Si hablamos del trabajo, podría tratarse de una remuneración económica. Sin embargo, también puede ser la sensación de reconocimiento social o de valía, bien sea en el trabajo o en cualquier otro contexto.
3. **Comunidad.** La falta de interacción humana positiva y la ausencia de apoyo social o de sensación de pertenencia.
4. **Justicia.** Percepción de desigualdad en cualquiera del resto de los factores de esta lista. Cuando unos ven más satisfechas sus necesidades que otros o cuando unos se ven sometidos a más exigencias que otros.
5. **Valores.** Cuando las exigencias a que nos enfrentamos entran en conflicto directo con nuestros valores personales.

Permíteme que sea muy clara: el síndrome del quemado es un problema de salud grave y todo el que crea que lo sufre ha de actuar lo antes posible. Sin embargo, también hemos de ser realistas. Hay presiones a las que nos podemos negar (como el pluriempleo si nuestra semana laboral ya es de cincuenta horas), pero hay otras que no podemos evitar (como una enfermedad física, las dificultades económicas o el dolor de una ruptura).

Cuando tenemos dificultades para mantener un techo sobre nuestras cabezas y para alimentar a nuestros hijos, y trabajamos en dos sitios distintos e intentamos ser el mejor padre o madre posible entre uno y otro, no disponemos de la opción de eliminar el estrés de nuestras vidas y adoptar una rutina matinal idílica en la que practicamos yoga y meditación. Sin embargo, abordar el síndrome del quemado no significa que debamos convertir nuestras vidas en unas vacaciones. Convivir con grandes exigencias y el estrés que conllevan, al tiempo que cuidamos de nuestra salud es un acto de equilibrismo en el que nos acabamos inclinando de un lado o del otro. No hay una solución mágica que lo arregle todo, y lo que ayuda a alguien a equilibrar las demandas a las que ha de hacer frente quizás no sea realista para su vecino.

El estrés se puede cronificar si no somos capaces de bajar su intensidad o si permanecemos sobrecargados durante demasiado tiempo. Los signos de estrés crónico son distintos en cada persona, pero a continuación encontrarás algunos de los más habituales.

Signos de estrés crónico de larga duración:

- Alteraciones habituales del sueño.
- Cambios en el apetito.
- Agitación e irritabilidad más frecuentes que pueden afectar a las relaciones.
- Dificultades para concentrarse en las tareas.
- Dificultades para desconectar y descansar incluso cuando se está agotado.

- Dolores de cabeza o mareos persistentes.
- Dolor y tensión muscular.
- Problemas digestivos.
- Problemas sexuales.
- Mayor dependencia de conductas adictivas, como fumar, beber o comer en exceso.
- Sensación de sentirte superado y evitación de pequeños estresores que, en otras circunstancias, serían manejables.

Prueba esto

Si crees que podrías estar quemado, responde a las siguientes preguntas. Luego reflexiona acerca de las respuestas y de lo que significan para ti. Aunque son medidas validadas del síndrome del quemado,[2, 3] el experto en tu experiencia eres tú. Reflexionar acerca de la influencia que tu situación actual podría ejercer en tu salud te puede ayudar a detectar cuándo has de cambiar las cosas.

- ¿Con cuánta frecuencia te sientes agotado emocionalmente?
- Cuando te despiertas por la mañana, ¿te sientes agotado solo de pensar en todo lo que has de hacer?
- Cuando tienes tiempo libre, ¿tienes energía para disfrutarlo?
- ¿Eres muy susceptible a las enfermedades físicas?
- ¿Te ves capaz de afrontar los problemas a medida que surgen?
- ¿Sientes que tus esfuerzos y logros valen la pena?

La comunicación entre el cerebro y el cuerpo es bidireccional, lo que significa que cuando el cuerpo está sometido a estrés durante periodos de tiempo prolongados, los mensajes persistentes que envía al respecto acaban por modificar el cerebro, que es muy adaptable e intenta regular el cuerpo. Eso explica por qué el estrés es perjudicial tanto para la salud física como para la mental.

Afecta a todas nuestras facetas y llega hasta el último rincón del cuerpo.[4]

En el acto de equilibrismo que es gestionar el estrés y usarlo en nuestro beneficio al tiempo que protegemos nuestra salud, tenemos que encontrar el equilibrio entre las demandas y la recuperación. Cuantas más sean las demandas a las que debemos hacer frente, más recuperación necesitaremos. Cuanto más estrés vertamos en el bote, más válvulas de escape necesitaremos para procesarlo y dejar espacio a las demandas que siguen entrando.

La buena noticia es que podemos reducir los efectos que el estrés ejerce en el cuerpo con algunas herramientas sencillas que describo en el capítulo siguiente.

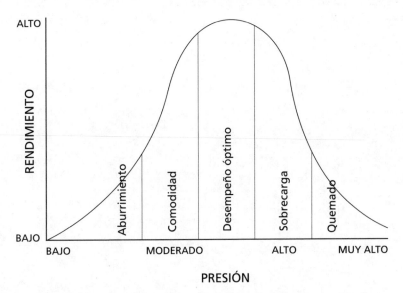

Figura 9: La curva del estrés. Cierto nivel de estrés nos ayuda a alcanzar el rendimiento máximo. Pasado este nivel, el rendimiento se desploma.

Resumen del capítulo

- La mejor respuesta de estrés es breve y a corto plazo.
- El estrés crónico es como manejar por carretera en segunda. No pasa demasiado tiempo antes de que el motor se estropee.
- El síndrome del quemado no se limita al entorno laboral.
- No hay una solución mágica que funcione para todo el mundo. El equilibrio adecuado para una persona puede ser poco realista para otra.
- Si presentas signos de estar quemado, préstales atención y responde empezando a satisfacer tus necesidades de inmediato.

Cómo conseguir que el estrés esté a nuestro favor

En la sección anterior sobre el miedo he explicado técnicas de respiración que podemos usar para ayudar al cuerpo y a la mente a calmarse con rapidez (págs. 201-202). Esas mismas técnicas son igual de útiles con el estrés, porque la respiración influye directamente en la frecuencia cardiaca y en el nivel de estrés o de calma. Cuando inhalamos, el diafragma desciende y deja más espacio en el tórax, lo que permite que el corazón se expanda y que la circulación sanguínea se ralentice. Cuando el cerebro recibe la información de lo que sucede, envía una señal que ordena al corazón que se acelere.

Por el contrario, cuando exhalamos, el diafragma asciende y deja menos espacio al corazón y a los pulmones, por lo que la sangre pasa a mayor velocidad. Entonces, el cerebro envía señales que ordenan al corazón que frene un poco.

- Cuando la espiración es más prolongada y más fuerte que la inspiración, la frecuencia cardiaca se reduce y el cuerpo se calma.
- Cuando la inspiración es más prolongada que la espiración, el nivel de alerta y de activación aumenta.

Por lo tanto, una de las maneras más inmediatas para empezar a serenar la respuesta de estrés es hacer que las exhalaciones sean más prolongadas e intensas que las inhalaciones.

Vale la pena mencionar que cuando nos abruma el estrés, el objetivo no es pasar de estar agitados y preocupados a entrar en un estado relajado y meditativo, porque el mundo nos pide que estemos alerta. Cuando uses técnicas de respiración como la que acabo de describir, te será más fácil pensar con claridad y serás más capaz de resolver problemas. En ese sentido, el objetivo no es conseguir que todo desaparezca e inducir un estado de relajación intensa, sino entrar en el mejor estado posible que te permita usar las ventajas que te ofrece la respuesta de estrés (el estado de alerta) y reducir la intensidad de las desventajas (la preocupación y el agobio).

Por otro lado, si quieres dedicar tiempo a practicar la relajación o te interesa trabajar la respiración, usar esta técnica durante un periodo de tiempo prolongado te ayudará a inducir un estado físico de relajación profunda. Eso suele ocurrir cuando tenemos más tiempo y podemos evitar las distracciones y las exigencias, de modo que podemos usar las exhalaciones más largas u otras técnicas de relajación para que nos ayuden a relajarnos. Sin embargo, si necesitas trabajar o llevar a cabo alguna tarea, la técnica de respiración es una buena opción y te ayudará a superar el momento de estrés.

CUIDAR A LOS DEMÁS

Estoy segura de que a la mayoría de madres y padres les habrá pasado que, estando acostados en la cama, han repasado mentalmente qué harían si ocurriera un incendio. Repasamos todas las situaciones posibles y anticipamos cómo agarraríamos a nuestros hijos tan rápido como pudiéramos. ¿Acaso no son contradictorias la necesidad de protegerlos y la respuesta de lucha o huida? Lo cierto es que la lucha y la huida no lo son todo. Conectar y proteger a los demás forma parte de nuestro instinto de supervivencia en la misma medida que huir del fuego o luchar para apagarlo. Aunque algunas situaciones estresantes promueven conductas más egoístas, otras nos llevan a preocuparnos aún más por los demás.

Las investigaciones también han demostrado que cuando nos centramos en cuidar a los demás en momentos de estrés, la bioquímica cerebral cambia, de tal modo que suscita emociones de esperanza y de valor,[1] e incluso nos protege de los efectos perjudiciales del estrés crónico y del trauma. Por lo tanto, se convierte en una fuente de resiliencia.[2] Aunque es posible que esta respuesta de proteger y cuidar evolucionara para proteger a las propias crías, la respuesta de estrés es genérica, lo que significa que podemos aplicar esas mismas emociones de valentía a cualquier situación en la que nos encontremos. Conectar con los demás nos ayuda a recuperarnos del estrés.

Por sí solo, el aislamiento social es un estresor importante tanto para la mente como para el cuerpo. Ver en persona a nuestros seres queridos e involucrarnos plenamente en nuestras relaciones personales mitiga el efecto del estrés a corto y a largo plazo.

OBJETIVOS

Gran parte de aquello a lo que estamos expuestos, sobre todo en el mundo del crecimiento personal, tiene que ver con ser nuestra mejor versión, destacar entre la multitud y ser excepcionales. Una de las primeras preguntas que nos hacen cuando conocemos a alguien es: «¿A qué te dedicas?». Es una pregunta inocente, pero refleja lo centrados que estamos en nuestra carrera profesional. Acostumbramos a establecer nuestros objetivos vitales desde un punto de vista competitivo y nos esforzamos en demostrar nuestra valía mediante símbolos de éxito. Nos llevan a creer que hay que ser excepcional para alcanzar la felicidad. Muchas de las personas que descubren que no es así lo han aprendido por las malas, después de haberse quemado o de haber sufrido una crisis de salud mental.

Sin embargo, la ciencia está empezando a desmontar esta falacia. Las personas que basan su vida en objetivos centrados en sí mismas son más vulnerables a la depresión, a la ansiedad y a la soledad. Por el contrario, quienes estructuran sus objetivos basándose en algo más grande que su persona tienden a sentir más esperanza, gratitud, inspiración y alegría, y a experimentar más bienestar y satisfacción vital.[3] Por supuesto, todos pasamos por periodos en los que nos centramos más en nosotros mismos y por fases en las que nos centramos en objetivos más amplios que trascienden el yo. Es crucial que tengamos la capacidad de cambiar entre una y otra actitud. Dedicar un periodo breve de tiempo a reflexionar acerca de cómo nuestras acciones podrían beneficiar a una causa mayor basta para transformar la experiencia del estrés. Cuando nos centramos en cómo nuestras acciones, ya sean grandes o pequeñas, ayudan a los demás, la respuesta de estrés en situaciones complicadas o difíciles se reduce.[4]

¿Qué significa esto en el mundo real? Cuando durante un acontecimiento estresante hacemos un esfuerzo consciente para aunar nuestro compromiso a nuestros valores y para marcar la diferencia en la vida de los demás, nos resulta más fácil afrontar el estrés. Transformamos el significado del esfuerzo, que nos motiva a perseverar en lugar de impulsarnos a escapar. La dificultad ya no resulta tan amenazadora, porque el objetivo no es demostrar lo que valemos: el esfuerzo para marcar una diferencia es prueba suficiente de nuestra valía.

Prueba esto
Cómo redirigir el foco de nosotros mismos a algo más grande.

Cuando estés estresado y detectes la apremiante necesidad de escapar o huir, invierte algo de tiempo en reconectar con tus valores. Responde a preguntas como estas:

- ¿Cómo encaja este esfuerzo o este objetivo con mis valores?
- ¿Qué tipo de aportación quiero hacer?
- ¿Cómo quiero ayudar a los demás con lo que estoy haciendo?
- ¿Qué quiero defender con esto? ¿Qué significa para mí este esfuerzo?

Caja de herramientas: Usar la meditación para afrontar el estrés

La meditación no es ni un sistema de creencias ni una moda New Age, sino una técnica que la ciencia está demostrando que ejerce un efecto muy potente en el cerebro y en nuestra calidad de vida. Aunque los científicos siguen revelando cada vez más detalles del proceso, ya han demostrado que meditar modifica la estructura y la función del cerebro de tal modo que nos ayuda a reducir el estrés y a mejorar la regulación emocional.

Lo más habitual es que los periodos en que estamos más estresados coincidan con los periodos en que disponemos de menos tiempo para descansar. El yoga nidra es una técnica de relajación que promueve el descanso y la relajación profundos. Es muy sencilla y se suele practicar con ayuda de una meditación grabada que nos guía a lo largo de ejercicios de percepción (por ejemplo, centrándonos en la respiración y en áreas concretas del cuerpo). Durante los últimos años ha sido objeto de un creciente interés por parte de los investigadores, y se ha demostrado que reduce el estrés,[5] mejora el sueño[6] y aumenta el bienestar general. La mayoría de las meditaciones guiadas duran unos treinta minutos, pero estudios recientes sobre meditaciones de once minutos de duración han demostrado que, a pequeñas dosis, el yoga nidra también ayuda a afrontar el estrés a personas que no pueden meditar durante periodos de tiempo más prolongados.[7]

Por lo tanto, cuando las exigencias sean muchas y el tiempo, escaso, usar descansos breves para practicar el yoga nidra sería una opción mucho más beneficiosa que conectarte a las redes sociales.

La meditación no es una solución milagrosa. Al igual que el ejercicio físico, es otra potente herramienta que sumar a tu arsenal. Aunque hay muchos tipos de meditación, estas son algunas de las prácticas que la investigación ha validado.

- Meditación mindfulness. Es la que se promueve con más frecuencia y se enseña como parte de varias orientaciones psicológicas terapéuticas. Enseña la habilidad mental de mantenerse alerta en el momento presente y de observar las sensaciones sin juzgarlas y sin quedar atrapado en ellas. Es una herramienta fantástica que usar en el momento presente, porque nos ayuda a gestionar el estrés y las emociones que estemos experimentando. Refuerza la capacidad de alejar la mente de los pensamientos acerca del pasado o del futuro, y de observar las experiencias sin los juicios y los significados que acostumbramos a asignarles.
- Meditaciones que usan imágenes, mantras (una palabra o una frase con significado para quien la pronuncia) u objetos que ayudan a centrar la atención.
- Meditaciones guiadas que ayudan a cultivar la compasión y la amabilidad.

Ser mindfulness no significa rodearse de velas y meditar todo el día, sino que consiste en centrar la atención en el momento presente para observar las sensaciones a medida que vienen y se van, sin atraparnos en ellas ni resistirnos a su presencia. Significa permanecer abiertos y curiosos ante la experiencia, sin enjuiciarla y sin apresurarnos a darle un significado. La meditación nos permite practicar el mindfulness de un modo formal. Cuando aprendemos a manejar, hacemos clases prácticas hasta que manejamos el coche de manera instintiva; lo mismo sucede en el caso de la meditación mindfulness.

Tanto si ya meditas y quieres añadir esta habilidad a tus actividades cotidianas como si tienes dificultades para meditar, pero quieres practicar el mindfulness, estas son algunas de las maneras en que puedes ponerlo en acción.

MEDITAR AL CAMINAR

- Comienza por notar la sensación en las plantas de los pies. Lo que percibes cuando estas entran en contacto con el suelo. El movimiento del pie cuando se eleva del suelo y avanza. Cuánto tiempo pasa en contacto con el suelo.
- Fíjate en cómo se mueven los brazos mientras caminas. No intentes cambiarlo, solo fíjate en cómo es.
- Amplía la conciencia hasta que abarque todo el cuerpo y observa las sensaciones que te produce el impulsarte hacia delante. Fíjate en qué partes del cuerpo se tienen que mover y qué otras permanecen quietas.
- Amplía la conciencia aún más y céntrate en los sonidos que te rodean. Intenta detectar sonidos que normalmente no percibirías y obsérvalos sin juzgarlos.
- Cada vez que la mente divague y te comience a explicar una historia distinta, devuélvela con suavidad a la experiencia de caminar en este momento.
- Fíjate en todo lo que ves al caminar. Los colores, las líneas, las texturas y el movimiento de la percepción visual a medida que avanzas.
- Al inspirar, fíjate en la temperatura del aire y en su aroma, o ausencia del mismo.

MEDITAR EN LA REGADERA

Para muchos de nosotros, el baño de la mañana es el momento del día en que la mente comienza a planificar la jornada que tenemos por delante y se preocupa por todo lo que tenemos que hacer, si es que no teme el momento en que salgamos de debajo del chorro de agua caliente para comenzar la jornada. Sin embargo, esos minutos nos ofrecen una oportunidad magnífica de practicar mindfulness, porque nos proporcionan muchísima información sensorial y muy distinta a la que nos espera el resto del día. Por eso, a muchas personas les resulta más fácil practicar mindfulness mientras se bañan.

- Centra la atención en la sensación del agua al tocar el cuerpo. Dónde te alcanza primero y qué partes del cuerpo no están en contacto con ella.
- Fíjate en la temperatura del agua.
- Identifica los aromas del gel de baño, del champú...
- Cierra los ojos y atiende a los sonidos.
- Fíjate en el vapor de agua y en las gotitas de agua en suspensión y sigue su recorrido mientras caen sobre distintas superficies.
- Fíjate en las sensaciones corporales mientras te bañas.

MEDITAR AL CEPILLARSE LOS DIENTES

- Presta atención al sabor del dentífrico.
- Fíjate en la sensación que te produce el cepillo de dientes mientras se mueve por la boca.
- Fíjate en el movimiento de la mano y en la fuerza con que agarras el cepillo de dientes.
- Escucha los sonidos del cepillado y del agua corriendo.
- Fíjate en las sensaciones que te produce enjuagarte la boca.
- Cada vez que la mente divague, devuélvela con suavidad a las distintas sensaciones del proceso que está sucediendo justo ahora.
- Intenta abordar esta actividad cotidiana con la misma curiosidad con la que abordarías algo completamente nuevo.

Puedes hacer lo mismo con cualquier actividad diaria, ya se trate de nadar, correr, beber café, doblar la ropa limpia o lavar los platos. Elige una actividad cotidiana y sigue las instrucciones anteriores para abordarla desde el mindfulness.

Recuerda que si te das cuenta de que la mente se va por las ramas una y otra vez, no es porque lo estés haciendo mal. Las mentes de todos nosotros divagan constantemente para dar sentido al mundo. El mindfulness no es una atención constante e imperturbable. Es el proceso de darte cuenta de cuándo tu mente cambia de dirección y decidir de forma consciente reorientarla al momento presente.

LA EXPERIENCIA DE SOBRECOGIMIENTO

La meditación no es la única experiencia que nos puede ayudar a tomar cierta distancia de los pensamientos y de las emociones. El sobrecogimiento es la emoción de encontrarnos frente a algo tan vasto que supera nuestra comprensión actual de las cosas, y lo podemos experimentar en presencia de la belleza, de la naturaleza o de alguien con alguna habilidad excepcional.

Son momentos que nos obligan a reevaluar y a repensar las cosas para poder asimilar esta experiencia nueva, ya se trate de conocer personalmente a un líder poderoso y carismático, o de contemplar el cielo estrellado y reflexionar acerca del universo y de las ínfimas probabilidades de que llegara a existir. Algunas experiencias de sobrecogimiento son únicas en la vida, como presenciar el nacimiento de un hijo. Hay otras con las que podemos conectar con más frecuencia, como pasear por el bosque, contemplar el mar o escuchar a un buen cantante.

Aunque la investigación en psicología aún no ha abordado esta área, se sabe que las personas usan la experiencia de sobrecogimiento para alejarse de los embrollos de la vida cotidiana y para reorientar la atención desde las cosas pequeñas al mundo en general y a algo mucho más sublime que todo lo demás. Desde la aparición de la psicología positiva, las investigaciones han empezado a reconocer la importancia que tiene la presencia de emociones positivas y se ha dejado de centrar exclusivamente en la erradicación de las negativas.[8]

El sobrecogimiento y la gratitud están relacionados, pero de momento carecemos de evidencias empíricas que lo demuestren. Cuando la gente habla de su experiencia con el sobrecogimiento, muchas personas mencionan sentirse muy pequeñas y ser así capaces de identificar con más facilidad qué es lo más importante. Al parecer, suscita gratitud y asombro por la oportunidad de estar vivo. Y no hace falta vivir en una playa de Tailandia ni viajar a las cataratas del Niágara. Lo podemos sentir también si nos centramos en ideas y en imágenes. Muchos gurús de la autoayuda y oradores especialistas en motivación dicen que las probabilidades de nacer son de una entre cuatrocientos billones. Se trata de una idea muy difícil de aprehender y que nos obliga a reconocer lo afortunados que somos de tener la oportunidad de vivir, aunque sea durante un tiempo limitado. Esas ideas generan sobrecogimiento y la sensación de estar conectados con algo más grande que nosotros. No hay nada como sentirse pequeño en un universo casi infinito para reducir el nivel de estrés y para sentir el consuelo que ofrece la nueva perspectiva. El intento de asimilar esa idea nos lleva a reevaluar todo lo que sabemos y a mirar desde otro prisma lo que sea que nos agobie.

Por lo tanto, cuando sientas estrés, ¿por qué no averiguas qué te provoca sobrecogimiento, ya se trate de pasar tiempo en contacto con animales o con la naturaleza, de ver actuaciones extraordinarias o de observar las estrellas? Documentar estas experiencias, por ejemplo en un diario, te ayudará a entender qué efecto ejercen sobre ti y a recuperarlas en el recuerdo aunque no las puedas repetir.

Resumen del capítulo

- Cambiar algo tan sencillo como la respiración puede reducir tu nivel de estrés.
- La ciencia ha demostrado que la meditación ejerce un impacto significativo en el cerebro y en cómo afrontamos el estrés.
- Conectar con los demás nos ayuda a recuperarnos del estrés. El aislamiento social es un estresor importante tanto para la mente como para el cuerpo.
- Los objetivos basados en la contribución en vez de en la competitividad nos ayudan a mantenernos motivados y a perseverar bajo estrés.
- Busca experiencias de sobrecogimiento para cambiar de perspectiva.

CAPÍTULO
31

Afrontar el estrés cuando es importante hacerlo

El bombardeo constante de información que nos advierte de lo malo que es el estrés lleva a que la mayoría de las intervenciones estén orientadas a eliminar los estresores y a promover el descanso y la relajación. Sin embargo, ¿qué sucede cuando la causa del estrés es una situación no negociable? ¿Qué hacemos con el pico de estrés que sentimos cuando entramos en la sala de examen o nos dirigimos a una entrevista de trabajo? ¿Cómo podemos afrontar esos momentos para alcanzar el rendimiento máximo? Es como si toda esa maravillosa investigación acerca de cómo relajarnos y desestresarnos empezara a perder utilidad en cuanto nos enfrentamos a una situación que nos somete a una gran presión. No podemos salir de la sala para hacer ejercicios de relajación profunda una vez que ha empezado el examen, y prometernos ser menos perfeccionistas en el futuro mientras realizamos la única entrevista de trabajo que hemos conseguido después de meses de búsqueda no hará que el estrés desaparezca. Lo que necesitamos en estas situaciones son herramientas claras que nos permitan usar el estrés de modo que nos ayude a mejorar nuestro desempeño e incluso a aprender de la experiencia. Necesitamos saber cómo afrontar activamente las exigencias que nos plantean esas situaciones estresantes e innegociables.

Si hay un momento en el que el estrés juega a nuestro favor es precisamente en estas situaciones breves de gran presión, por lo que el objetivo no es eliminar el estrés y entrar en la entrevista tan relajados como si estuviéramos en el sofá de casa. Por el contrario, la clave reside en saber aprovechar los beneficios de la presión sin permitir que nos abrume ni perjudique nuestro desempeño.

TODO ES CUESTIÓN DE ACTITUD: TU NUEVA RELACIÓN CON EL ESTRÉS

Las investigaciones demuestran que la actitud con que abordamos el estrés influye en nuestro rendimiento bajo presión. Cambiar la percepción que tenemos de la respuesta de estrés como un problema y pasar a entenderla como un activo que nos puede ser útil nos ayuda a ahorrar la energía que invertimos en intentar reprimirla y, así, la podemos redirigir a satisfacer el desafío al que nos estemos enfrentando. En consecuencia, tendemos a preocuparnos menos por el estrés, nos sentimos más seguros y rendimos más. Este cambio de actitud puede ser la sutil diferencia que hay entre un «hazlo lo mejor que puedas a pesar del estrés» y un «cuando detectes signos de estrés, canaliza esa energía y esa atención más concentrada para que te ayuden a hacerlo lo mejor posible». También hay pruebas de que esto nos ayuda a evitar que el estrés nos deje exhaustos.[1]

Cuando centramos todos nuestros esfuerzos simplemente en reducir el estrés antes de un acontecimiento importante, sea cual sea, reforzamos la idea errónea de que el estrés es un problema que debemos resolver. Si el estrés asoma la cabeza mientras te esfuerzas en conseguir algo, llévatelo contigo. Permite que te ayude a concentrarte, a acumular energía y a moverte con precisión. Estás diseñado para rendir bajo presión y eso es exactamente lo que harás. Si tienes esto siempre presente, transformarás el significado de los signos de estrés que, de otro modo, entenderías como «síntomas» de un problema. De hecho, las investigaciones demuestran que el mero hecho de recordarle a alguien que su rendimiento mejora bajo presión consigue que este mejore en un 33 por ciento.[2]

El poder de la palabra

Una de las maneras de cambiar nuestra actitud es modificar el uso que hacemos del lenguaje. Las palabras que usamos son clave a la hora de determinar el significado que asignamos a una situación y cómo la afrontaremos. Imagina que eres un atleta profesional y que, justo antes de salir del vestidor para competir, el entrenador te dice: «Lo vas a arruinar». Tu nivel de estrés aumentará, claro, pero, además, es muy probable que los pensamientos que tengas a partir de ese momento sean predicciones catastrofistas que transformarán el estrés en algo parecido al pánico.

Es posible que algunas de las afirmaciones y citas motivadoras que inundan las redes sociales den en el blanco si llegan a la persona adecuada en el momento preciso. Sin embargo, ¿realmente sirven de algo?

Algunas de ellas se centran en lo que deberíamos dejar de hacer o son afirmaciones muy generales acerca de lo que deberíamos evitar en la vida. Las afirmaciones que apuntan a lo que «no» hemos de hacer tienen un gran problema. Solo disponemos de un foco atencional y si lo orientamos a lo que no debemos hacer, apenas nos queda espacio para pensar en lo que sí debemos hacer para que las cosas nos vayan bien.

Otras afirmaciones nos animan a ser positivos en todo momento y pueden ser motivadoras, pero solo si nos las creemos. Que nos digan «sé positivo» o «lo estás haciendo genial», sin más, es muy vago en el mejor de los casos y tampoco nos indica cómo afrontar la dificultad que tenemos ante nosotros.

El doctor Dave Alred es *coach* de deportistas de élite y trabaja con algunos de los mejores atletas del mundo, a los que ayuda a alcanzar su máximo rendimiento en situaciones donde la presión es extrema y muy pública. Cuando diseña afirmaciones para sus atletas, se asegura de que sean concretas y de que se basen en la realidad, en algo en lo que el atleta pueda creer, al tiempo que evita las afirmaciones generales y absolutas. Se trata de afirmaciones que identifican con claridad la clave para adoptar la actitud necesaria en ese momento y que recuerdan a los atletas que ceñirse al proceso los ayudará a mejorar. Cuando las afirmaciones dejan claro dónde hay que poner el foco atencional, nos dan una dirección. Alred sugiere empezar con una afirmación que indique «cómo» para, a continuación, describir con suma nitidez lo que sucede cuando el proceso es el adecuado y, entonces, conjurar el estado emocional congruente con la intención.[3] Cuando el estrés alcanza niveles elevados y amenaza con interferir en la concentración o en el rendimiento, contar con afirmaciones de este tipo preparadas con antelación nos puede ayudar a alinear lo que pensamos, lo que sentimos y lo que hacemos con nuestra intención. El tipo de reto al que nos enfrentemos determinará el tipo de afirmación que necesitamos. La clave reside en que sean breves, concretas, específicas e instructivas para que nos pongan en contacto con el proceso que hemos practicado antes del acontecimiento.

REFORMULAR

Aunque ya hemos hablado de esta herramienta en otras partes del libro, también es especialmente útil en lo que respecta al estrés. Reformular consiste en usar el poder del lenguaje o de las imágenes para cambiar cómo percibimos una situación. No se trata de intentar convencernos de algo que no creemos que pueda ser verdad, sino de cambiar el marco de referencia, nada más. Ver las cosas a través de otro prisma nos permite dar un significado nuevo a la experiencia y, así, cambiar nuestro estado emocional.

En la sección sobre el miedo hablábamos de cómo reformular la ansiedad para transformarla en anticipación positiva. En este caso podemos reformular la sensación de estrés para convertirla en determinación o la de amenaza, que transformaremos en desafío. Cambiar esas palabras transforma el significado de la experiencia, pero no cuestiona ni niega la realidad de las sensaciones físicas que vivimos. Con las nuevas palabras que elegimos para describirlas, decidimos aceptarlas. Con las palabras que usábamos antes nos resultan aversivas e intentamos reprimirlas.

ATENCIÓN

Cuando nos encontramos en una situación muy estresante, tendemos a desarrollar una visión de túnel, lo cual es una respuesta adaptativa esperada, ya que nos ayuda a centrarnos en los aspectos más importantes de la situación. Sin embargo, si la sensación de estrés es abrumadora, podemos ayudar a la mente a calmarse mientras el cuerpo mantiene esa alta potencia. La investigación actual sobre este tema sugiere que pasar deliberadamente de una visión de túnel a una visión más panorámica ayuda a la mente a calmarse. Esto no significa mover la cabeza a un lado y a otro para ver qué hay a nuestro alrededor, sino permitir que la mirada se amplíe y abarque más elementos del entorno.

El sistema visual forma parte del sistema nervioso autónomo, por lo que ampliar la mirada de esta manera accede a los circuitos nerviosos asociados al estrés y al nivel de alerta. Huberman explica que se trata de una técnica muy potente que permite que nos sintamos más cómodos con niveles de activación elevados.[4] No siempre queremos detener la respuesta de estrés, porque muchas veces la necesitamos en situaciones de alta presión. Lo que queremos es que la mente se sienta más cómoda y eleve el umbral de tolerancia al estrés.

FRACASO

Con frecuencia, nos sentimos bajo presión porque nos importa mucho el resultado y creemos que las consecuencias de fracasar serán graves. Es lógico. Si interpretamos el fracaso como una gran amenaza, el cerebro se centrará en la amenaza y hará todo lo posible para evitarla. Para las personas que tienden a machacarse cuando fracasan, ya se trate de fracasos grandes o pequeños, el menor signo que advierta de un posible fracaso tiende a provocar un pico en la respuesta de estrés.

Todos tenemos una capacidad atencional limitada y, cuando nos vemos obligados a trabajar bajo presión, es necesario que asumamos pleno control sobre la atención y la orientemos hacia donde necesitamos que apunte para que nos ayude a superar el reto al que nos estemos enfrentando. Para superar el miedo al fracaso y dejar a un lado las preocupaciones acerca de todo lo que podría salir mal en ese momento, nos tenemos que concentrar plenamente en el proceso y no dejar espacio a los pensamientos ansiógenos acerca de posibles resultados fallidos.

Y es aquí donde nos puede ser útil practicar de antemano, siempre que la situación lo permita. Si nos familiarizamos con el proceso y con las sensaciones que nos produce avanzar por el mismo, podemos preparar por adelantado afirmaciones-guía que, si fuera necesario, nos recuerden a qué debemos prestar atención y qué podemos esperar de la situación. Si lo convertimos en un camino trillado, nos permitimos adquirir confianza en el proceso.

En función del reto al que nos enfrentemos y de las realidades que plantee el fracaso, podemos usar también aquí la herramienta de la reformulación para modificar la percepción que tenemos del fracaso.

Prueba esto

Estas preguntas te ayudarán a explorar esta cuestión en tu diario.

- ¿Cómo respondes ante el fracaso propio?
- ¿Lo niegas, pasas a otra cosa e intentas olvidar que ha sucedido?
- ¿Te lanzas a atacarte, a insultarte y a culparte por algún supuesto fallo en tu personalidad?
- ¿O miras hacia el exterior y culpas al mundo por complicarte la existencia? Una de las cosas que no nos enseñan y que nos deberían enseñar es cómo afrontar el fracaso.

Cuando creemos que los errores y los fracasos tienen que ver con quiénes somos y con nuestra valía personal, incluso el más mínimo de los fracasos nos provocará vergüenza y el deseo de rendirnos, retirarnos, escondernos y reprimir el dolor insoportable que nos causan esas emociones. Esto es muy habitual entre los perfeccionistas. Se centran en ser suficientes a ojos de los demás y asumen que los demás exigen nada más que la perfección. Si fracasan, son unos fracasados. Si pierden, son unos perdedores. Y es así por pequeño y transitorio que haya sido el tropiezo.

Por el contrario, si cuando fracasamos no perpetramos un ataque global contra nuestra personalidad, nos centramos en los detalles específicos del momento y somos conscientes de que la imperfección es un elemento intrínseco de la humanidad, las emociones que sentiremos serán muy distintas. Sentirnos culpables por un error de juicio o por una decisión tomada nos permite ser honestos con nosotros mismos acerca de los errores cometidos sin necesidad de creernos condenados al fracaso para siempre. Nos centramos en la conducta específica en lugar de atacar nuestra identidad.

Además, y esto es crucial, asumimos la responsabilidad de nuestras acciones. La autocompasión no consiste en dejárnoslo pasar todo siempre, sino en centrarnos en el error específico en tanto que suceso aislado, de modo que podamos aprender de él y cambiar de rumbo para acercarnos a nuestros valores. Este es el camino que conduce a la mejora continua y al aprendizaje. Por el contrario, la vergüenza nos bloquea y nos paraliza.

Fracasar es siempre muy duro y exacerba la respuesta de estrés. En momentos de estrés, las creencias nucleares negativas tienden a activarse y comenzamos a pensar cosas como «soy un inútil, soy un fracaso total, no valgo nada, no soy nada», y estos pensamientos, junto a la vergüenza que los acompaña, son muy potentes y hacen que nos sintamos muy solos y aislados.[5] Creemos esos pensamientos sin la menor duda y estamos convencidos de que somos los únicos que nos sentimos así, por lo que reprimimos las emociones que nos embargan. Sin embargo, estas creencias nucleares son solo una pequeña parte de una lista de entre quince y veinte creencias negativas nucleares comunes a los aproximadamente siete mil millones de personas que habitan el planeta. Y eso quiere decir que, básicamente, distamos mucho de estar solos. En tanto que seres humanos, todos compartimos la necesidad de sentir que merecemos amor y de pertenecer a un grupo en el que nos sintamos seguros.

Cuando nos avergonzamos por haber fracasado, nos puede dar la sensación de que la aceptación del grupo y, por lo tanto, nuestra supervivencia corre peligro. Es una sensación que nos carcome y que puede impedir incluso que intentemos arreglar las cosas, porque creemos que el problema somos nosotros, no la conducta concreta o la decisión específica que hayamos tomado.

Salimos al mundo, asumimos riesgos y nos exponemos a la vergüenza, por lo que necesitamos habilidades que nos ayuden a gestionarla y a superarla. Todos necesitamos un espacio seguro al que regresar y en el que podamos aprender del fracaso sin poner en duda nuestra valía en tanto que seres humanos. Y ese lugar ha de ser nuestra propia mente. Cuando vemos sufrir a alguien a quien amamos, lo tratamos con afecto, porque sabemos que es lo que necesita. Deberíamos hacer lo mismo cuando quienes sufrimos somos nosotros. Es la manera más segura de garantizar que nos levantaremos y seguiremos adelante.

Así que, ¿cómo podemos tratarnos con menos hostilidad y convertirnos en la voz que necesitamos oír?

TOLERAR LA VERGÜENZA

Con frecuencia, la vergüenza que sentimos después de un fracaso es consecuencia de un enorme sesgo cognitivo. Tomamos un suceso, una acción, una decisión o incluso una pauta de conducta y lo usamos para hacer una afirmación global acerca de quiénes somos y de cuánto valemos como personas. Esto implica que emitimos un juicio global acerca de la persona en su conjunto a partir de información muy específica que obvia el resto de los puntos fuertes y débiles o intenciones. No haríamos nada semejante con un ser querido. Si alguien a quien amamos incondicionalmente cometiera un error, no querríamos que se descalificara por completo como persona. Querríamos que aprendiera de la experiencia, que siguiera adelante y que tomara decisiones más alineadas con quien quiere ser. Seguiríamos queriendo lo mejor para esa persona y no la someteríamos a andanadas de maltrato verbal.

Caja de herramientas: Aprender a tolerar la vergüenza
La vergüenza puede ser intensa y muy dolorosa. A continuación encontrarás algunos consejos para aumentar la tolerancia a la vergüenza asociada a los errores y al fracaso.

- Presta atención al lenguaje que usas. Las afirmaciones que comienzan con «soy un...» conducen a ataques globales contra la personalidad y la valía personal que solo consiguen alimentar y reactivar la vergüenza.
- Cuando reflexiones sobre lo que ha sucedido, sé muy específico y cíñete a la conducta que consideras equivocada.
- Recuerda que no eres la única persona que se siente así. La

mayoría de la gente siente vergüenza y se centra en pensamientos de autocrítica cuando comete un error; es normal. Por otro lado, que sean universales no significa que esos pensamientos sean útiles o ciertos.

- Recuerda que se trata de una emoción temporal, por dolorosa o intensa que sea. Puedes usar las herramientas de autorrelajación (*véase* la tercera parte del libro, pág. 115) para que te ayuden a gestionarla.
- ¿Cómo le hablarías a un ser querido que pasara por lo que tú pasas ahora?
- ¿Cómo le demostrarías que lo quieres sin dejar de ser sincero y de ayudarlo a hacerse responsable de sus acciones?
- Habla con alguien a quien conozcas y en quien confíes. Ocultar la vergüenza solo consigue perpetuarla. Compartirla nos ayuda a reconocer que sentir vergüenza después de un fracaso es una reacción humana muy habitual. Los buenos amigos también nos ayudan a hacernos responsables de nuestros errores, porque confiamos en que serán sinceros con nosotros y nos seguirán aceptando tal y como somos.
- ¿Qué respuesta a esta situación encajaría más con el tipo de persona que quieres ser? ¿Cómo tendrías que avanzar a partir de ahora para sentirte orgulloso y agradecido al mirar hacia atrás en el futuro?

Resumen del capítulo

- Nuestro concepto del estrés influye en nuestro rendimiento bajo presión.
- Entender el estrés como un activo que nos ayuda nos permite invertir menos energía en intentar reprimirlo y centrarnos en la dificultad a la que nos estemos enfrentando.

- Centra las afirmaciones o los mantras sobre el desempeño en aquello que has de hacer, no en lo que has de evitar.
- Ajusta la atención para ajustar el nivel de estrés.
- Trabajar en tu relación con el fracaso y aumentar la tolerancia a la vergüenza te ayudará a afrontar el estrés cuando te veas sometido a mucha presión.

VIII

Sobre una vida con sentido

CAPÍTULO
32

El problema con «lo único que quiero es ser feliz»

En terapia, es muy habitual que cuando nos empezamos a centrar en el futuro y en lo que quiere el cliente, este diga: «Lo único que quiero es ser feliz».

Sin embargo, en los últimos años, el concepto de felicidad se ha visto suplantado por un escurridizo cuento de hadas que promete el placer constante y la satisfacción eterna. No hace falta pasar mucho tiempo en las redes sociales para encontrarnos con una marea de publicaciones que nos dicen que debemos «ser positivos, ser felices y eliminar la negatividad de nuestras vidas».

Nos dan a entender que la felicidad es la norma y que todo lo que no sea eso podría ser un problema de salud mental en potencia. También nos venden la idea de que si logramos la riqueza material, la felicidad llegará por sí misma y se quedará con nosotros.

Sin embargo, el ser humano no está diseñado para vivir en un estado de felicidad constante. Estamos diseñados para responder a las dificultades que plantea la supervivencia, y las emociones son un reflejo de nuestro estado físico, de nuestras acciones, de nuestras creencias y de lo que sucede a nuestro alrededor. Y todo ello cambia constantemente. Por lo tanto, un estado normal también es un estado que cambia constantemente. En *La trampa de la felicidad*, Russ Harris explica que las emociones son como el tiempo atmosférico. Se mueven y cambian constantemente, a veces de un modo predecible y, otras, de un modo repentino e inesperado. Las emociones siempre forman parte de nuestra experiencia, pero, al igual que el tiempo atmosférico, a veces son agradables y otras, casi insoportables. También hay veces en que no hay nada lo suficientemente característico para que lo podamos describir con facilidad. Si entendemos la experiencia humana desde este prisma, es fácil ver que nada que nos venda la felicidad eterna podrá cumplir su promesa si ser feliz significa no sentir nunca ninguna de las emociones menos agradables. Podemos vivir una vida feliz y plena que incluya el abanico completo de las emociones humanas. Creer que la felicidad significa ser positivo en todo momento nos puede dejar con la sensación de que estar menos que contento significa que hemos fracasado. Nos da la sensación de que nos hemos equivocado en algo o nos preocupa la posibilidad de padecer una enfermedad mental. Pensar así hace que un día nublado se torne tormentoso. Hay veces en que no estamos contentos sencillamente porque somos humanos y la vida es complicada la mayoría del tiempo.

Las cosas que más felicidad nos aportan no suscitan exclusivamente emociones positivas. Las personas que hay en nuestra vida son el mejor ejemplo de ello. La familia, que lo es todo para nosotros, puede ser el origen del malestar más profundo cuando las cosas van mal. Las madres y los padres encuentran una profunda sensación de propósito en su función de progenitores, que les produce emociones intensas de amor y de alegría. Sin embargo, hay ocasiones en que también sienten un dolor, un miedo y una vergüenza intensísimos. Por lo tanto, los momentos felices son solo una flor en un ramo muy amplio. No puede existir lo uno sin lo otro. Las emociones vienen en un ramo completo.

La importancia del sentido

Hay personas que vienen a terapia porque se sienten perdidas en la vida. No atinan a señalar ningún problema concreto, pero saben que no están bien. Nada las motiva y les cuesta hacer las cosas con una energía o con un entusiasmo genuinos. Como no tienen un problema claro y específico, no saben qué hacer para resolverlo o cómo decidir qué dirección tomar. No es tanto que tengan dificultades para conseguir sus objetivos si no que no saben qué objetivos fijarse o si vale la pena fijarlos siquiera.

En muchos casos, esto se debe a una desconexión con sus valores nucleares. La vida las ha alejado de lo que más les importa. Trabajar para determinar con claridad cuáles son nuestros valores puede conseguir muchas cosas. Nos indica qué dirección emprender y qué objetivos nos resultarán más satisfactorios y significativos, y nos puede ayudar a perseverar en momentos dolorosos y recordarnos que estamos en el camino correcto, por empinado que sea ahora. Y eso es de una importancia crucial.

¿QUÉ SON LOS VALORES?

Los valores no son lo mismo que los objetivos. Un objetivo es algo concreto y finito hacia lo que podemos avanzar. Cuando lo conseguimos, lo damos por concluido y pasamos al siguiente objetivo. Un objetivo podría ser aprobar un examen, tachar todos los elementos de la lista de tareas pendientes o superar la marca personal en un maratón.

Los valores no son un conjunto de acciones que se puedan terminar, sino un conjunto de ideas acerca de cómo queremos vivir la vida, del tipo de persona que queremos ser y de los principios que queremos defender.

Si la vida fuera un viaje, los valores serían el camino que decidimos recorrer. El camino nunca llega a su fin, y vivir de forma congruente con nuestros valores es el esfuerzo consciente que hacemos para mantenernos siempre en el camino, que está repleto de obstáculos que debemos superar. Esos obstáculos son los objetivos con los que nos comprometemos cuando elegimos el camino. Algunos serán muy grandes y quizás no estemos seguros de si los podremos superar o no. Pero hacemos todo lo posible, porque permanecer en el camino es de vital importancia para nosotros.

Hay muchos otros caminos, con sus propios obstáculos y dificultades. Sin embargo, decidir ceñirnos a este y afrontar lo que sea que nos encontremos al recorrerlo dota de sentido y propósito todos los eventos y acciones. La intención de elegir ese camino es lo que nos permite superar barreras que, de otro modo, ni nos plantearíamos afrontar. Por ejemplo, si uno de nuestros valores es el aprendizaje y el crecimiento personal continuos, quizás estudiemos mucho y hagamos muchos exámenes a lo largo de nuestra vida.

Los valores son las cosas que hacemos, la actitud con que las hacemos y el motivo por el que decidimos hacerlas. No son quienes somos o dejamos de ser. No son algo que tengamos, en lo que nos convirtamos, que consigamos o que completemos.

A veces nos alejamos de nuestros valores y vivimos de un modo que no es congruente con ellos, quizás porque la vida nos ha arrastrado en otra dirección o porque no teníamos una idea clara de cuáles eran. Por otro lado, los valores pueden cambiar a lo largo de la vida a medida que maduramos y evolucionamos. Nos independizamos y nos vamos de casa, aprendemos de las personas a las que conocemos, aprendemos más acerca del mundo, tenemos hijos (o no), etcétera. La lista sigue y sigue. Por todo ello, es importante evaluar con regularidad qué es lo más importante para nosotros. Así podremos tomar decisiones conscientes, reorientar nuestra conducta si es necesario y garantizar que nos mantenemos en el camino elegido para que nuestra vida tenga sentido.

Si no tenemos claro cuáles son nuestros valores, es muy posible que nos fijemos objetivos basándonos en lo que creemos que deberíamos hacer o en las expectativas de los demás, o que pensemos que una vez que consigamos el próximo objetivo, por fin seremos suficiente, nos podremos relajar y seremos felices con quienes somos. Uno de los errores básicos de este razonamiento es que impone parámetros muy rígidos a las condiciones en las que nos podemos sentir satisfechos y felices. Además, ubica la satisfacción y la felicidad en el futuro.[1]

Con esto no quiero decir en absoluto que no nos debamos fijar objetivos. Sin embargo, cuando nos esforzamos por conseguir algo, resulta muy útil saber por qué queremos conseguirlo y ser conscientes de que la buena vida no nos espera en la meta, sino que está en el proceso y en el camino que recorremos hasta llegar a ella. ¿Y si la vida pudiera estar llena de sentido y de propósito ahora? ¿Y si viviéramos de un modo congruente con lo que más nos importa ahora, en lugar de esperar a que las cosas sean mejores en el futuro? Seguiríamos esforzándonos para cambiar y para conseguir nuestros objetivos, pero ya no esperaríamos alcanzar una vida con sentido, sino que la estaríamos viviendo ahora.

Resumen del capítulo

- Nos venden que la felicidad es la norma y que todo lo que no sea eso podría ser un problema de salud mental.
- A veces no somos felices sencillamente porque somos personas y la vida es complicada.
- Lo que hace que la vida valga la pena no solo nos da felicidad. A veces nos trae también una mezcla de felicidad, amor, alegría, miedo, vergüenza y dolor.
- Tener claros nuestros valores personales nos puede ayudar a establecer objetivos que doten la vida de sentido y propósito.
- Tener presentes nuestros valores personales también nos ayuda a perseverar en momentos difíciles, porque sabemos que estamos en el buen camino.

CAPÍTULO
33

Cómo saber qué nos importa

Hay varios ejercicios muy sencillos que nos pueden ayudar a ver con más claridad cuáles son nuestros valores en la actualidad. Vale la pena repetir que los valores cambian con el tiempo en función de la etapa vital en la que nos encontremos y de las dificultades a las que nos enfrentemos. Y no solo cambian los valores, sino también nuestras conductas y su grado de congruencia con ellos.

Cuando nos enfrentamos a un cambio o a una dificultad, la vida nos puede arrastrar en una dirección nueva que nos aleje de lo que nos importa. Por lo tanto, vale la pena que reevaluemos con cierta regularidad en qué punto nos encontramos respecto a nuestros valores. Es una manera de comprobar tanto el estado de la brújula como el del mapa. ¿Hacia dónde voy? ¿Quiero seguir yendo en esta dirección? En caso contrario, ¿cómo puedo ajustarla para dirigirme hacia lo que es más importante para mí?

ENTUSIASMO   HONESTIDAD   FE   JUSTICIA

BONDAD   AFECTO   COMPASIÓN

FUERZA   AMBICIÓN   FIABILIDAD

CONFIANZA   PRESENCIA   FLEXIBILIDAD   CURIOSIDAD

APERTURA MENTAL   VALOR   LEALTAD

CREATIVIDAD   AVENTURA   GRATITUD

LEALTAD   COMPRENSIÓN   ESPIRITUALIDAD

SOSTENIBILIDAD   SINCERIDAD   AUTOCONOCIMIENTO

INDEPENDENCIA   CONEXIÓN   ACEPTACIÓN

AMOR   DETERMINACIÓN   PACIENCIA

PROFESIONALIDAD   RESPETO   ARROJO

Figura 10: Valores. Rodea con un círculo los valores que te parezcan más relevantes e importantes.

Figura 11: Esta tabla ofrece un par de ejemplos de la diferencia entre valores y objetivos alineados con los valores, y de cómo estos se pueden traducir en acciones cotidianas.

VALORES	OBJETIVOS	CONDUCTAS COTIDIANAS
Aprendizaje continuo, curiosidad, crecimiento personal	Cursos formativos	Leer, estudiar, hacer exámenes o actuaciones que amplíen y lleven al límite esas habilidades y promuevan el aprendizaje

VALORES	OBJETIVOS	CONDUCTAS COTIDIANAS
Amor y compasión por los demás	Recordar fechas señaladas, visitar a familiares en momentos concretos	Expresar amor y compasión con pequeños gestos a diario. Anotar las fechas de los cumpleaños y los aniversarios. Reservar tiempo para estar con los seres queridos. Ayudar a un vecino anciano a cruzar la calle

Caja de herramientas: Conectar con los valores

En la sección de herramientas adicionales que encontrarás al final del libro hay una tabla en blanco que puedes usar para reflexionar acerca de lo que valoras más en cada área de tu vida. Los ejemplos que aparecen en las casillas no son más que puntos de partida y no tienes por qué seguirlos al pie de la letra. Cámbialos por los valores y objetivos que sean relevantes para ti. Reflexiona acerca de qué valores son más importantes para ti en cada una de las facetas que representan las casillas. Las preguntas siguientes te pueden ayudar en esa reflexión:

- ¿Qué tipo de persona querrías ser en esta faceta de tu vida?
- ¿Qué principios quieres defender?
- ¿Qué quieres que representen tus esfuerzos?
- ¿Qué contribución quieres hacer?
- ¿Qué cualidades o actitudes quieres llevar a esa área de tu vida?

RELACIONES	SALUD	CREATIVIDAD
CRIANZA DE LOS HIJOS	ESPIRITUALIDAD/ FE	CONTRIBUCIÓN
APRENDIZAJE Y DESARROLLO	JUEGO/OCIO	TRABAJO

La parte clave de este ejercicio viene una vez que hayas enumerado los valores en cada casilla. En la terapia de aceptación y compromiso (ACT) pedimos a los clientes que evalúen lo importante que es cada uno de esos valores en una escala del cero al diez.

En esta escala, diez sería la máxima importancia y cero significaría que no es importante en absoluto. Cuando les pedimos que puntúen en qué medida creen que viven una vida alineada con esos valores, un diez sería una vida muy congruente con los valores y el cero sería una vida nada congruente con estos. A continuación reflexionamos acerca de la discrepancia entre la puntuación que han otorgado a la importancia del valor y la que han otorgado a la medida en que lo satisfacen. Si la discrepancia es significativa, podría indicar que algo los ha alejado de una vida congruente con lo que más les importa. Por ejemplo, imagina que le has dado un diez sobre diez a la importancia de cuidar tu salud y tu cuerpo, pero que has puntuado con solo un dos sobre diez la medida en que vives de un modo congruente con ese valor, porque no comes demasiado bien y has dejado de hacer ejercicio. Tomar conciencia de ello podría ayudarte a hacer cambios positivos en esa área de tu vida.

Este ejercicio nos indica a qué facetas deberíamos prestar más atención. Es una manera fantástica de hacernos una idea general de cuáles son las prioridades que rigen nuestras vidas y que, en ocasiones, entran en conflicto. No nos dice qué debemos hacer ni cómo hacerlo. Solo nos presenta un mapa, una visión global de cómo están las cosas ahora. A partir de ahí podemos decidir qué acción emprender para acercarnos al camino que queremos recorrer.

También es importante señalar que el ejercicio no trata de los problemas a los que nos enfrentamos ni de las emociones dolorosas que sentimos a diario. Trata del sentido que encontramos tanto en los días más complicados como en los más fáciles. No nos pide que esperemos a que todo vaya bien para empezar a vivir como la persona que queremos ser. Nos insta a reflexionar acerca de cómo elegir vivir alineados con nuestros valores, suceda lo que suceda a nuestro alrededor.

Una vez que hayas identificado algunos de los aspectos más importantes de tu vida y los valores más relevantes en cada área, puedes usar este ejercicio para comprobar en qué medida vives alineado con tus valores en la actualidad. El ejercicio fue concebido originalmente por Tobias Lundgren, un terapeuta ACT sueco, y esta es mi versión, con la que me gusta trabajar.

La estrella plasma seis valores, uno en cada vértice. Nombra cada uno con un ámbito de tu vida que sea especialmente importante para ti. Entonces, en una escala del cero al diez, marca con una cruz la cifra que represente hasta qué punto vives de un modo congruente con tus valores en esa área. Por ejemplo, quizás creas que no has dado tanta prioridad a tu salud como te gustaría, así que marcas un cinco sobre diez. Sin embargo, quizás sientas que en lo que concierne a tus relaciones vives bastante alineado con el tipo de pareja que quieres ser, así que te concedes un nueve sobre diez.

Cuando los hayas puntuado todos, traza una línea que una todas las puntuaciones y fíjate en qué forma adopta la silueta. Si es irregular, los vértices más cortos reflejan las áreas que necesitan más atención. En el apartado de herramientas adicionales al final del libro encontrarás estrellas en blanco.

Determinar en qué medida nuestros valores representan nuestros deseos y en qué medida son un reflejo de las expectativas de los demás puede ser complicado. Es muy importante diferenciar entre lo uno y lo otro. Esto no significa que el sentido del deber o de compromiso para con la familia o la comunidad no sea importante o que

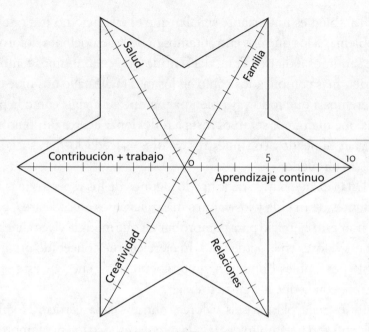

Figura 12: La estrella de los valores.

no debamos optar por él. Sin embargo, determinar qué valores son nuestros de verdad y qué otros son una imposición nos puede ayudar a entender por qué algunos aspectos de nuestra vida nos parecen menos satisfactorios o por qué nos cuesta conectar con ellos.

Prueba esto
Otra manera de conectar con los valores con más regularidad es incluirlos en un diario o en reflexiones sencillas. A continuación encontrarás algunas preguntas que te ayudarán a ello. Me gusta usarlas tanto cuando exploro mis propios valores como en terapia, con mis clientes.

Preguntas exploratorias:

1. ¿Cómo abordarías la vida cotidiana en el próximo capítulo de tu vida para poder sentirte satisfecho y orgulloso si, en el futuro, miraras hacia atrás y reflexionaras sobre este capítulo?

2. ¿Qué quieres defender en tu relación contigo mismo, con tu salud y con tu crecimiento personal? ¿Qué es lo más importante para ti en estas áreas?

3. ¿Qué tipo de persona quieres ser para las personas que hay en tu vida? ¿Cómo quieres interactuar con ellas y contribuir en sus vidas?

4. ¿Cómo quieres que se sientan cuando estén contigo? ¿Qué quieres representar en tu círculo de amistades y en tu familia?

5. Si solo se vive una vez, ¿qué impacto quieres tener mientras estés aquí?

6. Si nadie supiera a qué dedicas tu tiempo, ¿harías lo mismo que haces ahora?

7. A lo largo de este día o de esta semana, ¿qué valor quieres intentar aportar a cada decisión y a cada acción? Por ejemplo: «Hoy elijo aportar entusiasmo/valor/compasión/curiosidad a todas las experiencias, decisiones y acciones. Lo haré así...».

Resumen del capítulo

- Hay ejercicios sencillos que te pueden ayudar a tener más claro cuáles son tus valores en el presente.
- Los valores pueden cambiar con el tiempo, al igual que la medida en que vivimos una vida congruente con ellos. Por lo tanto, vale la pena conectar con ellos con regularidad.
- Cuando usamos los valores como guía a la hora de fijarnos objetivos, contribuimos a dotar de sentido a nuestro día a día.
- El foco de atención no está en lo que queremos que nos suceda, sino en el tipo de persona que queremos ser y en la actitud con la que queremos afrontar la vida, suceda lo que suceda.

CAPÍTULO
34

Cómo crear una vida con sentido

¿Qué sucede una vez que hemos determinado qué es importante para nosotros y nos damos cuenta de que nuestra vida no es congruente con esos valores? ¿Cómo empezamos a cambiar de rumbo? Con frecuencia, cuando decidimos que ha llegado el momento de cambiar, tendemos a plantearnos nuevos objetivos enormes y radicales. Por ejemplo, imagina que haces un ejercicio para conectar con tus valores y decides que tienes que empezar a cuidarte más y a hacer ejercicio. Acto seguido, te empiezas a plantear objetivos: podrías correr un maratón o mejorar tu alimentación. Sin embargo, plantearte objetivos no garantiza que tu vida cambie ni que los cambios perduren. Lo que lo garantiza son los detalles cotidianos y las conductas repetidas que te mantienen avanzando en esa dirección.

Por ejemplo, es posible que tu objetivo sea terminar un maratón. Sin embargo, lo corras o no, lo que te cambiará la vida son las medidas que pondrás en práctica para salir a correr a diario, el grupo de entrenamiento al que te unirás, las estrategias que aplicarás para aumentar gradualmente la distancia que recorres y los cambios que harás en tu alimentación para que te ayuden a conseguir tu objetivo. Aunque fijarte un objetivo te da el impulso inicial en la dirección adecuada, es importante que recuerdes que el punto final de ese objetivo, el momento en que lo cumplas, es, en realidad, una limitación. Si has reevaluado tus valores y quieres avanzar en una dirección nueva basándote en lo que más te importa en la vida, es muy probable que quieras seguir en esa misma dirección una vez que hayas cumplido tu objetivo. Son muchas las personas que corren un maratón y guardan los tenis en el clóset poco después.

Conectar con los valores con regularidad es útil porque los pormenores de los valores pueden variar a lo largo del tiempo. Sin embargo, eso también nos da la oportunidad de examinar los entresijos de nuestro día a día y de plantearnos preguntas como «¿qué tipo de persona quiero ser hoy?» o «¿qué voy a hacer hoy para seguir en esa dirección?». Por ejemplo, si te planteas ser la persona que cuida su salud a diario, esto puede perdurar hasta mucho después de que hayas cruzado la línea de meta del maratón.

Trabajar de esta manera es un ataque por los dos flancos. Si inviertes tiempo en reflexionar acerca de la persona que quieres ser y en visualizarte siéndolo, y transformas esas ideas en acciones concretas y sostenibles, empezarás a notar el cambio en lo significativos que te parecen esos esfuerzos. Cambiar es muy difícil, así que contar con el sólido anclaje que supone tener claro por qué quieres cambiar y la sensación permanente de identidad («porque esta es la persona que soy ahora») te ayudará a perseverar cuando el cambio se tope con la inevitable resistencia de tu propia mente o de quienes te rodean. Con el tiempo, esas maneras nuevas de pensar y de actuar se consolidarán, de modo que lo que crees acerca de ti mismo también cambiará. Es decir, te conviertes de verdad en una persona que da prioridad a la salud y a la forma física, no por obra y gracia del objetivo inicial de correr un maratón, sino por haber perseverado en la instauración de un estilo de vida nuevo. El ejercicio se convierte en algo que haces porque te identificas con ello, no porque tengas que alcanzar un objetivo. La idea inicial del maratón acaba por ser casi irrelevante.

Centrarnos excesivamente en los objetivos puede llevar a que nos rindamos con más facilidad si no obtenemos resultados con la rapidez suficiente o si nos topamos con resistencia o con obstáculos en el camino. Cuando nos fijamos un objetivo, es muy probable que al principio estemos emocionados y sintamos el chispazo de la motivación. Sin embargo, la motivación es como la llama de un cerillo. Se consume rápidamente. Es una fuente de energía no sostenible. Por el contrario, si instauramos una rutina de acciones menores cuyo mantenimiento no nos exige nada demasiado radical ni drástico, el nuevo sentido de identidad nos ayudará a perseverar.

Resumen del capítulo

- Cuando decidimos que ha llegado el momento de cambiar, tendemos a pensar en objetivos enormes y radicales.
- Fijar un objetivo no basta para garantizar ni que la vida cambie ni que los cambios se mantengan.
- Invertir tiempo en pensar en la persona que queremos ser y en visualizarnos siéndolo, y transformar esas ideas en acciones concretas y sostenibles puede cambiar lo significativo que nos parece nuestro esfuerzo.
- Asociar las intenciones a la identidad personal facilita que las nuevas conductas se mantengan una vez que logramos el objetivo.

CAPÍTULO
35

Relaciones

Es imposible hablar del sentido de la vida sin hablar de las relaciones personales. Las relaciones personales son lo que nos hace humanos y, en lo que a la felicidad se refiere, son más importantes que el dinero, la fama, la clase social, los genes o cualquiera de las cosas por las que nos dicen que nos tenemos que esforzar sobre todo y ante todo. Las relaciones que mantenemos y lo felices que nos hagan no son ajenas a nuestra salud general. De hecho, están en el centro de la ecuación: las relaciones sanas protegen tanto la salud física como la mental a lo largo de la vida.[1] Por relaciones no me refiero únicamente a las relaciones de pareja o al matrimonio, sino a todas las relaciones que mantenemos. Con los amigos, con la familia, con los hijos y con la comunidad. Tanto los datos científicos respecto a varias medidas de salud como los indicadores biológicos lo constatan, aunque también se hace evidente en las narrativas personales. Una de las cinco cosas de las que más se lamentan las personas que están a punto de morir es «ojalá hubiera mantenido el contacto con mis amigos».[2]

Sin embargo, y a pesar de que se trata de algo que define tan profundamente quiénes somos y cómo vivimos nuestras vidas, de algo que ejerce un efecto tan potente sobre cuánto tiempo vivimos y sobre lo felices que somos, lo cierto es que la mayoría de nosotros no sabemos muy bien qué hacer para garantizar que las relaciones que mantenemos sean sanas. No vienen con manual de instrucciones.

Comenzamos a conectar con los demás y a aprender de esas experiencias desde el mismo momento en el que nacemos. Las primeras relaciones que forjamos, con nuestros progenitores y con nuestros hermanos, con nuestro círculo familiar y con nuestros iguales, nos sirven de plantilla para las relaciones futuras. Aprendemos esas lecciones a la edad en la que somos más vulnerables, cuando no podemos decidir con quién nos relacionamos, sino que dependemos totalmente de los demás para sobrevivir.

Las mismas pautas de conducta que aprendemos a usar para gestionar nuestras relaciones en la primera infancia pueden ser muy poco útiles cuando llegamos a la edad adulta.

Entonces, y dado que las relaciones son cruciales si queremos vivir una vida larga y feliz, ¿cómo podemos empezar (incluso ya de adultos) a mejorarlas?

La información que nos ofrecen tanto la terapia individual como la de pareja nos puede resultar útil en este aspecto. La terapia cognitivo-analítica (TCA) identifica los patrones relacionales que desarrollamos en la primera infancia y cómo estos afectan a nuestras relaciones adultas. Si puedes acceder a la TCA, puede ser un proceso muy revelador, durante el que se explicitarán los papeles que sueles desempeñar en las relaciones y los ciclos en los que acabas atrapado.

¿Qué pueden hacer las personas sin acceso a una terapia como la TCA para entender mejor las relaciones que mantienen y para trabajar para mejorarlas?

En primer lugar, es importante identificar algunos de los mitos que la cultura popular nos ha llevado a creer y que pueden llevar a que sintamos que lo estamos haciendo muy mal. La mayoría de estos mitos afectan tanto a las relaciones de pareja como a las que mantenemos con amigos y familiares.

MITOS ACERCA DE LAS RELACIONES

- **El amor debería ser fácil.** La idea de que si alguien es la persona adecuada para nosotros, caminaremos de la mano hacia el atardecer y todo irá bien siempre no tiene ninguna base real y deja a la mayoría de las personas insatisfechas con sus relaciones. Una relación duradera no es un agradable paseo en barco río abajo por aguas tranquilas. Tenemos que agarrar los remos y tomar decisiones basadas en valores y emprender acciones que nos acerquen a donde queremos ir. Y entonces nos tenemos que esforzar. Tenemos que repetir esas acciones una y otra vez. Si pasamos más tiempo a la deriva que eligiendo el rumbo de forma deliberada y esforzándonos en mantenerlo, es posible que acabemos atracando en un puerto al que no queríamos llegar.
- **Hay que ser uno.** Tanto si hablamos de una relación de pareja como si se trata de una amistad, no pasa absolutamente nada por estar en desacuerdo. No es necesario pensar siempre lo mismo acerca de todo. Son dos personas distintas, cada una con sus propias sensibilidades, experiencias, necesidades y mecanismos de afrontamiento. Si te abres del todo y conectas con la otra persona, es inevitable que descubras partes que tendrás que tolerar y aceptar si quieres que la relación perdure en el tiempo.
- **Hay que estar siempre juntos.** Está bien pasar tiempo cada uno por su lado, ya se trate de una relación de pareja o de amistad. No tienen que convertirse en dos mitades de la misma persona. Son dos personas independientes y únicas, y cultivar lo que los hace únicos no tiene por qué suponer una amenaza para la relación. Este mito es resultado del miedo al abandono e impide que muchas personas permitan a sus parejas, o a sí mismas, desarrollarse y crecer como personas independientes dentro de la relación. Cuando nos sentimos seguros en una relación, nos sentimos libres para ser personas

separadas y no vemos como una amenaza las otras facetas de la vida de nuestra pareja.

- **Felices para siempre.** Ya hablemos de cuentos de hadas o de películas de Hollywood, la historia siempre acaba cuando la relación comienza, como si el destino de todo viaje fuera siempre encontrar a la persona perfecta y, a partir de ahí, todo fuera a ser felicidad infinita. Una relación es un viaje en el que, de forma natural, aparecerán curvas, giros y baches. Incluso las relaciones más sólidas pasan por horas bajas y por periodos de desconexión y de desacuerdo. Habrá momentos en los que uno o ambos miembros de la pareja se enfrenten al fracaso, a una pérdida enorme o a la enfermedad y al dolor. Habrá momentos en que sentirán emociones contradictorias o en que la pasión decaerá. Habrá épocas en que uno o ambos miembros de la pareja no tendrán claro qué quiere o necesita el otro. Habrá momentos en que se equivoquen y hagan daño al otro. Si nos creemos el mito de felices para siempre, cuando esto sucede, podemos acabar pensando que la relación no tenía que ser y la terminamos sin ser conscientes de que todas las relaciones pasan por baches. Cuando tropezamos, nos podemos levantar y seguir juntos.

- **El éxito de la relación pasa por seguir juntos a cualquier precio.** Las relaciones ejercen un efecto muy potente en la salud y la felicidad, pero no basta con tener una relación. Para que las relaciones ejerzan un efecto positivo en nuestras vidas, tenemos que trabajar para mejorar la calidad del vínculo y tomar decisiones deliberadas y cuidadosas al respecto. Podemos asumir plena responsabilidad sobre nosotros mismos, pero no podemos obligar a los demás a cambiar, y haremos bien si ponemos fin a una relación perjudicial para nuestra salud física o mental. En el apartado de recursos he incluido información acerca de servicios que ofrecen apoyo a gente que no se siente segura en una relación.

Cómo mejorar las relaciones

Cuando cuidamos de nosotros mismos, cuidamos nuestras relaciones y cuando cuidamos nuestras relaciones, cuidamos de nosotros mismos. Por lo tanto, todas las herramientas del libro que se centran en cuidar de ti te ayudarán a ser la persona que quieres ser en tus relaciones.

Mejorar en el ámbito de las relaciones no significa aprender a conseguir que la otra persona sea como quieres que sea o haga lo que quieres que haga. En terapia de pareja, ambos miembros trabajan juntos para mejorar la relación. Sin embargo, también puedes trabajar la relación desde el conocimiento de tus necesidades individuales y de las pautas y los ciclos en que tiendes a quedar atrapado.

Cuando te conoces mejor y practicas nuevas maneras de comunicar y conectar con la gente en tu vida (incluido tú mismo), puedes transformar drásticamente la calidad de las relaciones. Entender quién quieres ser, cómo quieres estar ahí para las personas que hay en tu vida y cómo instaurar límites y cuidar de ti dentro de la relación puede actuar como una brújula. Así, cuando te sientas perdido o confundido por la complejidad de los altibajos de las relaciones, no tendrás que acudir a otros en busca de dirección. Podrás volver a ti. Dar un paso atrás y ver cómo encajan las opciones disponibles con la imagen general que quieres crear.

Apego

Nuestro estilo de apego se desarrolla en la primera infancia y no lo elegimos nosotros, ya que el cerebro está programado para apegarse a un cuidador para que nos mantenga a salvo. El apego permite a todos los niños buscar proximidad con un progenitor, al que acudirán en busca de seguridad y de consuelo cuando lo necesiten y al que usarán como una base segura. Cuando el niño cuenta con esa base segura, se atreve a explorar el mundo y a forjar relaciones nuevas usando lo que ha aprendido. Sin embargo, cuando los padres no pueden ofrecer la conexión y la seguridad constantes que el niño necesita para poder desarrollar ese apego seguro, este puede arrastrar procesos internos de inseguridad hasta la edad y las relaciones adultas.[3]

El estilo de apego afecta a cómo nos relacionamos con los demás en la edad adulta, porque es la plantilla sobre la que hemos forjado nuestro concepto de qué podemos esperar de las relaciones y de cómo nos debemos comportar en ellas. Contar con un estilo de apego concreto no es una condena grabada a fuego que determina cómo nos relacionaremos con los demás durante toda la vida. Sin embargo, sí que nos puede ayudar a entender algunos de los ciclos en los que quedamos atrapados en la edad adulta. El cerebro tiene capacidad de adaptación, por lo que si entendemos esas pautas y tomamos la decisión consciente de hacer algo distinto en repetidas ocasiones, al final la nueva conducta se convertirá en la norma.

Apego ansioso

El apego ansioso se puede manifestar como la necesidad constante de que el otro nos confirme que nos quiere y que no tiene intención de abandonarnos. Las personas con un estilo de apego ansioso pueden haber crecido en un entorno en el que no estaban seguras de que sus cuidadores fueran a regresar, en el que no podían confiar en recibir afecto o en el que los progenitores no siempre estaban disponibles o respondían a sus necesidades.

El apego ansioso se puede manifestar mediante conductas orientadas a complacer, dificultades para expresar las necesidades personales, la evitación del conflicto y la confrontación, y la orientación a las necesidades de la pareja en detrimento de las propias.

Centrarse constantemente en evitar ser abandonado puede acabar convirtiéndose en una profecía autocumplida, porque la necesidad incesante de reafirmación puede llevar a que el otro se sienta controlado si tiene un estilo de apego evitativo, y puede dar lugar a conflictos. La persona con apego ansioso se enojará si su pareja no le proporciona la reafirmación constante que necesita, pero al mismo tiempo es muy posible que no exprese abiertamente sus necesidades, por miedo al conflicto.

Ante una situación así, la respuesta no consiste ni en ofrecer un flujo constante de reafirmación ni en hacer oídos sordos a la necesidad de seguridad con la esperanza de que desaparezca. Lo que puede hacer la persona con apego ansioso es aprender a sentirse segura independientemente de su pareja, reforzando su identidad personal y aprendiendo a calmarse a sí misma. Su pareja la puede ayudar ofreciéndole un apoyo más constante sin esperar a que se lo pida. Por lo tanto, es algo que se puede trabajar tanto individualmente como en pareja.

Apego evitativo

Este estilo de apego puede parecer casi la otra cara de la moneda del estilo ansioso. La proximidad y la intimidad resultan amenazadoras y peligrosas para la persona con un estilo de apego evitativo que, a pesar de todo, sigue necesitando la conexión humana. La independencia le ofrece seguridad y se abre lo justo para poder mantener la relación, pero en realidad la hace sentir incómoda, vulnerable y asustada, por lo que tiene el impulso de cerrarse emocionalmente y de evitar tanto la intimidad como la confrontación.

Aunque es habitual que estas conductas se confundan con una falta de amor o con despreocupación, en el pasado resultaron útiles a quien las manifiesta. Las personas con un estilo de apego evitativo pueden haber tenido una infancia en la que sus progenitores fueron incapaces de conectar física o emocionalmente con ellas o de responder a sus necesidades. Es posible que la dependencia condujera al rechazo o que los cuidadores no respondieran ante las necesidades del niño.

Existe la creencia errónea de que las personas con un estilo de apego evitativo no quieren ni necesitan la conexión personal. Son tan humanas como cualquier otra persona, pero tienen dificultades para forjar relaciones profundas porque les cuesta bajar los muros que levantaron durante la infancia para protegerse. Mientras que la persona con apego ansioso ha de trabajar para aumentar su tolerancia a la vulnerabilidad inherente a la independencia, la persona con apego evitativo ha de aumentar la tolerancia a la vulnerabilidad inherente a abrir las puertas a un vínculo profundo. Su pareja la puede ayudar si entiende por qué la intimidad la asusta o la incomoda, y si trabaja con ella para cultivar una intimidad gradual.

Apego seguro

Cuando el niño ha podido confiar en que sus padres responderán a sus necesidades emocionales y físicas, aprende que puede comunicar lo que siente y que sus emociones se verán atendidas. Se siente seguro expresando sus necesidades y aprende que puede salir al mundo para verlas satisfechas. Esto no significa que su infancia fuera perfecta, sino que sus padres fueron lo bastante fiables y constantes para generar esa base segura y que cuando cometieron errores, hicieron lo necesario para repararlos y para mantener la confianza.

El niño con apego seguro no es feliz en todo momento y no ve satisfechas sus necesidades incluso antes de emitir el primer llanto. Se siente lo bastante seguro como para expresar su malestar cuando el progenitor se aleja, pero retoma la conexión en cuanto vuelve. Cuando llegue a la edad adulta, disfrutará de la intimidad y será capaz de expresar lo que siente y lo que necesita al tiempo que mantiene cierta independencia.

Un apego seguro sienta unas bases sólidas para gestionar relaciones sanas en la edad adulta, pero no garantiza que tomemos decisiones o emprendamos conductas ideales respecto a las relaciones. Las personas con apego seguro que mantienen una relación con alguien que tiene otro estilo de apego pueden mejorar sus relaciones si se esfuerzan en entender y en demostrar compasión a la pareja que ha tenido experiencias distintas a las suyas en su primera infancia.

Apego desorganizado

Si los padres no pueden cuidar o apoyar emocionalmente al niño de una manera constante y fiable, o si lo maltratan, este puede desarrollar un apego desorganizado. Durante la infancia, este estilo de apego se puede manifestar en forma de conductas evitativas o de resistencia a los cuidadores, porque las experiencias contradictorias confunden y desorientan al niño. La persona que se supone que los ha de proteger también da miedo y es peligrosa. Más adelante, en la edad adulta, este estilo de apego puede dar lugar a dificultades para gestionar las emociones, a la tendencia a disociarse como respuesta ante el estrés, a un miedo intenso al abandono y a dificultades relacionales.

Al igual que sucede con los otros estilos de apego, se puede cambiar con ayuda. Estas personas quizás tengan que trabajar para reforzar la capacidad para afrontar la vulnerabilidad inherente a la intimidad y a la conexión, así como la ansiedad de la separación.

Aunque las experiencias tempranas pueden ejercer una influencia muy potente en cómo nos expresamos en las relaciones adultas, no tienen por qué ser una cadena perpetua. Entendernos a nosotros mismos y a las personas más próximas a nosotros sienta las bases de las relaciones. Identificar y entender nuestras pautas relacionales, así como las de las personas con quienes nos relacionamos, es un gran paso adelante en la mejora de las relaciones y nos ayuda a dar un paso atrás, a no personalizar la conducta de los demás y a tomar decisiones conscientes que nos ayuden a construir relaciones íntimas y de confianza que mejoren la vida de todos los miembros de la relación.

¿Cómo podemos hacerlo? ¿Qué podemos hacer hoy mismo para empezar a mejorar nuestras relaciones? Tal y como sucede con la mayoría de las cosas, no hay soluciones rápidas. No podemos crear nada duradero con un solo gran gesto que lo arregle todo. Se trata de tomar a diario decisiones deliberadas y conscientes, aunque aparentemente insignificantes. Se trata de intentar mantener un rumbo sólido y constante hacia nuestros valores. La manera de garantizar que nuestras conductas cotidianas sean fruto de la intención, y no de una reacción instintiva, es dar un paso atrás con regularidad para reflexionar acerca de cómo queremos que sea la imagen de la relación.

El investigador relacional John Gottman sugiere que el factor principal que determina lo satisfechos que se sienten tanto hombres como mujeres en una relación (en un 70 por ciento) es la calidad de la amistad.[4] Por lo tanto, centrarnos activamente en cómo forjar amistades y en cómo ser mejores amigos parece muy buena idea.

Si queremos mejorar la calidad de una relación de amistad, podemos disfrutar de la compañía mutua con regularidad, esforzarnos en mantener la compasión y el respeto mutuos, conocernos con el mayor detalle posible y encontrar maneras de demostrar en nuestra vida cotidiana lo mucho que valoramos y apreciamos al otro. Cuanta más proporción de la vida podamos llenar de intimidad y de experiencias que refuercen la amistad, más protegida estará la relación ante los inevitables obstáculos que aparecerán en forma de desacuerdos, de eventos estresantes y de pérdidas. Es mucho más fácil superar los altibajos de la vida si estamos acostumbrados a apoyarnos mutuamente y si hemos desarrollado un respeto y una gratitud profundos y mutuos.

Vínculos

A lo largo del libro he hablado mucho acerca de los peligros de la anestesia y la evitación emocionales. La emoción es inherente a las relaciones e inseparable de ellas, ya sean de pareja, de amistad o familiares. Cuando nos relacionamos con otros, les hacemos (y nos hacen) sentir cosas, y bastan unas palabras de un ser querido para que nos sintamos en las nubes o nos hundamos en la miseria. Aunque parece lógico retirarse y aislarse cuando las emociones dolorosas alcanzan una intensidad elevada, si lo hacemos, desconectamos del otro. Sin embargo, cualquier terapeuta de pareja, así como toda la literatura científica, nos diría que acercarnos al otro es la base para crear un vínculo profundo y de confianza.[5]

Desconectar de nosotros mismos, de nuestras emociones y de nuestros seres queridos tiene consecuencias negativas tanto para las relaciones como para la salud mental.[6] Y aun así estamos rodeados de cosas que nos tientan y que nos instan a escapar de los momentos en que nos sentimos vulnerables. Nos anestesiamos con sesiones maratonianas en las redes sociales o nos sumergimos en el trabajo y nos ocupamos de tal modo que no podemos parar. O nos alejamos de la conexión para, acto seguido, obsesionarnos con mejorar según los dictados del mundo externo. Nos centramos en acercarnos a la perfección o a la riqueza. Ninguna de estas conductas nos ayudará a que la relación funcione de verdad.

Entonces, ¿qué es lo que funciona? Esto es lo que los expertos aconsejan a quienes quieren forjar un vínculo significativo y duradero.

- **Autoconocimiento.** Las relaciones son complicadas porque no siempre podemos saber qué necesita, piensa o siente el otro. Sin embargo, sí que podemos saberlo de nosotros mismos. El mejor lugar por el que empezar a mejorar una relación somos nosotros. Pero no para culparnos ni para autoflagelarnos, sino desde la curiosidad y la compasión. Entender los ciclos en los que quedamos atrapados repetidamente y qué nos hace vulnerables a ellos es el primer paso para averiguar cómo evitarlos. Aunque no podemos saber si la otra parte en una relación querrá llevar a cabo esta labor de introspección, si empezamos a cambiar nuestra conducta, es muy probable que el otro también responda de un modo distinto. Esto no significa que debamos cambiar con la esperanza de que el otro cambie también. Significa que nos tenemos que centrar en quién queremos ser en esta relación, en cómo nos queremos comportar y en qué queremos aportar a la conexión, además de en cuáles son nuestros límites y por qué los hemos impuesto.

- **Capacidad de respuesta emocional.** Las intensas emociones que nos abruman cuando una relación tiene problemas no son irracionales. Establecer una conexión emocional segura es una de las principales prioridades del cerebro, cuyo trabajo consiste en ayudarnos a sobrevivir. Alzar la voz, gritar, llorar, encerrarse en uno mismo o permanecer en silencio son distintas maneras de preguntar lo mismo: «¿Estás ahí para mí? ¿Te importo lo suficiente como para que te quedes conmigo? ¿Qué harás ahora que es cuando más te necesito?». Los distintos estilos de apego de los que acabamos de hablar determinan cómo hemos aprendido a formular esas preguntas. Cuando percibimos que empezamos a perder la conexión, el cerebro hace sonar las señales de alarma que nos impulsan a luchar o huir y a hacer lo que sea necesario para sentirnos seguros otra vez. Algunos recurren a la agresividad, otros se retiran y se esconden o bloquean toda respuesta emocional y no dejan traslucir ni un atisbo de lo mal que lo están pasando. Cuando entramos en el ciclo de ataque y retirada, acercarse al otro parece casi imposible, a pesar de que el origen del malestar sea, precisamente, la desconexión. En *Abrázame fuerte*, Sue Johnson, profesora de psicología clínica y experta en terapia de pareja centrada en las emociones, sugiere que nos seguiremos sintiendo aislados y desconectados hasta que volvamos a conectar. La única manera de hacerlo es acercarnos emocionalmente el uno al otro y consolarnos mutuamente. Johnson señala que, aunque uno de los miembros de la pareja culpe o ataque frenéticamente al otro en un intento de provocar una respuesta emocional, lo más probable es que el otro reciba el mensaje de que está fallando en la relación y que o bien se bloquee o bien se aleje aún más. Para remediarlo, podemos aprender a sintonizar con los intentos de conexión de nuestra pareja y con sus necesidades de apego. Es mucho más fácil decirlo que hacerlo cuando la emoción nos inunda, por lo que exige inevitablemente que adquiramos herramientas de autorrelajación y que aprendamos a gestionar nuestro propio malestar. Entonces, podremos responder a las señales de apego de nuestra pareja con sensibilidad, amabilidad y compasión, y hacerle saber que nos importa. Es crucial que, mientras lo hacemos, permanezcamos conectados, cerca y atentos en lugar de alejarnos.[7]

- **Quejas respetuosas.** La mayoría de las personas saben qué tipo de información las ayuda a asimilar un mensaje y a aprender, y qué tipo de información las catapulta a una espiral de vergüenza. Cuando nos dedicamos a culpar al otro, nadie gana. Construir una relación sana no consiste en renunciar a nuestras necesidades para complacer al otro, pero sí que exige que manifestemos la compasión y el afecto que queremos recibir cuando somos nosotros los que nos enfrentamos a frustraciones y problemas.

Las relaciones saludables no están exentas de conflicto y exigen que nos esforcemos en reparar minuciosamente los fallos de conexión. Sean cuales sean los detalles de cada conflicto concreto, ambos miembros de la pareja tienen la misma

necesidad básica de sentirse amados y de sentir que pertene-
cen a algo y que son aceptados tal y como son, al margen de
los errores que hayan cometido o de las pautas de conducta
que no ayuden a la relación. Forjar una relación basada en la
aceptación, en la ausencia de juicio y en una mirada positiva
incondicional es uno de los aspectos fundamentales de la terapia y sienta una base sólida sobre la que construir la capacidad de introspección y de trabajar para el cambio. Cuando
nos sentimos atacados o abandonados, o cuando sentimos
que nos humillan o no nos valoran, no estamos en disposición
de pensar con claridad acerca de cuál podría ser la mejor manera de avanzar a partir de ese momento. Hemos activado el
modo de supervivencia. Ante una conversación complicada,
las probabilidades de que vaya bien serán mucho mayores si
reflexionamos detenidamente y preparamos cómo la vamos a
abordar que si dejamos que la frustración tome las riendas y
cargue con desprecio y con un torrente de críticas. Centrarnos en conductas concretas en lugar de atacar a la personalidad en general facilita que todo el mundo pueda mantener la
calma. Tener claro qué sentimos y qué necesitamos evita que
el otro lo tenga que adivinar, mientras que tratarlo con el
aprecio y el respeto con los que querríamos que nos tratara
también es un muy buen punto de partida. Por supuesto,
nada de todo esto es fácil, sobre todo cuando las emociones
alcanzan intensidades muy elevadas, así que es imprescindi-
ble que reconectemos continuamente con nuestros valores
personales respecto al tipo de pareja que queremos ser.

- **Resarcir.** Cuando hablamos de resarcir, la prioridad principal
ha de ser la reconexión. Inevitablemente, esto exige que ambas
partes acepten su parte de responsabilidad en lo que ha sucedido, negocien y hagan los ajustes necesarios. La reconexión necesita los mismos ingredientes que forjaron el vínculo original:
aceptación, compasión, amor y gratitud mutuas. Acceder a ello

SOBRE UNA VIDA CON SENTIDO

es prácticamente imposible cuando las emociones siguen a flor de piel, por lo que no hace falta que suceda de inmediato. Podemos minimizar los daños si esperamos un breve periodo de tiempo que nos permita tomar distancia, calmarnos y retomar el tema de un modo más hábil. Todo esto parece ideal, y la vida real no siempre es así. Cambiar de hábitos es muy difícil. Sin embargo, aspirar a la perfección en las relaciones no sirve de nada. A veces nos equivocaremos. La clave está en persistir y en comprometernos a dar un paso atrás, reevaluar la situación y hacer todo lo que podamos para reparar el daño cuando nos equivoquemos. Si lo repetimos las veces suficientes, se convertirá en el nuevo hábito.

- **Recurrir a la gratitud.** En capítulos anteriores hablaba de la importancia de redirigir el foco de atención hacia la gratitud. El ajetreo de la vida cotidiana lleva a que sea demasiado fácil recaer en la pauta de prestar más atención a lo que creemos que nuestra pareja debería cambiar o mejorar, o a las ocasiones en que nos irrita hasta resultarnos insoportable. Tomar la decisión consciente de centrarnos en lo que admiramos y valoramos de nuestra pareja es una tarea relativamente sencilla que puede transformar no solo nuestro estado emocional, sino también cómo decidimos comportarnos en la relación.

- **Compartir el propósito y los valores.** Si decidimos pasar el resto de nuestra vida junto a otra persona, la conexión con los valores y el dar un paso atrás para ver la imagen general ya no será algo exclusivamente nuestro. Para que una relación pueda soportar los retos inevitables que le planteará la vida, es indispensable determinar cómo encajan y se solapan los valores de cada miembro de la pareja y que ambos sean capaces de respetar los aspectos en que difieren. Esta reflexión puede empezar por la propia relación, por cómo ambos quieren cuidar y ser cuidados, hablar y ser hablados, apoyar y ser apoyados. También puede abarcar aspectos más amplios, como los objetivos personales de cada uno y los sueños compartidos respecto a su vida juntos. Puede haber aspectos de la relación y de la vida familiar que sean sagrados para los dos, mientras que otros serán importantes para uno solo porque lo son para el otro. Por ejemplo, quizás asistas a reuniones con familiares que no son precisamente tus personas favoritas solo porque sabes que es muy importante para tu pareja. Como he descrito en capítulos anteriores, tener claro qué nos importa nos sirve de brújula y nos guía cuando no estamos muy seguros de cómo proceder. Cuando estamos en una relación, invertir tiempo en averiguar qué es importante para nuestra pareja nos puede ayudar a profundizar en la conexión y a crear una relación en la que ambas partes puedan crecer y desarrollarse.

Caja de herramientas: Tener claro el tipo de pareja que queremos ser

Las preguntas siguientes te ayudarán a explorar los valores compartidos en tanto que pareja. También las puedes usar para reflexionar acerca de cualquier relación que tengas en tu vida. Como no podemos obligar a otros a cambiar, las preguntas se centran en entender e identificar lo que podemos hacer nosotros.

- ¿Cuál de los tipos de apego explicados en el capítulo te ha resonado más?
- ¿Cómo se manifiesta en tus relaciones?
- ¿Cómo puedes manifestar compasión por las consecuencias inesperadas de esas experiencias pasadas al mismo tiempo que asumes la responsabilidad por tu conducta en el futuro?
- ¿Qué aspectos de tu pareja y de la relación valoras y agradeces más?
- ¿Qué tipo de pareja quieres ser?
- ¿Qué pequeños cambios te podrían ayudar a avanzar en esa dirección?

Resumen del capítulo

- Si hablamos de felicidad, las relaciones son más importantes que el dinero, la fama, la clase social y todo lo que nos han dicho que debemos conseguir.
- Las relaciones que tenemos y lo felices que nos sentimos en ellas influyen en nuestra salud general. Están en el centro de la ecuación.
- El trabajo individual ayuda a las relaciones y trabajar las relaciones ayuda al individuo.
- Las relaciones adultas acostumbran a ser un reflejo de los estilos de apego que forjamos en la primera infancia.

CAPÍTULO
36

Cuándo buscar ayuda

Querida doctora Julie:
Ver tus videos me ha inspirado a ir a terapia. De momento, va muy bien y las cosas están empezando a mejorar.
Gracias.

Si alguien se pregunta por qué es tan importante hablar de la salud mental, he aquí un motivo. Durante el primer año en que empecé a subir a internet información para educar acerca de la salud mental, perdí la cuenta de los mensajes que recibí parecidos al que acabas de leer. Aunque las palabras de cada uno eran distintas, el mensaje era el mismo. Y yo no soy la única. Hay muchas personas hablando acerca de la salud mental y la psicoterapia por todo internet. Y eso es lo que puede conseguir a título individual.

Cuando la salud mental fluctúa, tomar decisiones y pasar a la acción puede ser aún más difícil. Por lo tanto, buscar la ayuda que se necesita es aún más complicado. Y tampoco hay normas establecidas que determinen cuándo hay que acudir a un profesional.

Con frecuencia me preguntan cuándo hay que buscar ayuda profesional para la salud mental. La respuesta corta es: siempre que te preocupe tu salud mental.

En todo el mundo, muchas personas se enfrentan a enormes obstáculos a la hora de acceder a servicios de apoyo a la salud mental. Desde tabúes culturales a precios elevados, pasando por la disponibilidad y los recursos, son muchas las barreras reales que impiden a muchísimas personas acceder a servicios que les podrían ser útiles. La sociedad se enfrenta al enorme reto de derribar todas y cada una de esas barreras. A título individual, si tienes la suerte de tener la oportunidad de acceder a servicios de atención a la salud mental y estás preocupado por la tuya, dar ese paso te puede cambiar la vida. Acudir a un profesional y hablar de ello te ofrece la oportunidad de explorar tus opciones.

Con frecuencia, las personas que acuden a mi consulta me dicen que no creen que en realidad merezcan venir a terapia, porque seguro que hay otros que están mucho peor. Así que no dan el paso hasta que ya no pueden más, pero, para entonces, la colina que debían ascender ya se ha convertido en una montaña. Esperar a estar en el lecho de muerte para buscar ayuda nunca es una buena estrategia para estar sano, ni física ni mentalmente. Es cierto que siempre habrá alguien que esté peor, pero si tienes la posibilidad de acceder a ayuda profesional, tu salud mental te lo agradecerá y es posible que tu vida cambie de maneras que no puedes ni imaginar. Créeme. Lo he visto. He visto a personas salir de pozos de desesperación, alejarse del precipicio y empezar a trabajar para transformar su vida. Sucede, y te podría suceder a ti. No será cuestión ni de un par de días ni de un par de semanas, sino de muchos días y de muchas semanas de compromiso con tu salud y con la vida que quieres crear.

Si no hay posibilidad de acceder a ayuda profesional, nos necesitamos los unos a los otros más que nunca. Internet ha facilitado el acceso a gran cantidad de material pedagógico y ha generado conversaciones globales acerca de la salud mental. Personas que antes se sentían solas ante sus dificultades comienzan a entender que es normal que la salud mental fluctúe, tal y como sucede con la salud física. Forma parte de ser humano. Se narran historias de recuperación, de curación y de crecimiento. Se siembran las semillas de la esperanza. Se empieza a entender el mensaje de que nuestra salud mental no escapa totalmente a nuestro control. No estamos a merced de los estados emocionales que nos asaltan. Hay cosas que podemos aprender y cambios que podemos aplicar para asumir la responsabilidad que nos corresponde respecto a nuestra salud. Eso significa aprender todo lo que puedas de los recursos a los que puedas acceder y esforzarte para probar estrategias, equivocarte, volver a probar, aprender algo más y seguir adelante.

En un mundo ideal, todas las terapias efectivas estarían al alcance de todo el que las necesitara cuando las necesitara. Pero no vivimos en un mundo ideal. Por eso, si no puedes acceder a servicios profesionales, aprovecha todas las oportunidades de aprender que se te presenten y habla con personas en las que confíes. La conexión humana y la información nos pueden ayudar a transformar significativamente nuestra salud mental.

Resumen del capítulo

- El mejor momento para buscar ayuda para tu salud mental es cualquier momento en que esta te preocupe.
- Si no sabes con certeza cuánta ayuda necesitas, un profesional te podrá ayudar a determinarlo.
- En un mundo ideal, todos tendrían acceso a servicios de atención a la salud mental. Pero no vivimos en un mundo ideal.
- Si no puedes acceder a servicios profesionales, aprovecha todas las oportunidades de aprender acerca de la recuperación que se te presenten y apóyate en personas en las que confíes.

HERRAMIENTAS ADICIONALES

A continuación encontrarás algunas de las herramientas que has conocido a lo largo del libro, para que las puedas rellenar.

LA FORMULACIÓN TRANSVERSAL

Diagrama en blanco para el estado de ánimo depresivo
(*véase* Figura 5, pág. 57).

LA FORMULACIÓN TRANSVERSAL

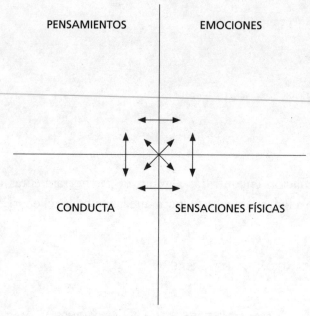

Diagrama en blanco para los mejores días (*véase* Figura 6, pág. 58).

LA TABLA DE LOS VALORES

Usa estas tablas en blanco para que te ayuden a reflexionar acerca de lo que más valoras en cada área de tu vida (pág. 279).

VALORES, OBJETIVOS, ACCIONES

Usa estas tablas en blanco para que te ayuden a traducir tus valores en objetivos y en acciones cotidianas (*véase* Figura 11, pág. 278).

VALORES	OBJETIVOS	CONDUCTAS COTIDIANAS

VALORES	OBJETIVOS	CONDUCTAS COTIDIANAS

La estrella de los valores

Aquí tienes dos estrellas de los valores en blanco para que las completes con ayuda de la Figura 12 (pág. 282).

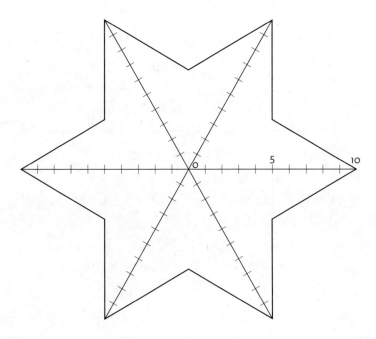

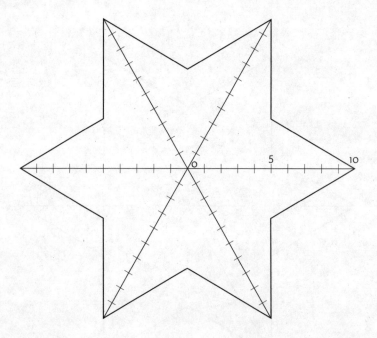

AGRADECIMIENTOS

Son muchas las personas brillantes que han hecho posible que este libro vea la luz. La primera, mi marido, Matthew. Gracias por haber asumido todas y cada una de las funciones a las que te ha llevado este viaje insospechado. Has sido investigador, director creativo, videógrafo, fuente de ideas, editor, socio empresarial, asesor, educador en casa, amigo, fan, crítico y todo lo que hay en medio. Has creído en mí sin dudar, incluso cuando yo he dudado de mí misma.

Gracias a ustedes, mis maravillosos hijos, Sienna, Luke y Leon, por su paciencia. Espero que haber formado parte de esto los haya inspirado a luchar por sus sueños. Con o sin libro, son lo mejor que he hecho en la vida y me llenan de más orgullo del que podré encontrar jamás en el trabajo.

Gracias a mis padres, que, como siempre, han superado mis expectativas y han ofrecido a mis hijos el mejor hogar fuera del hogar cuando tenía que escribir. Todo lo que he conseguido y conseguiré en la vida es gracias a que los se esforzaron para darme las oportunidades que ustedes no tuvieron. Doy las gracias por ello cada día. Gracias a Pat y David por su apoyo y su aliento constantes.

Gracias a Francesca Scambler, por haberme llamado y dado la oportunidad. Y gracias a Abigail Bergstrom, mi agente literaria, que me ha inspirado desde el primer día. Ha sido un privilegio trabajar con ustedes.

Un agradecimiento especial a mi mánager, Zara Murdoch. Has sido una guía, mentora y superheroína extraordinaria. Y a Grace Nicholson, que completa el mejor equipo con el que hubiera podido soñar y que ayuda a que todo esto sea posible.

Gracias a mi editora, Ione Walder, por tu paciencia y por tu amabilidad a la hora de ayudarme a transformar este texto en un libro del que me puedo sentir orgullosa. Gracias a Daniel Bunyard por ver algo en mi propuesta y por inspirarme a trabajar con Penguin en el proyecto. Gracias también a Ellie Hughes, Clare Parker, Lucy Hall, Vicky Photiou, Paula Flanagan, Aggie Russell, Lee Motley, Beth O'Rafferty, Nick Lowndes, Emma Henderson y Jane Kirby, por todo el trabajo entre bastidores en Penguin.

Gracias a Amanda Hardy y a Jessica Mason por animarme desde el principio y por escucharme sin juzgar cuando necesitaba quejarme de lo agotadora que ha sido esta increíble oportunidad. Gracias a Jackie por mirarme a los ojos y decirme que podía hacerlo en un momento en el que necesitaba escucharlo y por asegurarte de que podía tenerlo todo sin tener que hacerlo todo.

Gracias a todos mis clientes de estos años. He aprendido más de ustedes de lo que yo les haya podido enseñar y ha sido un verdadero privilegio poder acompañarlos en el viaje.

Y gracias a todas y cada una de las personas que han decidido seguirme en alguna de mis cuentas en las redes sociales. Juntos hemos construido una comunidad rebosante de bondad e inspiración. Espero que este libro los ayude a afrontar la vida armados con más herramientas.

También debo dar las gracias a las increíbles mentes que han trabajado y se han esforzado en desarrollar formas de psicoterapia basadas en la ciencia y que han ayudado a tantísimas personas. Les ruego que acepten mis más sinceras disculpas si hubiera algún error u omisión en cómo he traducido su trabajo.

Mi cuenta en Instagram, @DrJulie, contiene los videos que he hecho acerca de los temas que aborda el libro.

NOTAS

Capítulo 1. Entender el estado de ánimo depresivo

1. Feldman Barrett, L., *How Emotions Are Made. The Secret Life of the Brain*, Londres, Pan Macmillan, 2017 (trad. cast.: *La vida secreta del cerebro: Cómo se construyen las emociones*, Paidós, Barcelona, 2018).

2. Gilbert, P., *Overcoming Depression: A Self-Help Guide to Using Cognitive Behavioural Techniques*, Londres, Robinson, 1997.

3. Greenberger, D., y Padesky, C. A., *Mind over Mood*, 2.ª ed., Nueva York, Guilford Press, 2016.

Capítulo 2. Trampas del estado de ánimo a las que prestar atención

1. Clark, I., y Nicholls, H., *Third Wave CBT Integration for Individuals and Teams: Comprehend, Cope and Connect*, Londres, Routledge, 2017.

2. Gilbert, P., *Overcoming Depression: A Self-Help Guide to Using Cognitive Behavioural Techniques*, Londres, Robinson, 1997.

Capítulo 3. Cosas que ayudan

1. Watkins, E. R., y Roberts, H., «Reflecting on Rumination: Consequences, Causes, Mechanisms and Treatment of Rumination», *Behaviour, Research and Therapy*, 2020, p. 127.

Capítulo 5. Sentar las bases

1. Schuch, F. B.; Vancampfort, D.; Richards, J., *et al.*, «Exercise as a Treatment for Depression: A Meta-Analysis Adjusting for Publication Bias», *Journal of Psychiatric Research*, vol. 77, 2016, pp. 24-51.

2. Mura, G.; Moro, M. F.; Patten, S. B., y Carta, M. G., «Exercise as an

Add-On Strategy for the Treatment of Major Depressive Disorder: A Systematic Review», *CNS Spectrums*, vol. 19, n.º 6, 2014, pp. 496-508.

3. Olsen, C. M., «Natural Rewards, Neuroplasticity, and Non-Drug Addictions», *Neuropharmacology*, vol. 61, n.º 7, 2011, pp. 1109-1122.

4. McGonigal, K., *The Joy of Movement*, Canadá, Avery, 2019.

5. Kim, W.; Lim, S. K.; Chung, E. J., y Woo, J. M., «The Effect of Cognitive Behavior Therapy-Based Psychotherapy Applied in a Forest Environment on Physiological Changes and Remission of Major Depressive Disorder», *Psychiatry Investigation*, vol. 6, n.º 4, 2009, pp. 245-254.

6. Josefsson, T.; Lindwall, M., y Archer, T., «Physical Exercise Intervention in Depressive Disorders: Meta Analysis and Systemic Review», *Medicine and Science in Sports*, vol. 24, n.º 2, 2013, pp. 259-272.

7. Jacka, F. N., *et al.*, «A Randomized Controlled Trial of Dietary Improvement for Adults with Major Depression (the "SMILES" Trial)», *BMC Medicine*, vol. 15, n.º 1, 2017, p. 23.

8. Sanchez-Villegas, A., *et al.*, «Mediterranean Dietary Pattern and Depression: The PREDIMED Randomized Trial», *BMC Medicine*, vol. 11, 2013, p. 208.

9. Jacka, F. N., *Brain Changer*, Londres, Yellow Kite, 2019.

10. Waldinger, R., y Schulz, M. S., «What's Love Got to Do With It?: Social Functioning, Perceived Health, and Daily Happiness in Married Octogenarians», *Psychology and Aging*, vol. 25, n.º 2, 2010, pp. 422-431.

11. Nakahara, H.; Furuya, S., *et al.*, «Emotion-Related Changes in Heart Rate and Its Variability During Performance and Perception of Music», *Annals of the New York Academy of Sciences*, vol. 1.169, 2009, pp. 359-362.

12. Inagaki, Tristen, K., y Eisenberger, Naomi I., «Neural Correlates of Giving Support to a Loved One», *Psychosomatic Medicine*, vol. 74, n.º 1, 2012, pp. 3-7.

Capítulo 7. Cómo cultivar la motivación

1. Barton, J., y Pretty, J., «What is the Best Dose of Nature and Green Exercise for Improving Mental Health? A Multi-Study Analysis», *Environmental Science & Technology*, vol. 44, 2010, pp. 3947-3955.

2. Oaten, M., y Cheng, K., «Longitudinal Gains in Self-Regulation from Regular Physical Exercise», *British Journal of Health Psychology*, vol. 11, 2006, pp. 717-733.

3. Rensburg, J. V.; Taylor, K. A., y Hodgson, T., «The Effects of Acute Exercise on Attentional Bias Towards Smoking-Related Stimuli During Temporary Abstinence from Smoking», *Addiction*, vol. 104, 2009, pp. 1910-1917.

4. McGonigal, K., *The Willpower Instinct*, Avery, Londres, 2012 (trad. cast.: *Autocontrol*, Urano, Barcelona, 2016).

5. Gilbert, P., McEwan, K., Matos, M. y Rivis, A., «Fears of Compassion: Development of Three Self-Report Measures», *Psychology and Psychotherapy*, vol. 84, n.º 3, 2010, pp. 239-255.

6. Wohl, M. J. A.; Psychyl, T. A., y Bennett, S. H., «I Forgive Myself, Now I Can Study: How Self-forgiveness for Procrastinating Can Reduce Future Procrastination», *Personality and Individual Differences*, vol. 48, 2010, pp. 803-808.

Capítulo 8. Cómo obligarnos a hacer algo que no nos gusta

1. Linehan, M., *Cognitive-Behavioral Treatment of Borderline Personality Disorder*, Guildford Press, Londres, 1993 (trad. cast.: *Manual de tratamiento de los trastornos de personalidad límite*, Paidós, Barcelona, 2012).

2. Duckworth, A. L.; Peterson, C.; Matthews, M. D., y Kelly, D. R, «Grit: Perseverance and passion for long-term goals», *Journal of Personality and Social Psychology*, vol. 92, n.º 6, 2007, pp. 1087-1101.

3. Crede, M.; Tynan, M., y Harms, P., «Much Ado About Grit: A Meta-Analytic Synthesis of the Grit Literature», *Journal of Personality and Social Psychology*, vol. 113, n.º 3, 2017, pp. 492-511.

4. Lieberman, D. Z., y Long, M., *The Molecule of More*, BenBella Books: Dallas, 2019 (trad. cast.: *Dopamina: Cómo una molécula condiciona de quién nos enamoramos, con quién nos acostamos, a quién votamos y qué nos depara el futuro*, Ediciones Península, Barcelona, 2021).

5. Huberman, A., el profesor Andrew Huberman describe la firma biológica de las recompensas a intervalos breves en su *podcast* y en su canal de YouTube, *The Huberman Lab*, 2021.

6. Peters, J., y Buchel, C., «Episodic Future Thinking Reduces Reward Delay Discounting Through an Enhancement of Prefrontal-Mediotemporal Interactions», *Neuron*, vol. 66, 2010, pp. 138-148.

Capítulo 11. Qué hacer con las emociones

1. Kashdan, T. B.; Feldman Barrett, L., y McKnight, P. E., «Unpacking Emotion Differentiation: Transforming Unpleasant Experience by Perceiving Distinctions in Negativity», *Current Directions in Psychological Science*, vol. 24, n.º 1, 2015, pp. 10-16.

2. Linehan, M., *Cognitive-Behavioral Treatment of Borderline Personality Disorder*, Londres, Guildford Press, 1993 (trad. cast.: *Manual de tratamiento de los trastornos de personalidad límite*, Paidós, Barcelona, 2012).

Capítulo 12. Aprovechar el poder de la palabra

1. Starr, L. R.; Hershenberg, R.; Shaw, Z. A.; Li, Y. I., y Santee, A. C., «The perils of murky emotions: Emotion differentiation moderates the prospective relationship between naturalistic stress exposure and adolescent depression», *Emotion*, vol. 20, n.º 6, 2020, pp. 927-938.

2. Kashdan, T. B.; Feldman Barrett, L. y McKnight, P. E., «Unpacking Emotion Differentiation: Transforming Unpleasant Experience by Perceiving Distinctions in Negativity», *Current Directions in Psychological Science*, vol. 24, n.º 1, 2015, pp. 10-16.

3. Feldman Barrett, L., *How Emotions Are Made. The Secret Life of The Brain*, Londres, Pan Macmillan, 2017 (trad. cast.: *La vida secreta del cerebro: Cómo se construyen las emociones*, Paidós, Barcelona, 2018).

4. Willcox, G., «The Feeling Wheel», *Transactional Analysis Journal*, vol. 12, n.º 4, 1982, pp. 274-276.

Capítulo 13. Cómo ayudar a los demás

1. Inagaki, Tristen, K., y Eisenberger, Naomi I., «Neural Correlates of Giving Support to a Loved One», *Psychosomatic Medicine*, vol. 74, n.º 1, 2012, pp. 3-7.

Capítulo 14. Entender el duelo

1. Zisook, S., y Lyons, L., «Bereavement and Unresolved Grief in Psychiatric Outpatients», *Journal of Death and Dying*, vol. 20, n.º 4, 1990, pp. 307-322.

Capítulo 15. Las fases del duelo

1. Kübler-Ross, E., *On Death and Dying*, Nueva York, Collier Books, 1969 (trad. cast.: *Sobre la muerte y los moribundos: Alivio del sufrimiento psicológico*, Barcelona, Debolsillo, 2017).

2. Bushman, B. J., «Does Venting Anger Feed or Extinguish the Flame? Catharsis, Rumination, Distraction, Anger, and Aggressive Responding», *Personality and Social Psychology Bulletin*, vol. 28, n.º 6, 2002, pp. 724-731.

Capítulo 16. Las tareas del duelo

1. Worden, J. W., y Winokuer, H. R., «A Task-Based Approach for Counseling the Bereaved», en R. A. Neimeyer, D. L. Harris, H. R. Winokuer y G. F. Thornton (comps.), *Series in Death, Dying and Bereavement. Grief and Bereavement in Contemporary Society: Bridging Research and Practice*, Abingdon, Routledge/Taylor y Francis Group, 2011.

2. Stroebe, M. S., y Schut, H. A., «The Dual Process Model of Coping with Bereavement: Rationale and Description», *Death Studies*, vol. 23, n.º 3, 1999, pp. 197-224.

3. Samuel, J., *Grief Works. Stories of Life, Death and Surviving*, Londres, Penguin Life, 2017 (trad. cast.: *No temas al duelo: Historias de vida, muerte y superación*, Grijalbo, Barcelona, 2018).

4. Rando, T. A., *Treatment of Complicated Mourning*, USA, Research Press, 1993.

Capítulo 17. Los pilares de la fuerza

1. Samuel, J., *Grief Works. Stories of Life, Death and Surviving*, Londres, Penguin Life, 2017 (trad. cast.: *No temas al duelo: Historias de vida, muerte y superación*, Grijalbo, Barcelona, 2018).

Capítulo 18. Gestionar las críticas y la desaprobación

1. Cooley, Charles H., *Human Nature and the Social Order*, Nueva York, Scribner's, 1902, pp. 183-184. Fue la primera vez que se usó el término «yo espejo».

2. Gilovich, T., Savitsky, K. y Medvec, V. H., «The Spotlight Effect in Social Judgment: An Egocentric Bias in Estimates of the Salience of One's Own Actions and Appearance», *Journal of Personality and Social Psychology*, vol. 78, n.º 2, 2000, pp. 211-222.

3. Clark, D. M. y Wells, A., «A cognitive model of social phobia», en R. R. G. Heimberg, M. Liebowitz, D. A. Hope y S. Scheier (comps.), *Social Phobia: Diagnosis, Assessment and Treatment*, Nueva York, Guilford Press, 1995.

Capítulo 19. La clave para desarrollar seguridad en uno mismo

1. Luckner, R. S. y Nadler, R. S., *Processing the Adventure Experience: Theory and Practice*, Dubuque, Kendall Hunt, 1991.

2. Harris, R., *The Confidence Gap: From Fear to Freedom*, Londres, Hachette, 2010 (trad. cast.: *Cuestión de confianza: Del miedo a la libertad*, SalTerrae, Bilbao, 2012).

3. Baumeister, R. F.; Campbell, J. D.; Krueger, J. I., y Vohs, K. D., «Does High Self-esteem Cause Better Performance, Interpersonal Success, Happiness, or Healthier Lifestyles?», *Psychological Science in the Public Interest*, vol. 4, n.º 1, 2003, pp. 1-44.

4. Wood, J. V.; Perunovic. W. Q., y Lee, J. W., «Positive self-statements: Power for some, peril for others», *Psychological Science*, vol. 20, n.º 7, 2009, pp. 860-866.

Capítulo 21. Ser suficiente

1. Neff, K. D;, Hseih, Y., y Dejitthirat, K., «Self-Compassion, Achievement Goals, and Coping with Academic Failure», *Self and Identity*, vol. 4, 2005, pp. 263-287.

2. Irons, C. y Beaumont, E., *The Compassionate Mind Workbook*, Londres, Robinson, 2017.

Capítulo 26. El miedo a lo inevitable

1. Iverach, L.; Menzies, R. G., y Menzies, R. E., «Death Anxiety and Its Role in Psychopathology: Reviewing the Status of a Transdiagnostic Construct», *Clinical Psychology Review*, vol. 34, 2014, pp. 580-593.

2. Yalom, I. D., *Staring at the Sun: Being at Peace with Your Own Mortality*, Londres, Piatkus, 2008 (trad. cast.: *Mirar al sol: Superar el miedo a la muerte para vivir con plenitud el presente*, Ediciones Destino, Barcelona, 2021).

3. Neimeyer, R. A., «Grief, Loss, and the Quest for Meaning», *Bereavement Care*, vol. 24, n.° 2, 2005, pp. 27-30.

4. Gesser, G.; Wong, P. T. P., y Reker, G. T., «Death Attitudes Across the Life Span. The Development and Validation of the Death Attitude Profile (DAP)», *Omega*, vol. 2, 1988, pp. 113-128.

5. Hayes, S. C., *Get Out of Your Mind and Into Your Life: The New Acceptance and Commitment Therapy*, Oakland, New Harbinger, 2005.

Capítulo 27. ¿En qué se diferencian el estrés y la ansiedad?

1. Feldman Barrett, L., *How Emotions Are Made. The Secret Life of The Brain*, Londres, Pan Macmillan, 2017 (trad. cast.: *La vida secreta del cerebro: Cómo se construyen las emociones*, Paidós, Barcelona, 2018).

2. Sapolsky, R., *Behave. The Biology of Humans at Our Best and Worst*, Londres, Vintage, 2017 (trad. cast.: *Compórtate*, Capitán Swing, Madrid, 2019).

Capítulo 28. Por qué reducir el estrés no es la única respuesta

1. Sapolsky, R., *Behave. The Biology of Humans at Our Best and Worst*, Londres, Vintage, 2017 (trad. cast.: *Compórtate*, Capitán Swing, Madrid, 2019).

Capítulo 29. Cuando el estrés bueno se vuelve malo

1. Kumari, M.; Shipley, M.; Stafford, M., y Kivimaki, M., «Association of Diurnal Patterns in Salivary Cortisol with All-Cause and Cardiovascular Mortality: Findings from the Whitehall II Study», *Journal of Clinical Endocrinology and Metabolism*, vol. 96, n.° 5, 2011, pp. 1478-1485.

2. Kristensen, T. S.; Biarritz, M.; Villadsen, E., y Christensen, K. B., «The

Copenhagen Burnout Inventory: A new tool for the assessment of burnout», *Work & Stress*, vol. 19, n.° 3, 2005, pp. 192-207.

3. Maslach, C.; Jackson, S. E., y Leiter, M. P, *Maslach Burnout Inventory* (3.ª ed.), Palo Alto, Consulting Psychologists Press, 1996.

4. McEwen, B. S., y Gianaros, P. J., «Stress- and Allostasis-induced Brain Plasticity», *Annual Review of Medicine*, vol. 62, 2010, pp. 431-445.

Capítulo 30. Cómo conseguir que el estrés vaya a nuestro favor

1. Inagaki, T. K., y Eisenberger, N. I., «Neural Correlates of Giving Support to a Loved One», *Psychosomatic Medicine*, vol. 74, 2012, pp. 3-7.

2. McGonigal, K., *The Willpower Instinct*, Londres, Avery, 2012 (trad. cast.: *Autocontrol: cómo funciona la voluntad*, Urano, Barcelona, 2016).

3. Crocker, J.; Olivier, M., y Nuer, N., «Self-image Goals and Compassionate Goals: Costs and Benefits», *Self and Identity*, vol. 8, 2009, pp. 251-269.

4. Abelson, J. L.; Erickson, T. M.; Mayer, S. E.; Crocker, J.; Briggs, H.; Lopez-Duran, N. L., y Liberzon, I., «Brief Cognitive Intervention Can Modulate Neuroendocrine Stress Responses to the Trier Social Stress Test: Buffering Effects of Compassionate Goal Orientation», *Psychoneuroendocrinology*, vol. 44, 2014, pp. 60-70.

5. Borchardt, A. R.; Patterson, S. M., y Seng, E. K., «The Effect of Meditation on Cortisol: A Comparison of Meditation Techniques to a Control Group», Universidad de Ohio, Departamento de Psicología Sanitaria Experimental, 2012. Extraído de <www.irest.us/sites/default/files/Meditation%20 on%20Cortisol%2012.pdf>.

6. Amita, S.; Prabhakar, S.; Manoj, I.; Harminder, S., y Pavan, T., «Effect of Yoga-Nidra on Blood Glucose Level in Diabetic Patients», *Indian Journal of Physiology and Pharmacology*, vol. 53, n.° 1, 2009, pp. 97-101.

7. Moszeik, E. N.; Von Oertzen, T., y Renner, K. H., «Effectiveness of a Short Yoga Nidra Meditation on Stress, Sleep, and Well-Being in a Large and Diverse Sample», *Current Psychology*, 2020, <https://doi.org/10.1007/ s12144-020-01042-2>.

8. Frederickson, L. B., «The Value of Positive Emotions», *American Scientist*, USA, Sigma, 2003.

Capítulo 31. Afrontar el estrés cuando es importante hacerlo

1. Strack, J., y Esteves, F., «Exams? Why Worry? The Relationship Between Interpreting Anxiety as Facilitative, Stress Appraisals, Emotional Exhaustion, and Academic Performance», *Anxiety, Stress, and Coping: An International Journal*, 2014, pp. 1-10.

2. Jamieson, J. P.; Crum, A. J.; Goyer, P.; Marotta, M. E., y Akinola, M., «Optimizing Stress Responses with Reappraisal and Mindset Interventions: An Integrated Model», *Stress, Anxiety & Coping: An International Journal*, vol. 31, 2018, pp. 245-261.

3. Alred, D., *The Pressure Principle*, Londres, Penguin, 2016.

4. Huberman. Se puede acceder a las charlas de Andrew Huberman en su *podcast The Huberman Lab*, en YouTube, 2021.

5. Osmo, F.; Duran, V.; Wenzel, A., *et al.*, «The Negative Core Beliefs Inventory (NCBI): Development and Psychometric Properties», *Journal of Cognitive Psychotherapy*, vol. 32, n.° 1, 2018, pp. 1-18.

Capítulo 32. El problema con «lo único que quiero es ser feliz»

1. Clear, J., *Atomic Habits*, Londres, Random House, 2018 (trad. cast.: *Hábitos atómicos*, Diana, Barcelona, 2020).

Capítulo 35. Relaciones

1. Waldinger, R., *What makes a good life? Lessons from the longest study on happiness*, TEDx Beacon Street, 2015, <www.ted.com/talks/robert_wal dinger_what_makes_a_good_life_lessons_from_the_longest_study_on_hap piness/transcript?rid=J7CiE5vP5I5t>.

2. Ware, B., *The Top Five Regrets of the Dying*, Londres, Hay House, 2012 (trad. cast.: *De qué te arrepentirás antes de morir*, Grijalbo, Barcelona, 2013).

3. Siegel, D. J., y Hartzell, M., *Parenting from the Inside Out: How a deeper self-understanding can help you raise children who thrive*, Nueva York, Tarcher Perigee, 2004.

4. Gottman, J. M., y Silver, N., *The Seven Principles for Making Marriage Work*, Londres, Orion, 1999 (trad. cast.: *Siete reglas de oro para vivir en pareja*, Debolsillo, Barcelona, 2021).

5. Ibíd.

6. Hari, J., *Lost Connections*, Londres, Bloomsbury, 2018 (trad. cast.: *Conexiones perdidas: Causas reales y soluciones inesperadas para la depresión*, Capitán Swing, Madrid, 2019).

7. Johnson, S., *Hold Me Tight*, Piatkus, Londres, 2008 (trad. cast.: *Abrázame fuerte*, Alba, Barcelona, 2019).

BIBLIOGRAFÍA

Parte I. Sobre la oscuridad

Beck, A. T.; Rush, A. J.; Shaw, B. F., y Emery, G., *Cognitive Therapy of Depression*, Nueva York, Wiley, 1979.

Breznitz, S., y Hemingway, C., *Maximum Brainpower: Challenging the Brain for Health and Wisdom*, Nueva York, Ballantine Books, 2012.

Brown, S.; Martinez, M. J., y Parsons, L. M., «Passive music listening spontaneously engages limbic and paralimbic systems», *Neuroreport*, vol. 15, n.º 13, 2004, pp. 2033-2037.

Clark, I., y Nicholls, H., *Third Wave CBT Integration for Individuals and Teams: Comprehend, Cope and Connect*, Londres, Routledge, 2017.

Colcombe, S., y Kramer, A. F., «Fitness Effects on the Cognitive Function of Older Adults. A Meta-Analytic Study», *Psychological Science*, vol. 14, n.º 2, 2003, pp. 125-130.

Cregg, D. R., y Cheavens, J. S., «Gratitude Interventions: Effective Self-help? A Meta-analysis of the Impact on Symptoms of Depression and Anxiety», *Journal of Happiness Studies*, 2020, <https://doi.org/10.1007/s10902-020-00236-6>.

DiSalvo, D., *Brain Changer: How Harnessing Your Brain's Power to Adapt Can Change Your Life*, Dallas, BenBella Books, 2013.

Feldman Barrett, L., *How Emotions Are Made. The Secret Life of The Brain*, Londres, Pan Macmillan, 2017 (trad. cast.: *La vida secreta del cerebro: Cómo se construyen las emociones*, Paidós, Barcelona, 2018).

Gilbert, P., *Overcoming Depression: A Self-Help Guide to Using Cognitive Behavioural Techniques*, Londres, Robinson, 1997.

Greenberger, D., y Padesky, C. A., *Mind over Mood*, 2.ª ed., Nueva York, Guilford Press, 2016.

Inagaki, Tristen, K., y Eisenberger, Naomi I., «Neural Correlates of Giving Support to a Loved One», *Psychosomatic Medicine*, vol. 74, n.º 1, 2012, pp. 3-7.

Jacka, F. N., *Brain Changer*, Londres, Yellow Kite, 2019.

Jacka, F. N., *et al.*, «A Randomized Controlled Trial of Dietary Improvement for Adults with Major Depression (The "SMILES" Trial)», *BMC Medicine*, vol. 15, n.º 1, 2017, p. 23.

Josefsson, T.; Lindwall, M., y Archer, T., «Physical Exercise Intervention in Depressive Disorders: Meta Analysis and Systemic Review», *Medicine and Science in Sports*, vol. 24, n.º 2, 2013, pp. 259-272.

Joseph, N. T.; Myers, H. F., *et al.*, «Support and Undermining in Interpersonal Relationships Are Associated with Symptom Improvement in a Trial of Antidepressant Medication», *Psychiatry*, vol. 74, n.º 3, 2011, pp. 240-254.

Kim, W.; Lim, S. K.; Chung, E. J., y Woo, J. M., «The Effect of Cognitive Behavior Therapy-Based Psychotherapy Applied in a Forest Environment on Physiological Changes and Remission of Major Depressive Disorder», *Psychiatry Investigation*, vol. 6, n.º 4, 2009, pp. 245-254.

McGonigal, K., *The Joy of Movement*, Canadá, Avery, 2019.

Mura, G.; Moro, M. F.; Patten, S. B., y Carta, M. G., «Exercise as an Add-On Strategy for the Treatment of Major Depressive Disorder: A Systematic Review», *CNS Spectrums*, vol. 19, n.º 6, 2014, pp. 496-508.

Nakahara, H.; Furuya, S., *et al.*, «Emotion-Related Changes in Heart Rate and its Variability During Performance and Perception of Music», *Annals of the New York Academy of Sciences*, vol. 1169, 2009, pp. 359-362.

Olsen, C. M., «Natural Rewards, Neuroplasticity, and Non-Drug Addictions», *Neuropharmacology*, vol. 61, n.º 7, 2011, pp. 1109-1122.

Petruzzello, S. J.; Landers, D. M., *et al.*, «A Meta-Analysis on the Anxiety-Reducing Effects of Acute and Chronic Exercise. Outcomes and Mechanisms», *Sports Medicine*, vol. 11, n.º 3, 1991, pp. 143-182.

Raichlen, D. A.; Foster, A. D.; Seillier, A;, Giuffrida, A., y Gerdeman, G. L., «Exercise-Induced Endocannabinoid Signaling Is Modulated by Intensity», *European Journal of Applied Physiology*, vol. 113, n.º 4, 2013, pp. 869-875.

Sanchez-Villegas, A., *et al.*, «Mediterranean Dietary Pattern and Depression: The PREDIMED Randomized Trial», *BMC Medicine*, vol. 11, 2013, p. 208.

Schuch, F. B.; Vancampfort, D.; Richards, J., *et al.*, «Exercise as a Treatment for Depression: A Meta-Analysis Adjusting for Publication Bias», *Journal of Psychiatric Research*, vol. 77, 2016, pp. 24-51.

Singh, N. A.; Clements, K. M., y Fiatrone, M. A., «A Randomized Controlled Trial of the Effect of Exercise on Sleep», *Sleep*, vol. 20, n.º 2, 1997, pp. 95-101.

Tops, M.; Riese, H., *et al.*, «Rejection Sensitivity Relates to Hypocortisolism and Depressed Mood State in Young Women», *Psychoneuroendocrinology*, vol. 33 , n.º 5, 2008, pp. 551-559.

Waldinger, R., y Schulz, M. S., «What's Love Got to Do With It?: Social Functioning, Perceived Health, and Daily Happiness in Married Octogenarians», *Psychology and Aging*, vol. 25, n.º 2, 2010, pp. 422-431.

Wang, J.; Mann, F.; Lloyd-Evans, B., *et al.*, «Associations Between Loneliness and Perceived Social Support and Outcomes of Mental Health Problems: A Systematic Review», *BMC Psychiatry*, vol. 18, 2018, p. 156.

Watkins, E. R., y Roberts, H., «Reflecting on Rumination: Consequences, Causes, Mechanisms and Treatment of Rumination», *Behaviour, Research and Therapy*, 2020, p. 127.

Parte II. Sobre la motivación

Barton, J., y Pretty., J., «What is the Best Dose of Nature and Green Exercise for Improving Mental Health? A Multi-Study Analysis», *Environmental Science & Technology*, vol. 44, 2010, pp. 3947-3955.

Crede, M.; Tynan, M., y Harms, P., «Much Ado About Grit: A Meta-Analytic Synthesis of the Grit Literature», *Journal of Personality and Social Psychology*, vol. 113, n.º 3, 2017, pp. 492-511.

Duckworth, A. L.; Peterson, C.; Matthews, M. D., y Kelly, D. R, «Grit: Perseverance and Passion for Long-Term Goals», *Journal of Personality and Social Psychology*, vol. 92, n.º 6, 2007, pp. 1087-1101.

Duhigg, C., *The Power of Habit: Why We Do What We Do and How To Change*, Londres, Random House Books, 2012.

Gilbert, P.; McEwan, K.; Matos, M., y Rivis, A., «Fears of Compassion: Development of Three Self-Report Measures», *Psychology and Psychotherapy*, vol. 84, n.º 3, 2010, pp. 239-255.

Huberman, A. El profesor Andrew Huberman describe la firma biológica de las recompensas internas a intervalos breves en su *podcast* y en su canal de YouTube, *The Huberman Lab*, 2021.

Lieberman, D. Z., y Long, M., *The Molecule of More*, BenBella Books, Dallas, 2019 (trad. cast.: *Dopamina: Cómo una molécula condiciona de quién nos enamoramos, con quién nos acostamos, a quién votamos y qué nos depara el futuro*, Ediciones Península, Barcelona, 2021).

Linehan, M., *Cognitive-Behavioral Treatment of Borderline Personality Disorder*, Guildford Press, Londres, 1993 (trad. cast.: *Manual de tratamiento de los trastornos de personalidad límite*, Paidós, Barcelona, 2012).

McGonigal, K., *The Willpower Instinct*, Avery, Londres, 2012 (trad. cast.: *Autocontrol: cómo funciona la voluntad*, Urano, Barcelona, 2016).

Oaten, M., y Cheng, K., «Longitudinal Gains in Self-Regulation from Regular Physical Exercise», *British Journal of Health Psychology*, vol. 11, 2006, pp. 717-733.

Peters, J., y Buchel, C., «Episodic Future Thinking Reduces Reward Delay Discounting Through an Enhancement of Prefrontal-Mediotemporal Interactions», *Neuron*, vol. 66, 2010, pp. 138-148.

Rensburg, J. V.; Taylor, K. A., y Hodgson, T., «The Effects of Acute Exercise on Attentional Bias Towards Smoking-Related Stimuli During Temporary Abstinence from Smoking», *Addiction*, vol. 104, 2009, pp. 1910-1917.

Wohl, M. J. A.; Psychyl, T. A., y Bennett, S. H., «I Forgive Myself, Now I Can Study: How Self-forgiveness for Procrastinating Can Reduce Future Procrastination», *Personality and Individual Differences*, vol. 48, 2010, pp. 803-808.

Parte III. Sobre el dolor emocional

Feldman Barrett, L., *How Emotions Are Made. The Secret Life of The Brain*, Londres, Pan Macmillan, 2017 (trad. cast.: *La vida secreta del cerebro: Cómo se construyen las emociones*, Paidós, Barcelona, 2018).

Inagaki, Tristen, K., y Eisenberger, Naomi I., «Neural Correlates of Giving Support to a Loved One», *Psychosomatic Medicine*, vol. 74, n.º 1, 2012, pp. 3-7.

Kashdan, T. B.; Feldman Barrett, L., y McKnight, P. E., «Unpacking Emotion Differentiation: Transforming Unpleasant Experience by Perceiving Distinctions in Negativity», *Current Directions in Psychological Science*, vol. 24, n.° 1, 2015, pp. 10-16.

Linehan, M., *Cognitive-Behavioral Treatment of Borderline Personality Disorder*, Londres, Guildford Press, 1993 (trad. cast.: *Manual de tratamiento de los trastornos de personalidad límite*, Paidós, Barcelona, 2012).

Starr, L. R.; Hershenberg, R.; Shaw, Z. A.; Li, Y. I., y Santee, A. C., «The Perils of Murky Emotions: Emotion Differentiation Moderates the Prospective Relationship Between Naturalistic Stress Exposure and Adolescent Depression», *Emotion*, vol. 20, n.° 6, 2020, pp. 927-938.

Willcox, G., «The Feeling Wheel», *Transactional Analysis Journal*, vol. 12, n.° 4, 1982, pp. 274-276.

Parte IV. Sobre el duelo y la pena

Bushman, B. J., «Does Venting Anger Feed or Extinguish the Flame? Catharsis, Rumination, Distraction, Anger, and Aggressive Responding», *Personality and Social Psychology Bulletin*, vol. 28, n.° 6, 2002, pp. 724-731.

Kübler-Ross, E., *On Death and Dying*, Nueva York, Collier Books, 1969.

Rando, T. A., *Treatment of Complicated Mourning*, USA, Research Press, 1993.

Samuel, J., *Grief Works. Stories of Life, Death and Surviving*, Londres, Penguin Life, 2017 (trad. cast.: *No temas al duelo: Historias de vida, muerte y superación*, Grijalbo, Barcelona, 2018).

Stroebe, M. S., y Schut, H. A., «The Dual Process Model of Coping with Bereavement: Rationale and Description», *Death Studies*, vol. 23, n.° 3, 1999, pp. 197-224.

Worden, J. W., y Winokuer, H. R., «A Task-Based Approach for Counseling the Bereaved», en R. A. Neimeyer, D. L. Harris, H. R. Winokuer y G. F. Thornton (comps.), *Series in Death, Dying and Bereavement. Grief and Bereavement in Contemporary Society: Bridging Research and Practice*, Abingdon, Routledge/Taylor y Francis Group, 2011.

Zisook, S., y Lyons, L., «Bereavement and Unresolved Grief in Psychiatric Outpatients», *Journal of Death and Dying*, vol. 20, n.° 4, 1990, pp. 307-322.

Parte V. Sobre la inseguridad

Baumeister, R. F.; Campbell, J. D.; Krueger, J. I., y Vohs, K. D., «Does High Self-esteem Cause Better Performance, Interpersonal Success, Happiness, or Healthier Lifestyles?», *Psychological Science in the Public Interest*, vol. 4, n.° 1, 2003, pp. 1-44.

Clark, D. M., y Wells, A., «A Cognitive Model of Social Phobia», en R. R. G. Heimberg, M. Liebowitz, D. A. Hope y S. Scheier (comps.), *Social Phobia: Diagnosis, Assessment and Treatment*, Nueva York, Guilford Press, 1995.

Cooley, Charles H., *Human Nature and the Social Order*, Nueva York, Scribner's, 1902, pp. 183-184. Fue la primera vez que se usó el término «yo espejo».

Gilovich, T.; Savitsky, K., y Medvec, V. H., «The Spotlight Effect in Social Judgment: An Egocentric Bias in Estimates of the Salience of One's Own Actions and Appearance», *Journal of Personality and Social Psychology*, vol. 78, n.° 2, 2000, pp. 211-222.

Gruenewald, T. L.; Kemeny, M. E.; Aziz, N., y Fahey, J. L., «Acute Threat to the Social Self: Shame, Social Self-Esteem, and Cortisol Activity», *Psychosomatic Medicine*, vol. 66, 2004, pp. 915-924.

Harris, R., *The Confidence Gap: From Fear to Freedom*, Londres, Hachette, 2010 (trad. cast.: *Cuestión de confianza: Del miedo a la libertad*, SalTerrae, Bilbao, 2012).

Inagaki, T. K., y Eisenberger, N. I., «Neural Correlates of Giving Support to a Loved One», *Psychosomatic Medicine*, vol. 74, 2012, pp. 3-7.

Irons, C., y Beaumont, E., *The Compassionate Mind Workbook*, Londres, Robinson, 2017.

Lewis, M., y Ramsay, D. S., «Cortisol Response to Embarrassment and Shame», *Child Development*, vol. 73, n.° 4, 2002, pp. 1034-1045.

Luckner, R. S., y Nadler, R. S., *Processing the Adventure Experience: Theory and Practice*, Dubuque, Kendall Hunt, 1991.

Neff, K. D.; Hseih, Y., y Dejitthirat, K., «Self-Compassion, Achievement Goals, and Coping with Academic Failure», *Self and Identity*, vol. 4, 2005, pp. 263-287.

Wood, J. V.; Perunovic, W. Q., y Lee, J. W., «Positive Self-Statements: Power for Some, Peril for Others», *Psychological Science*, vol. 20, n.° 7, 2009, pp. 860-866.

Parte VI. Sobre el miedo

Frankl, V. E., *Man's Search for Meaning: An Introduction to Logotherapy*, Nueva York, Simon & Schuster, 1984 (trad. cast.: *El hombre en busca de sentido*, Herder Editorial, Barcelona, 2015).

Gesser, G.; Wong, P. T. P., y Reker, G. T., «Death Attitudes Across the Life Span. The Development and Validation of the Death Attitude Profile (DAP)», *Omega*, 2, 1988, pp. 113-128.

Hayes, S. C., *Get Out of Your Mind and Into Your Life: The New Acceptance and Commitment Therapy*, Oakland, New Harbinger, 2005.

Iverach, L.; Menzies, R. G., y Menzies, R. E., «Death Anxiety and Its Role in Psychopathology: Reviewing the Status of a Transdiagnostic Construct», *Clinical Psychology Review*, vol. 34, 2014, pp. 580-593.

Neimeyer, R. A., «Grief, Loss, and the Quest for Meaning», *Bereavement Care*, vol. 24, n.° 2, 2005, pp. 27-30.

Yalom, I. D., *Staring at the Sun: Being at peace with your own mortality*, Londres, Piatkus, 2008 (trad. cast.: *Mirar al sol: Superar el miedo a la muerte para vivir con plenitud el presente*, Ediciones Destino, Barcelona, 2021).

Parte VII. Sobre el estrés

Abelson, J. I.; Erickson, T. M.; Mayer, S. E.; Crocker, J.; Briggs, H.; Lopez-Duran, N. L., y Liberzon, I., «Brief Cognitive Intervention Can Modulate Neuroendocrine Stress Responses to the Trier Social Stress Test: Buffering Effects of Compassionate Goal Orientation», *Psychoneuroendocrinology*, vol. 44, 2014, pp. 60-70.

Alred, D., *The Pressure Principle*, Londres, Penguin, 2016.

Amita, S.; Prabhakar, S.; Manoj, I.; Harminder, S., y Pavan, T., «Effect of Yoga-Nidra on Blood Glucose Level in Diabetic Patients», *Indian Journal of Physiology and Pharmacology*, vol. 53, n.° 1, 2009, pp. 97-101.

Borchardt, A. R.; Patterson, S. M., y Seng, E. K., «The Effect of Meditation on Cortisol: A Comparison of Meditation Techniques to a Control Group», Universidad de Ohio, Departamento de Psicología Sanitaria Experimental, 2012. Extraído de: <www.irest.us/sites/default/files/Meditation%20on%20Cortisol% 2012.pdf>.

Crocker, J.; Olivier, M., y Nuer, N., «Self- Image Goals and Compassionate Goals: Costs and Benefits», *Self and Identity*, vol. 8, 2009, pp. 251-269.

Feldman Barrett, L., *How Emotions Are Made. The Secret Life of The Bra-*

in, Londres, Pan Macmillan, 2017 (trad. cast.: *La vida secreta del cerebro: Cómo se construyen las emociones*, Paidós, Barcelona, 2018).

Frederickson, L. B., «The Value of Positive Emotions», *American Scientist*, USA, Sigma, 2003.

Huberman. Se puede acceder a las charlas de Andrew Huberman en su *podcast The Huberman Lab*, en YouTube, 2021.

Inagaki, T. K., y Eisenberger, N. I., «Neural Correlates of Giving Support to a Loved One», *Psychosomatic Medicine*, vol. 74, 2012, pp. 3-7.

Jamieson, J. P.; Crum, A. J.; Goyer, P.; Marotta, M. E., y Akinola, M., «Optimizing Stress Responses with Reappraisal and Mindset Interventions: An Integrated Model», *Stress, Anxiety & Coping: An International Journal*, vol. 31, 2018, pp. 245-261.

Kristensen, T. S.; Biarritz, M.; Villadsen, E., y Christensen, K. B., «The Copenhagen Burnout Inventory: A New Tool for the Assessment of Burnout», *Work & Stress*, vol. 19, n.º 3, 2005, pp. 192-207.

Kumari, M.; Shipley, M.; Stafford, M., y Kivimaki, M., «Association of Diurnal Patterns in Salivary Cortisol with All-Cause and Cardiovascular Mortality: Findings from the Whitehall II Study», *Journal of Clinical Endocrinology and Metabolism*, vol. 96, n.º 5, 2011, pp. 1478-1485.

Maslach, C.; Jackson, S. E., y Leiter, M. P, *Maslach Burnout Inventory* (3.ª ed.), Palo Alto, Consulting Psychologists Press, 1996.

McEwen, B. S., y Gianaros, P. J., «Stress-and Allostasis-Induced Brain Plasticity», *Annual Review of Medicine*, vol. 62, 2010, pp. 431-445.

McEwen, B. S., «The Neurobiology of Stress: from Serendipity to Clinical Relevance», *Brain Research*, vol. 886, 2000, pp. 172-189.

McGonigal, K., *The Willpower Instinct*, Londres, Avery, 2012 (trad. cast.: *Autocontrol: cómo funciona la voluntad*, Urano, Barcelona, 2016).

Mogilner, C.; Chance, Z., y Norton, M. I., «Giving Time Gives You Time», *Psychological Science*, vol. 23, n.º 10, 2012, pp. 1233-1238.

Moszeik, E. N.; Von Oertzen, T., y Renner, K. H., «Effectiveness of a Short Yoga Nidra Meditation on Stress, Sleep, and Well-Being in a Large and Diverse Sample», *Current Psychology*, 2020, <https://doi.org/10.1007/s12144-020-01042-2>.

Osmo, F.; Duran, V.; Wenzel, A., *et al.*, «The Negative Core Beliefs Inventory (NCBI): Development and Psychometric Properties», *Journal of Cognitive Psychotherapy*, vol. 32, n.º 1, 2018, pp. 1-18.

Sapolsky, R., *Behave. The Biology of Humans at Our Best and Worst*, Londres, Vintage, 2017.

Stellar, J. E.; John-Henderson, N.; Anderson, C. L.; Gordon, A. M.; McNeil, G. D., y Keltner, D., «Positive Affect and Markers of inflammation: Discrete Positive Emotions Predict Lower Levels of Inflammatory Cytokines», *Emotion*, vol. 15, n.º 2, 2015, pp. 129-133.

Strack, J., y Esteves, F., «Exams? Why Worry? The Relationship Between Interpreting Anxiety as Facilitative, Stress Appraisals, Emotional Exhaustion, and Academic Performance», *Anxiety, Stress, and Coping: An International Journal*, 2014, pp. 1-10.

Ware, B., *The Top Five Regrets of the Dying*, Londres, Hay House, 2012 (trad. cast.: *De qué te arrepentirás antes de morir*, Grijalbo, Barcelona, 2013).

Parte VIII. Sobre una vida con sentido

Clear, J., *Atomic Habits*, Londres, Random House, 2018 (trad. cast.: *Hábitos atómicos*, Diana, Barcelona, 2020).

Feldman Barrett, L., *How Emotions Are Made. The Secret Life of The Brain*, Londres, Pan Macmillan, 2017 (trad. cast.: *La vida secreta del cerebro: Cómo se construyen las emociones*, Paidós, Barcelona, 2018).

Fletcher, E., *Stress Less, Accomplish More*, Londres, William Morrow, 2019.

Gottman, J. M., y Silver, N., *The Seven Principles for Making Marriage Work*, Londres, Orion, 1999 (trad. cast.: *Siete reglas de oro para vivir en pareja*, Debolsillo, Barcelona, 2021).

Hari, J., *Lost Connections*, Londres, Bloomsbury, 2018 (trad. cast.: *Conexiones perdidas: Causas reales y soluciones inesperadas para la depresión*, Capitán Swing, Madrid, 2019).

Johnson, S., *Hold Me Tight*, Londres, Piatkus, 2008 (trad. cast.: *Abrázame fuerte*, Alba, Barcelona, 2019).

Sapolsky, R., *Behave. The Biology of Humans at Our Best and Worst*, Londres, Vintage, 2017.

Siegel, D. J., y Hartzell, M., *Parenting from the Inside Out: How a Deeper Self-Understanding Can Help You Raise Children Who Thrive*, Nueva York, Tarcher Perigee, 2004.

Thomas, M., *The Lasting Connection*, Londres, Robinson, 2021.

Waldinger, R., *What makes a good life? Lessons from the longest study on happiness*, TEDx Beacon Street, 2015. <www.ted.com/talks/robert_waldin

ger_what_makes_a_good_life_lessons_from_the_longest_study_on_hap
piness/transcript?rid=J7CiE5vP5I5t>.
Ware, B., *The Top Five Regrets of the Dying*, Londres, Hay House, 2012 (trad.
cast.: *De qué te arrepentirás antes de morir*, Grijalbo, Barcelona, 2013).

Diagramas

La Figura 1 es una variación adaptada del original: Clarke, I., y Wilson, H., *Cognitive Behaviour Therapy for Acute Inpatient Mental Health Units: Working with Clients, Staff and the Milieu*, Abingdon, Routledge, 2009.

La Figura 2 es una variación adaptada del original: Greenberger, D., y Padesky, C. A., *Mind Over Mood*, 2.ª ed., Nueva York, Guilford Press, 2016.

La Figura 3 es una variación adaptada del original: Clarke, I., y Wilson, H., *Cognitive Behavioural Therapy for Acute Inpatient Mental Health Units*, Sussex, Routledge, 2009.

RECURSOS

Este libro es una caja de herramientas para mejorar tu salud mental y tu bienestar. Por si alguna de las herramientas o estrategias te resulta especialmente útil y quieres saber más acerca de ella, a continuación encontrarás una lista de libros de autoayuda y de organizaciones que ofrecen ayuda e información.

Isabel Clarke, *How to Deal with Anger: A 5- step CBT- based Plan for Managing Anger and Frustration*, Hodder & Stoughton, Londres, 2016.

Paul Gilbert, *Overcoming Depression: A self-help guide using Cognitive Behavioural Techniques*, Robinson, Londres, 1997.

John Gottman y Nan Silver, *The Seven Principles for Making Marriage Work*, Orion, Londres, 1999 (trad. cast.: *Siete reglas de oro para vivir en pareja*, Debolsillo, Barcelona, 2021).

Alex Korb, *The Upward Spiral: Using Neuroscience to Reverse the Course of Depression, One Small Change at a Time*, New Harbinger, Oakland, 2015 (trad. cast.: *Neurociencia para vencer la depresión: la espiral ascendente*, Sirio, Málaga, 2019).

Felice Jacka, *Brain Changer: How Diet Can Save Your Mental Health*, Yellow Kite, Londres, 2019.

Sue Johnson, *Hold Me Tight*, Piatkus, Londres, 2008 (trad. cast.: *Abrázame fuerte*, Alba, Barcelona, 2019).

Helen Kennerley, *Overcoming Anxiety: A Self-Help Guide Using Cognitive Behavioural Techniques*, Robinson, Londres, 2014.

Kristin Neff y Christopher Germer, *The Mindful Self-Compassion Workbook*, Guilford Press, Nueva York, 2018 (trad. cast.: *Cuaderno de trabajo de mindfulness y autocompasión*, Desclée de Brouwer, Bilbao, 2020).

Joe Oliver, Jon Hill y Eric Morris, *ACTivate Your Life: Using Acceptance and Mindfulness to Build a Life that is Rich, Fulfilling and Fun*, Robinson, Londres, 2015.

Julia Samuel, *Grief Works*, Penguin Life, Londres, 2017 (trad. cast.: *No temas al duelo: Historias de vida, muerte y superación*, Grijalbo, Barcelona, 2018).

Michaela Thomas, *The Lasting Connection: Developing Love and Compassion for Yourself and Your Partner*, Robinson, Londres, 2021.

ORGANIZACIONES QUE OFRECEN APOYO E INFORMACIÓN

FUNDADEPS (Educación para la Salud): organización sin ánimo de lucro que fomenta, promociona, educa e investiga sobre la salud. Véase <www.fundadeps.org/adeps/>.

La AECID: organización sin ánimo de lucro que ofrece información en su página web y promueve iniciativas locales. Véase <www.aecid.es>.

Acción Familiar: organización sin ánimo de lucro que ofrece información y ayuda a niños, adolescentes, padres y madres. Véase <www.accionfamiliar.org>.

Confederación Estatal de Asociaciones de Estudiantes (CANAE): servicio organizado por y para el alumnado en las universidades. Ofrece un servicio de escucha gratuito y confidencial, además de información. Véase <www.canae.org>.

Teléfono de la esperanza: este servicio ofrece apoyo emocional y consejo 24 horas al día los 7 días de la semana a todo el que lo necesite. Véase <www.telefonodelaesperanza.org>.

ÍNDICE ANALÍTICO
Y DE NOMBRES

De este libro me quedo con...

¿Por qué nadie me lo dijo antes? ha sido posible gracias al trabajo de su autora, la doctora Julie Smith, así como de la traductora Montserrat Asensio, la correctora Eva Robledillo, el diseñador José Ruiz-Zarco Ramos, el equipo de Realización Planeta, la directora editorial Marcela Serras, la editora ejecutiva Rocío Carmona, la editora Ana Marhuenda, y el equipo comercial, de comunicación y marketing de Diana.

En Diana hacemos libros que fomentan el autoconocimiento e inspiran a los lectores en su propósito de vida. Si esta lectura te ha gustado, te invitamos a que la recomiendes y que así, entre todos, contribuyamos a seguir expandiendo la conciencia.